L'exemplaire est accompagné d'un carton (p. 147 – 158).

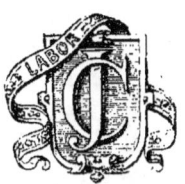

PARIS. — IMPRIMERIE J. CLAYE
RUE SAINT-BENOIT, 7.

—

IMP. TAILLE-DOUCE A. DELATRE, 171, RUE SAINT-JACQUES

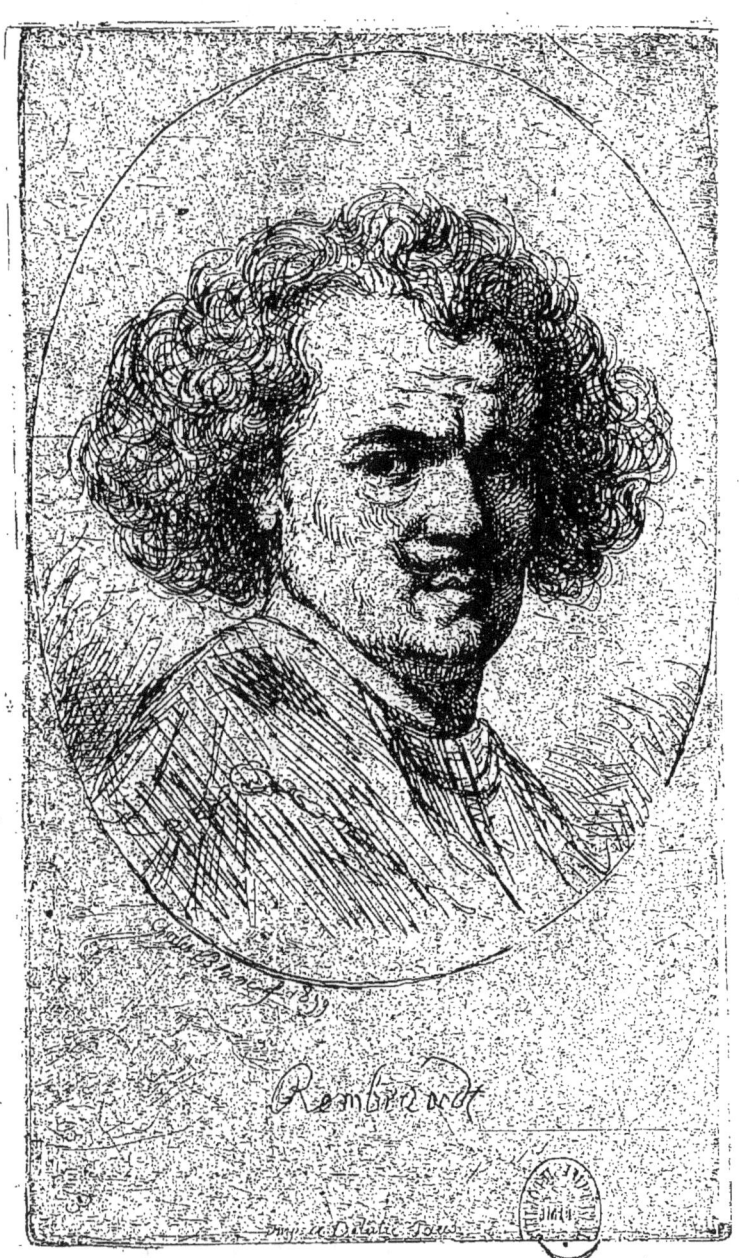

Rembrandt

L'ŒUVRE COMPLET

DE

REMBRANDT

DÉCRIT ET COMMENTÉ

PAR

M. CHARLES BLANC

ANCIEN DIRECTEUR DES BEAUX-ARTS

CATALOGUE RAISONNÉ

DE TOUTES LES EAUX-FORTES DU MAITRE ET DE SES PEINTURES

ORNÉ DE BOIS GRAVÉS ET DE QUARANTE EAUX-FORTES TIRÉES A PART

ET RAPPORTÉES DANS LE TEXTE

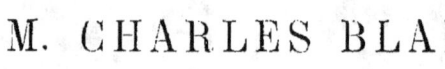

TOME PREMIER

PARIS

CHEZ GIDE, LIBRAIRE-ÉDITEUR

5, RUE BONAPARTE

1859

L'ÉDITEUR AU PUBLIC

L'Œuvre de Rembrandt se compose de trois cent soixante
et quelques pièces, incontestablement de sa main, et d'un
certain nombre de morceaux douteux. Pour réunir la collection complète, ou aussi complète que possible, de ces
estampes en belles épreuves, il ne faudrait pas moins de
300,000 francs; encore une telle entreprise serait-elle fort
peu praticable, pour deux raisons : d'abord parce qu'il est
dans l'œuvre de Rembrandt des pièces rarissimes, la plupart immobilisées dans les collections nationales d'Amsterdam, de Paris, de Londres, de Vienne; secondement, parce
qu'en dehors même de ces raretés inabordables, il existe
bien plus d'amateurs cherchant à collectionner les eaux-
fortes de Rembrandt, qu'il n'existe de bonnes épreuves de
ces mêmes eaux-fortes. Le chiffre des acheteurs a dépassé
de beaucoup celui du tirage. Telle pièce que possède un

1

amateur de Berlin ne se trouve pas dans l'œuvre d'un amateur de Paris, et réciproquement. De là cet enthousiasme acharné avec lequel on se dispute dans les ventes publiques les estampes que la mort d'un collectionneur connu, ou tel autre accident, fait sortir du mystère des portefeuilles privés, pour les faire passer au grand jour de la circulation.

C'est ainsi que la *Pièce de cent florins*, par exemple, cotée à ce prix du vivant de Rembrandt lui-même, atteindrait aujourd'hui huit, dix et quinze fois cette somme, pour peu qu'elle fût du premier état et d'une belle conservation. On nous a montré sous verre au British-Museum, à Londres, une épreuve du *Juif à la rampe*, avec la bague noire, qui a été payée 1,650 florins, à la vente Verstolk de Soelen. *L'Avocat Tolling*, *le Bourgmestre Six* et quelques autres pièces, portraits ou paysages, presque introuvables, sont également devenus des objets sans prix, dont la seule apparition dans une vente est un événement qui préoccupe le monde entier des collectionneurs, des amateurs, des marchands, des artistes.

Pour guider les curieux dans la recherche des eaux-fortes de Rembrandt, il a été fait plusieurs catalogues où chacune de ces estampes a été soigneusement décrite avec ses divers états, avec ses moindres remarques. La multiplicité des contrefaçons de Rembrandt, et dans le nombre il en est de fort habiles, a rendu l'usage de ces catalogues indispensable aux amateurs, et même à la plupart des marchands, qui, privés de ce secours, auraient souvent de la peine à distinguer les *copies trompeuses* des estampes originales.

Au siècle dernier, Gersaint, qui était un expert en objets d'art et qui avait dirigé les grandes ventes du temps, notamment celles de Quentin de Lorangère et de Fonspertuis, où il fit preuve des connaissances les plus variées, Gersaint eut le premier l'idée de dresser un catalogue des estampes de Rembrandt. La mort l'ayant empêché de mettre fin à ce travail, Helle et Glomy, qui étaient aussi des appréciateurs exercés, achetèrent ses manuscrits, y ajoutèrent leurs propres observations, et firent imprimer le tout en 1751. Mais, faute d'avoir sous la main tous les renseignements nécessaires, ces estimables connaisseurs ne laissèrent qu'un ouvrage fort imparfait et surtout fort incomplet. Un courtier d'Amsterdam, Pierre Yver, ayant à sa disposition l'œuvre du célèbre amateur Van Leyden, dans lequel s'étaient fondues les fameuses collections de Halling, de Maas et de Jacques Houbraken le graveur, put faire un supplément considérable au livre de Gersaint, de Helle et de Glomy, rectifier beaucoup d'erreurs ou d'inexactitudes, et décrire un très-grand nombre de pièces qui avaient échappé à ses prédécesseurs.

Ces catalogues étaient épuisés, lorsque le savant iconographe Adam Bartsch, garde des estampes à la Bibliothèque impériale de Vienne, excellent graveur lui-même, donna, en 1797, une édition entièrement refondue et corrigée des catalogues de Rembrandt déjà parus. On sait que Pierre-Jean Mariette, membre honoraire de l'Académie de peinture, le plus renommé et le plus instruit des amateurs de son temps, avait été chargé par l'empereur d'Autriche de mettre en ordre le cabinet des estampes de la Bibliothèque de Vienne. Les notes et les arrangements de Mariette durent être d'un grand secours à Bartsch, tant pour son *Catalogue de Rembrandt*, que pour son grand livre du *Peintre-Graveur*. Aujourd'hui les exemplaires de ces deux ouvrages sont

devenus si rares, qu'on les achète à tout prix quand ils
viennent à se montrer en vente publique.

Il est juste de dire qu'en 1796, un an avant l'apparition
du livre de Bartsch, Daulby fit imprimer à Liverpool une
traduction anglaise du catalogue de Gersaint et du supplément de Pierre Yver, et qu'il ne fut pas sans y mettre du
sien en plus d'un endroit, notamment dans l'explication
qu'il donna du *Tombeau allégorique*. Mais il faut croire que
Bartsch n'eut pas connaissance de la version de Daulby,
car il n'eût pas manqué de le compter dans sa préface au
nombre de ses devanciers, et surtout de mettre à profit les
rares éclaircissements qu'avait fournis cet auteur. Toujours
est-il que pour mener à bien un travail dont il sentait toute
l'importance, Bartsch ne voulut pas se contenter des documents qu'il avait sous la main en sa qualité de garde des
estampes ; il fit, en 1784, un voyage à Paris, où se trouvaient
alors les plus riches collections, et d'abord celle du cabinet
du roi, qui s'était formée des œuvres de l'abbé de Marolles
et de M. le chevalier de Béringhen, écuyer du roi Louis XV.
Il eut l'avantage, comme il le raconte lui-même, de compiler
à loisir cette inestimable collection. Mais il y avait alors à
Paris un grand amateur d'estampes, M. de Péters, peintre,
qui possédait un fort bel œuvre de Rembrandt. Bartsch l'alla
visiter, et crut puiser chez lui quelques lumières nouvelles.
Malheureusement M. de Péters avait pris la liberté grande, lui
peintre, de retoucher au lavis plusieurs estampes de Rembrandt, de les mettre à l'effet quand elles n'y étaient point,
et d'y apporter des changements de son invention. Ce n'est
pas tout : par un oubli vraiment impardonnable du respect
qui est dû à la mémoire et aux ouvrages d'un si grand
artiste — et un peintre devait le sentir plus que tout autre —

M. de Péters s'était permis de falsifier certaines épreuves,
d'en composer même quelques-unes avec des morceaux rap-
portés de telle ou telle pièce. Il lui arriva, par exemple, de
couper la tête d'un portrait pour la rajuster sur les épaules
d'un autre, et de créer ainsi des estampes factices qui pouvaient aisément passer pour uniques dans un œuvre aussi
célèbre que le sien. Bartsch, malgré sa sagacité ordinaire et
la finesse de son œil exercé, fut pris à ces misérables supercheries, sans doute parce que sa droiture naturelle l'empê-
cha de les soupçonner, et que d'ailleurs la politesse ne lui
eût guère permis de se livrer, dans le cabinet d'un amateur
qui lui montrait son œuvre avec obligeance, à des vérifica-
tions offensantes. Les visites de Bartsch à M. de Péters, au
lieu de compléter son instruction, lui furent donc nuisibles,
puisqu'elles le conduisirent à des erreurs regrettables.

En 1824, M. de Claussin réimprima purement et simplement les catalogues de Gersaint et de Pierre Yver refondus
par Adam Bartsch (sans même faire mention de ce dernier),
sous prétexte d'y ajouter çà et là des observations nouvelles
et quelques remarques inédites. Quatre ans après, il publia
un supplément qui contenait l'indication de quelques états
non décrits. Enfin, un amateur anglais (Wilson) fit imprimer
à petit nombre, en 1836, à Londres, l'ouvrage qui a pour
titre : *A Descriptive Catalogue of the prints of Rembrandt, by
an amateur*, et il signala aussi quelques nouveaux états. Mais
puisque nous écrivons ici pour le public aussi bien que
pour les curieux, nous dirons ce qu'on entend par ces
mots *états* et *remarques*. Les remarques sont des signes
qui, se trouvant sur certaines épreuves d'une planche et ne
se trouvant pas sur d'autres, servent à constater l'état de la
planche, ou, si l'on veut, l'antériorité de l'épreuve qui a le

signe sur celle qui ne l'a point. Par exemple, aux premières
épreuves du *Mariage de Jason et de Créuse*, qu'on appelle
aussi la *Médée*, la statue de Junon est représentée sans couronne. C'est ce qu'on appelle le premier *état* de la planche.
Rembrandt a mis ensuite une couronne sur la tête de Junon,
et les épreuves tirées après ce changement composent le
second état. Plus tard, il a été gravé dans la marge du bas
quatre vers hollandais, et les épreuves tirées après l'inscrip-
tions de ces vers, forment le troisième état. Enfin la marge a
été coupée : c'est le quatrième. On voit que les remarques
consistent souvent dans l'absence du signe plutôt que dans
le signe lui-même : c'est, ici, l'absence de la couronne qui
marque les premières épreuves ; l'absence des vers qui
indique les secondes, tandis que c'est la présence de la marge
et des vers qui constate l'avant-dernier état. Les *remarques*
sont quelquefois l'effet du hasard, le résultat d'un accident :
par exemple de l'écrasement du vernis au moment de la
morsure ou d'un trait de burin échappé, mais le plus ordinairement, c'est le graveur lui-même qui met les remarques
en certains endroits peu apparents. Il arrive aussi qu'on distingue les épreuves d'après les divers degrés de l'avance-
ment du travail, depuis le moment où la gravure peut être
mise au jour jusqu'à celui où l'artiste, mécontent de son
effet, le modifie, le retourne, le finit à son gré. Les estampes
de Rembrandt ont des remarques de toute espèce.

Mais pour en revenir aux catalogues de ces estampes, ce
sont des livres rares et partant fort chers, dont la réimpres-
sion est partout désirée. Et cependant on n'y trouve qu'une
sèche nomenclature, qu'un froid signalement qui n'a qu'un
avantage d'utilité pour l'amateur ou le marchand auxquels
il permet la vérification de leurs épreuves. Si toutefois cet

aride procès-verbal est déjà tant recherché, bien que très-
erroné et très-imparfait encore, que serait-ce donc si un
amateur éclairé, un homme de goût, rectifiant ces descriptions glacées, les accompagnait de toutes les réflexions que
peuvent suggérer le génie et l'œuvre de Rembrandt, de
l'historique de certaines pièces, des variations de prix
qu'elles ont subies dans les ventes, de détails curieux touchant les personnages dont le graveur a fait le portrait, en
un mot de tout ce qui peut intéresser les amateurs présents
ou futurs. Tels sont les motifs qui nous avaient déterminés
à entreprendre le grand ouvrage que nous avons publié sous
le titre : *L'Œuvre de Rembrandt reproduit par la photographie, décrit et commenté par M. Charles Blanc, Paris*, 1853,
in-folio, ouvrage où les merveilleux procédés de la photographie nous ont permis de reproduire, en regard de la description et du commentaire, l'œuvre décrit et commenté.
Cet ouvrage qui ne contenait que l'explication et la photographie de cent planches, étant aujourd'hui presque épuisé,
beaucoup d'amateurs et d'artistes nous ont engagé à continuer et à *terminer* l'œuvre de Rembrandt, mais en rendant
cette fois le prix de l'ouvrage accessible à tout le monde,
car la première édition, tirée à petit nombre, avait été trop
dispendieuse pour n'être pas maintenue à un prix très-
élevé. C'est donc afin de répondre au vœu qui nous a été
exprimé par un public d'artistes et d'amateurs que nous
publions la présente édition dans un format et à des
conditions ordinaires.

Quelque estimable que soit le livre de Gersaint, il pèche
par une classification inutilement compliquée et mal conçue. Pour ranger les estampes d'un maître, il n'y a, ce nous
semble, que deux méthodes : l'une consisterait à les classer

selon leur date, de manière que l'on pût suivre les phases diverses du talent de l'artiste, ses commencements, ses progrès, son apogée, sa décadence, et une telle classification ne serait pas à coup sûr sans intérêt ; l'autre méthode serait toute de raison ; elle consisterait à rassembler les sujets homogènes et à les ranger philosophiquement par ordre d'importance, et pour ceux qui tiennent à l'histoire, par ordre chronologique. C'est le parti que nous avons adopté, pour deux motifs : d'abord un grand nombre de pièces de Rembrandt ne portant pas de date, il serait impossible d'en supposer une à celles qui n'en ont point ; en second lieu, cet ordre serait, dans l'œuvre de ce maître, beaucoup moins curieux que dans celui de tout autre, parce que son génie ne présente aucune inégalité, aucune intermittence, depuis le début jusqu'à la fin de sa carrière de graveur, si bien que parmi tant de pièces, on n'en citerait guère qui se ressentent de l'inexpérience de la jeunesse ou de la faiblesse de l'âge avancé. D'ailleurs l'œuvre de Rembrandt est si varié, qu'un classement suivant la date des eaux-fortes, présenterait une confusion désagréable et souvent choquante. Telle fantaisie un peu trop libre semblerait monstrueusement déplacée à côté d'un sujet tiré de l'Évangile. Il a donc fallu renoncer absolument à ce genre de classification.

Gersaint avait divisé l'œuvre en douze classes : les portraits de Rembrandt ; l'Ancien Testament ; le Nouveau Testament ; les sujets pieux ; les sujets allégoriques, historiques ou de fantaisie ; les gueux ou mendiants ; les sujets libres et figures académiques ; les paysages ; les portraits d'hommes ; les têtes d'hommes de fantaisie ; les portraits de femmes ; les études de tête et griffonnements. Le catalogue de Gersaint, auquel Bartsch ni Claussin n'ont rien changé à cet

égard, commence donc par vingt-huit portraits de Rembrandt, et l'on conviendra que s'il est naturel de placer le
portrait d'un auteur en tête de son ouvrage, il n'en est pas
de même lorsqu'il s'agit de le montrer vingt-huit fois de
suite. Il nous a donc paru plus convenable que l'œuvre
s'ouvrît par les sujets de la Bible, et que l'on fit passer *Adam
et Ève* avant tout le monde, même avant Rembrandt. L'Ancien et le Nouveau Testament et les sujets pieux ne font
qu'une seule et même classe, celle que l'on a appelée
Hiérologie, dans la collection de la Bibliothèque nationale,
où l'ordre de Bartsch a été remplacé par un arrangement
plus heureux et plus méthodique. Sous le titre de *Fictions
et Fantaisie* peuvent être réunis, dans une seconde classe,
les allégories, les sujets tirés des poëtes, les études de mœurs,
les caprices. Les *Gueux*, par leur nombre et leur singularité,
nous semblent dignes de former, comme chez Callot, une
suite à part; ce sera la troisième classe. Les *Sujets libres*,
les nudités, les figures académiques, formeront la quatrième.
La cinquième se composera de tous les *Portraits*, d'hommes
ou de femmes, parmi lesquels trouveront naturellement
place les portraits de Rembrandt lui-même; j'entends ceux
qui rappellent plus ou moins sa figure. Enfin la sixième et
dernière classe sera celle des *Paysages et Animaux*. Quant
aux griffonnements, ils iront rejoindre les diverses parties
de l'œuvre auxquelles ils se rapportent.

Telle est la méthode qui nous a semblé la plus simple
et conséquemment la meilleure, car le nombre des subdi-
visions, loin de faciliter les recherches, ne fait que les com-
pliquer; c'est aussi la plus raisonnable. Mais afin que les
amateurs qui ont déjà suivi d'autres catalogues et ont rangé
leur œuvre d'après ces livres, ainsi qu'ont procédé, par

exemple, les conservateurs du British-Museum, s'y puissent
retrouver sans peine, nous avons cru devoir indiquer à chacune des pièces le numéro correspondant des trois catalogues les plus répandus ou les plus estimés en Allemagne,
en France et en Angleterre, qui sont ceux de Bartsch, de
Claussin et de Wilson.

REMBRANDT

Rembrandt est sans contredit le plus illustre des peintres-graveurs. Il partage, depuis deux cents ans, avec Albert Durer et Marc-Antoine, l'honneur d'alimenter le grand commerce des estampes en Europe, d'être collectionné par un nombre toujours croissant d'amateurs, et d'avoir fait monter de simples gravures à des prix fabuleux dans les ventes les plus célèbres.

Ce long enthousiasme, que deux siècles n'ont pu refroidir, s'explique aisément pour ceux qui connaissent à fond l'œuvre de Rembrandt, et qui en ont vu les belles épreuves. A vrai dire, c'est un vaste et merveilleux tableau de la comédie humaine que l'œuvre de ce grand peintre; tableau varié comme la vie, coloré de toutes les nuances qu'y découvrent l'observation d'un philosophe, l'œil d'un poëte, le sentiment d'un artiste. Rembrandt a tout remué, tout ce qui peut du moins intéresser notre âme, nos souvenirs ou nos regards : les Écritures, l'histoire, la poésie, la nature,

les mœurs de son temps, les usages de son pays;
mieux encore, les caractères et les passions de l'homme.
Il a entrevu l'humanité entière à travers la Hollande,
qui n'a fait que lui prêter des costumes, lui fournir un
prétexte et des modèles. Que dis-je? c'est une revue
du ciel et de la terre que cette immortelle série d'estampes. On y voit passer, sous un jour mystérieux
et le plus souvent fantastique, les saints du Paradis,
les patriarches de l'Ancien Testament, le Dieu de
l'Évangile et son cortége de malheureux, les personnages de la légende aussi bien que les héros de l'histoire, les théologiens en méditation, les moines en
compagnie de lions du désert, les riches dans leurs
oripeaux, les gueux dans leurs guenilles.

Mais ce qui a le plus fortement occupé la pensée
de Rembrandt et son génie, c'est la vie de Jésus-Christ.
Personne n'en a mieux compris la sublimité touchante; aussi l'a-t-il suivie pas à pas, aux lueurs de
cette lumière solennelle que son imagination a inven-
tée, depuis la crèche où les bergers visitent le nouveau-né, jusqu'au Calvaire où le Dieu expire sous une
pluie de rayons tombés du ciel. Rembrandt s'est
complu surtout à l'aventure de la fuite en Égypte, et
à conduire, une lanterne à la main, la famille errante
du jeune Dieu, au travers des forêts obscures et des
ravins, jusqu'à ce qu'arrivée sur une colline, elle découvre enfin la clarté du jour. La poésie religieuse du

moyen âge, l'ineffable tendresse du sentiment populaire ne se retrouvent bien que dans l'interprétation
de Rembrandt. Là nous reconnaissons vraiment l'Enfant prodigue, le bon Samaritain, tous les personnages
de ces paraboles que tant de fois la peinture nous a
représentées, sans les comprendre, en images fastidieuses, mais dont Rembrandt a si bien rompu le texte
et deviné le sens profond.

Que de contrastes aussi dans ce grand œuvre! le
trivial s'y confond avec le sublime. A côté de la laideur et de la décrépitude, se montre la grâce de la
Jeunesse surprise par la mort. Comme Shakespeare,
Rembrandt embrasse à la fois tous les aspects de la
vie. Les oppositions de la lumière et de l'ombre semblent correspondre chez lui aux divers mouvements de
la pensée. Les mendiants y promènent leurs haillons
pittoresques, les Juifs y font briller leurs manteaux
d'hermine, leurs pierreries; la campagne enfin y
déploie ses paysages les plus imprévus, tantôt des
aspects désolés, tantôt des perspectives heureuses,
quelquefois, comme dans l'estampe aux *trois arbres,*
les moissons tourmentées par un orage et dramatique-
ment éclairées par le combat du jour et de la nuit.

L'auteur de ce grand poëme était le fils d'un meu-
nier nommé Harmen Gerritsz Van Ryn (c'est-à-dire
Herman, fils de Gerrit, du Rhin) et de Neeldje Willems-
dochter Van Zuidbroek, c'est-à-dire de Cornélie, fille

de Guillaume, du village de Zuidbroek [1]. Harmen ou Herman portait ce nom de Van Ryn, parce que sa maison et son moulin étaient situés sur un bras du Rhin, non pas entre le village de Leyderdorp et celui de Koukerk, comme l'a dit Houbraken, mais dans la ville même de Leyde, tout près de la porte Blanche (Wittepoort), dans la rue qu'on appelle le *Weddesteeg*, ce qui signifie la petite rue de l'abreuvoir. C'est ce qu'a parfaitement prouvé M. Rammelman Elsevier, paléographe distingué et digne descendant des fameux imprimeurs de Leyde, lorsqu'il a établi, dans le *Messager des Arts et des Lettres* (Konst en Letterbode), que depuis 1599 jusqu'en 1646, Herman Van Ryn et sa famille ont constamment demeuré dans le Weddesteeg, près de la porte Blanche, et que là était le moulin à drèche qu'Herman possédait, *moutmolen* [2].

1. Gerritsz est pris ici par abréviation pour Gerritszoon, l's exprimant le génitif, et le z étant l'abrégé de zoon, qui veut dire fils. Les hommes du peuple en Hollande n'avaient pas à cette époque de nom patronymique; ils ne portaient que des prénoms, auxquels ils joignaient ordinairement le prénom de leur père et le nom du lieu de leur naissance. Quelques-uns prirent le nom de leur profession, comme, par exemple, celui de *bakker*, qui signifie boulanger, et ces noms restèrent. Ceux qui avaient des noms de famille étaient presque tous d'origine étrangère.

2. Nous faisons graver ici pour la plus grande satisfaction des curieux, un dessin de la maison où est né Rembrandt. Ce dessin, fait en 1660 par Bisschop (Episcopus), représente le vrai moulin de Rembrandt, situé sur un des saillants du rempart de la ville de Leyde, et aujourd'hui démoli. M. Cornet, le digne conservateur du musée de Leyde, en a fait une jolie eau-forte en 1853. Le dessin original appartient à M. Kneppelhout van Sterkenburg, de Leyde.

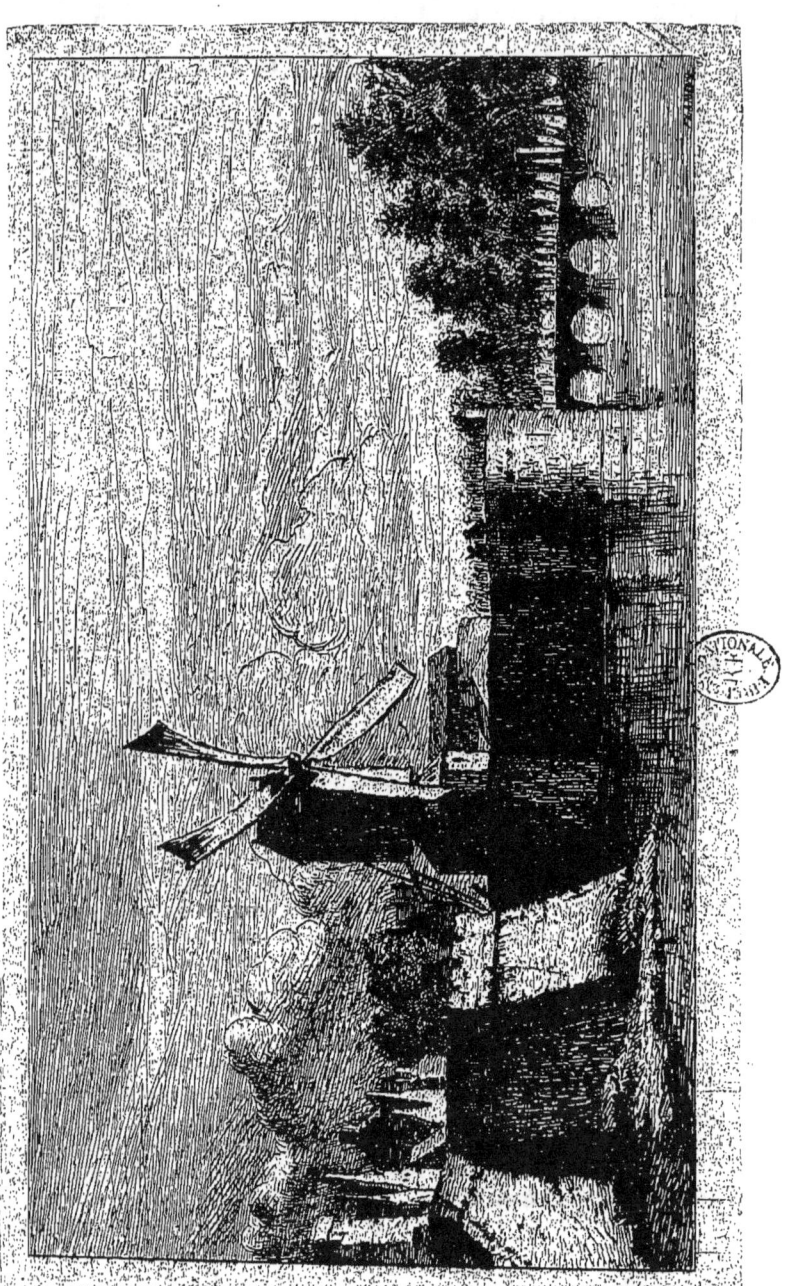

Suivant la description de Leyde que publia en 1641 le bourgmestre de cette ville, Orlers, Rembrandt serait né le 15 juillet 1606, et l'on ne peut nier que ce document, émané d'un tel magistrat, dépositaire des registres de la cité, ne soit une pièce probante. Toutefois cette date ne s'accorde point avec les papiers récemment découverts aux archives d'Amsterdam par le savant archiviste de cette ville et de la Hollande septentrionale, M. Scheltema. Au nombre de ces papiers, se trouve l'acte de mariage de Rembrandt, en date du 10 juin 1634, dans lequel il est dit que Rembrandt, fils d'Herman Van Ryn de Leyde, est âgé de vingt-six ans, ce qui porterait à 1608 la date de sa naissance. Que s'il fallait choisir entre ces deux documents, en l'absence de toute autre preuve, et aujourd'hui que les registres de baptême de ce temps-là n'existent plus à Leyde, nous pencherions pour accorder une autorité plus grande à la déclaration, d'ailleurs si précise, du bourgmestre de la ville de Leyde, qui a dû puiser son renseignement à la source, et qui connaissait la famille de Rembrandt, qu'à un acte de mariage où la mention de l'âge des époux a pu être faite avec moins d'exactitude, peut-être par une erreur de calcul de la part du scribe, peut-être aussi par une coquetterie du marié qui aura voulu se rajeunir.

On connaît la vie de Rembrandt par les anecdotes plus ou moins controuvées qu'en ont rapportées Houbraken et, après lui, Descamps. Les maîtres ne lui manquèrent point, et pourtant il était plus que personne en état de s'en passer, du jour où il eut quitté le collége de Leyde pour se livrer à la peinture. Van Zwanenburg, Pierre Lastman, Jacques Pinas, furent les instituteurs ou les précurseurs de ce naissant génie, et le triste Elzheimer en eut comme un pressentiment dans ses *Nuits* et ses *Aurores*.

Rembrandt dut à son obscure naissance et à son contact perpétuel avec la réalité, d'entrer dans l'art par la porte la plus sûre, et d'ignorer au début ces conventions qui gâtent si souvent les dons de Dieu. L'observation fut son premier talent. Revenu de chez Pinas au moulin paternel, il commença par étudier sur sa personne toutes les variantes de l'humanité, de même que Vélasquez les étudiait dans le même temps sur son esclave Paréja. Il fit son portrait plus de cinquante fois dans tous les costumes imaginables. Il se peignait aujourd'hui sous le chapeau d'un paysan grossier, demain avec l'élégance d'un gentilhomme, la fine collerette, la toque à plumes ; d'autres fois en chef de brigands tenant en main un sabre flamboyant, un oiseau de proie, ou bien au chevalet de l'artiste, dessinant la nature et la pénétrant du regard ; le plus souvent nu-tête, dans le désordre de sa chevelure d'un blond ardent, semblable aux rayons ondoyants qui encadrent la figure du soleil. Et il varia les expres-

2

sions de son visage au moins autant que les ajustements de son habit, de façon qu'il pût y saisir les
traits qui décident du caractère d'une tête, ceux qui
expriment la douleur, la joie, le contentement de soi-
même, la rudesse, la fierté, la moue, le mépris. Mais,
dès le commencement, il laissa percer, dans ses croquis
les plus simples, quelque chose de personnel, une originalité puissante qui tranchait avec la naïveté des
autres maîtres hollandais. A peine eut-il vu la nature
qu'il la comprit; à peine l'eut-il comprise qu'il y mêla
sa fantaisie. Le feu de sa plume, la finesse de son pinceau, l'étrange vivacité de sa pointe de graveur, don-
nèrent à chaque objet un accent imprévu. Son imagination jetant un voile entre la nature et lui, ennoblit
la vulgarité même, et ses moindres études portèrent
bientôt le cachet du maître, l'empreinte du génie.

Quelques succès qui firent un peu de bruit attirèrent
Rembrandt à Amsterdam, vers l'année 1630. Il était
alors âgé de vingt-quatre ans, suivant Orlers, de vingt-
deux ans, suivant M. Sheltema. C'était un homme à la
fois robuste et fin. Son front spacieux, légèrement
bombé, présentait les développements qui annoncent
la poésie. Il avait de petits yeux enfoncés, vifs, intelli-
gents, pleins de feu. Ses cheveux, d'un ton chaud
tirant sur le roux, étaient naturellement frisés, et sa
tête avait beaucoup de physionomie en dépit de sa
laideur; un nez gros, épaté, des pommettes saillantes,

un teint couperosé, imprimaient à son masque une
vulgarité que relevaient heureusement le dessin de la
bouche, le mouvement fier des sourcils et l'éclair des
yeux. De sorte qu'en somme Rembrandt était beau
comme ses ouvrages, par l'expression.

Les biographes ont dit que Rembrandt avait épousé
une jolie paysanne sans fortune du village de Rarep
ou Ransdorp en Waterland ; cela est vrai d'un second
mariage, mais il est certain, d'après l'acte du premier
mariage de Rembrandt, retrouvé aux archives d'Amsterdam, que Rembrandt épousa, le 10 juin 1634, Saskia Uylenburg, de Leeuwarden, capitale de la Frise,
et que cette jeune fille n'était point la paysanne dont
parle Houbraken, mais une personne appartenant à
une famille distinguée et dont le père, Rombert Uylenburg, avait été bourgmestre de Leeuwarden et con-
seiller du tribunal de la Frise. Ce même acte de mariage nous apprend que Saskia demeurait au bilt de
Saint-Annenkerk, et qu'elle était assistée de son cou-
sin, Jean Corneille, prédicant (Jean Corneille Sylvius,
dont Rembrandt a gravé le portrait), lequel, en sa
qualité de tuteur sans doute, donnait son consente-
ment au mariage. Rembrandt demeurait alors à
Amsterdam, sur le Breestraat, dans le quartier des
juifs, où nous avons visité naguère sa maison [1].

1. Cette maison de brique avec pierres saillantes, divisée aujourd'hui
et habitée par deux familles, est la seconde à droite, en venant du pont

De nos jours, il est peut-être plus facile que jamais
d'apprécier ce grand peintre, après les évolutions
qu'ont subies nos écoles de peinture, les unes reli-
gieusement éprises des sublimes traditions de l'antique, les autres converties au sentiment moderne.
L'art païen avait eu pour principe l'unité. L'art chrétien s'attacha de préférence à l'idée de contraste; il
opposa les difformités du corps à la dignité de l'esprit :

> Noble lame,
> Vil fourreau,
> Dans mon âme,
> Je suis beau.

Il inventa une grandeur morale indépendante de la
régularité des traits et des lignes, et, à l'inverse de la
statuaire antique, qui s'en tenait à une extrême sobriété de mouvement et à l'impassibilité du visage,
plutôt que de déranger la beauté plastique des formes,
les artistes chrétiens, retrouvant un reflet de la Divinité dans les natures les plus déchues, aimèrent mieux
pousser jusqu'aux dernières contractions de la vérité
l'expression de leurs figures, que de mettre la laideur

Saint-Antoine. Elle porte les numéros 2 et 3 du Breestraat. On a longtemps cru que la maison de Rembrandt était située dans le Saint-Antonie-
Breestraat, et l'on voyait même sur une des maisons de cette rue une
pierre incrustée dans le mur, où était gravé le nom de Rembrandt;
mais les papiers découverts par M. Scheltema ne laissent plus aucun
doute à cet égard. Une singularité de la vraie maison, c'est qu'elle porte,
gravée sur une pierre, au second étage, la date de 1606, qui est celle de
la naissance de Rembrandt. N'y a-t-il là qu'une coïncidence?

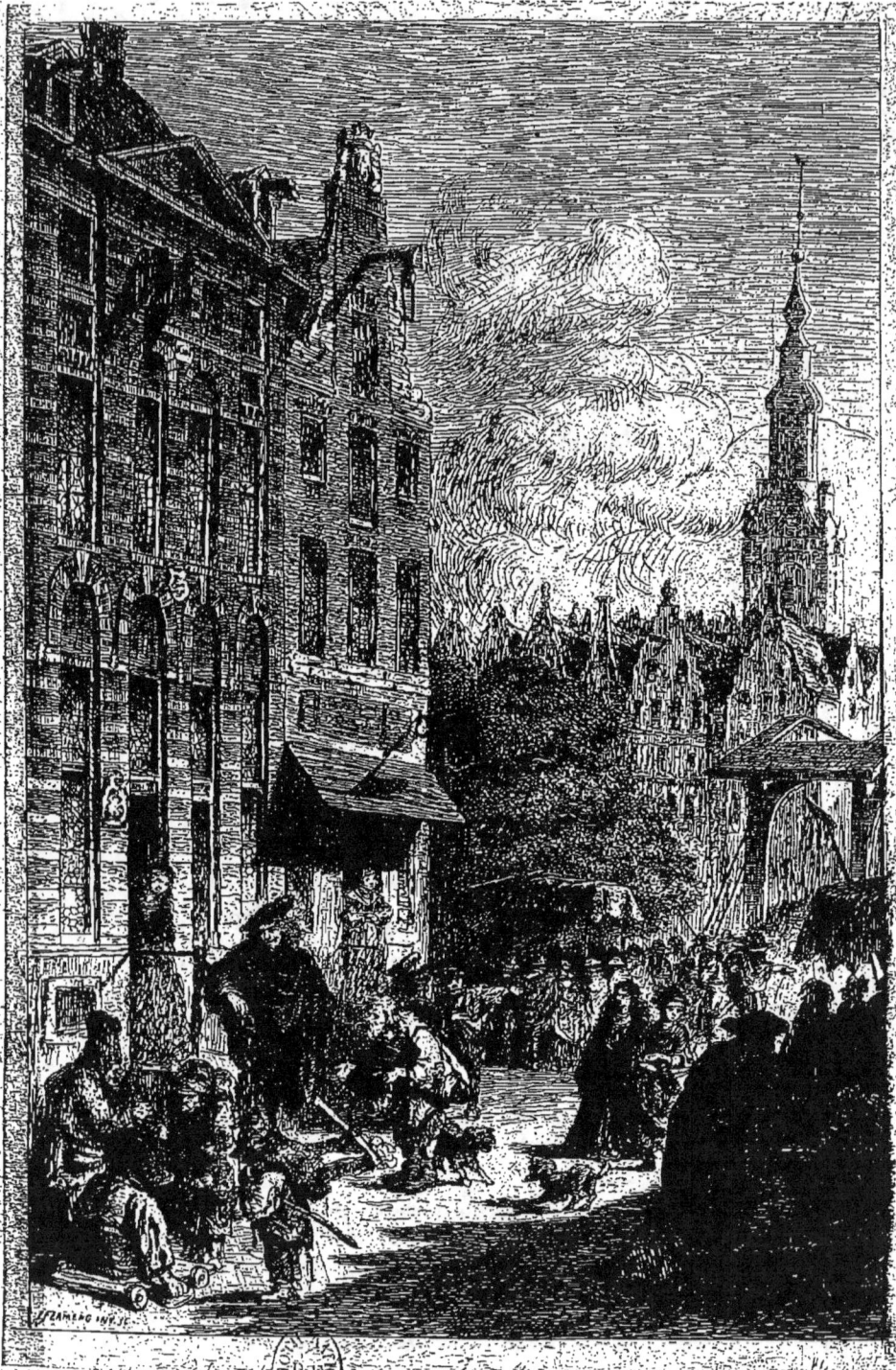

même en dehors du domaine de l'art. C'est de là que
procède Rembrandt. Il appartient tout entier à l'art
moderne, j'entends à l'art chrétien; il en est la per-
sonnification la plus puissante, la plus intime.

Voyez toute la renaissance italienne : elle n'est
qu'une restauration de l'antique mise au service du
pape et de ses dogmes, une adultère union du paga-
nisme et de ses formes consacrées et de ses beautés
traditionnelles avec la foi catholique, une métamor-
phose qu'Ovide n'avait point prévue, celle des dieux
de la Fable en saints du Paradis. Au contraire, le
moyen âge, fidèle à la pensée chrétienne, y avait puisé
tout un art profondément original, une architecture
sui generis, une sculpture vivante, fouillée, où respi-
raient, à travers des formes barbares, les sentiments
les plus profonds de l'âme humaine, une peinture enfin
qui, s'interposant entre la lumière des cieux et le
croyant agenouillé dans l'église, forçait les rayons du
soleil à traverser les pieuses images dessinées, colorées
sur les vitraux.

Oui, Rembrandt, quoique né au xviie siècle, y représente encore le moyen âge. La Renaissance, pour lui,
n'existait point. Ce n'est pas qu'il ignorât l'antique et
le grand style renouvelé des artistes grecs; il est certain même, d'après l'inventaire de ses meubles et
effets, dressé en 1656, comme il sera dit plus bas,
qu'il possédait un recueil de belles estampes venues

d'Italie, notamment cinq portefeuilles contenant les
gravures de Marc-Antoine d'après Raphaël, d'autres
où étaient réunies les meilleures pièces du Titien, des
Carrache, de Baroche, de Vanni, et ce qu'il appelait
son précieux recueil d'estampes d'André Mantegna [1].
Mais ce fut précisément le plus grand trait de son
génie d'avoir admiré tout sans rien imiter, d'avoir
connu les beautés d'un autre art et d'être resté toujours
dans le sien. Il faut donc bien comprendre en quel
sens il disait, en montrant à ses amis une armoire
remplie de turbans, de vieilles étoffes, d'écharpes à
franges, d'armures rouillées et de hallebardes : « *Voilà
mes antiques.* »

Lorsque Rembrandt alla s'établir à Amsterdam, il
n'avait, dis-je, que vingt-quatre ans, et bien qu'il fût
déjà un peintre de premier ordre et un graveur consommé, il avait besoin de protecteurs. Il en trouva un
dans la personne du médecin Tulp, professeur d'anatomie à Amsterdam. Aussi ne l'oublia-t-il jamais, et,
par un mouvement de reconnaissance, il le peignit

---

1. Nous publions plus loin, dans son entier, l'inventaire des peintures,
dessins, estampes, meubles et effets mobiliers qui furent trouvés dans la
maison de Rembrandt lorsqu'elle fut saisie, en 1656, pour être vendue
par la Chambre des biens insolvables (*Desolate boedelkamer*). On y verra,
mieux que dans aucun livre, quels étaient les goûts de Rembrandt, la
physionomie de son intérieur, sa passion d'antiquaire, son luxe de
peintre. Je ne sache rien de plus curieux que cette pièce dans son éloquente simplicité.

entouré de ses élèves, dans un tableau demeuré célèbre
sous le titre de *la Leçon d'anatomie*. Ce tableau, que
nous avons vu plusieurs fois au musée de La Haye,
est un de ceux qui demeurent toujours présents à
la mémoire. Les figures sont groupées autour d'un
cadavre étendu en diagonale sur la dalle d'un amphithéâtre, et vu en raccourci. Le professeur, son chapeau
sur la tête devant ses élèves découverts, tient du bout
de ses pinces les muscles fléchisseurs de la main, et il
en explique le jeu mécanique ; mais tandis qu'il instru-
mente avec l'indifférence d'un anatomiste cuirassé
contrè les émotions de l'amphithéâtre, les sept audi-
teurs qui l'environnent semblent exprimer par leurs
gestes, leurs regards et les plis de leurs fronts, les
diverses manières d'écouter un enseignement, la pré-
cocité ou la lenteur de leur intelligence. Je crois voir
encore ces têtes jeunes et fières, ces yeux humides,
pleins de pensées, qui nous poursuivaient partout, et
l'impassible physionomie du savant docteur, que Rembrandt a représenté seul couvert au milieu de ses disciples, comme le roi du tableau, et à qui la gratitude
d'un tel peintre n'a valu rien moins que l'immortalité [1].

Cette peinture fameuse que nous avons revue tout
récemment (juillet 1858), n'est pourtant pas, à beau-

---

1. Nous avons parlé plus longuement de ce tableau célèbre dans notre
Histoire des Peintres de toutes les écoles, qui se publie à Paris, chez
madame veuve Renouard, et dont il a paru 250 livraisons depuis 1849.

coup près, le chef-d'œuvre de Rembrandt. Il faut aller à Amsterdam pour voir les ouvrages où il a dit le dernier mot de son art : *les Syndics de la halle aux draps* et *la Ronde de nuit*. Le seul Rembrandt était capable d'intéresser et même d'émouvoir le spectateur, oui, de l'émouvoir, rien qu'en groupant autour d'une table les cinq commissaires d'une halle, occupés à relever leurs comptes. Que d'énergie et quel relief dans ces figures parlantes où la vie transpire, et dont le masque vulgaire, mais puissant, se peint dans la mémoire en traits qui ne s'effacent plus ! A leur mouvement, on dirait qu'ils viennent d'être interrompus dans leurs délibérations, car l'un d'eux se lève et les quatre autres tournent leurs yeux vers le spectateur comme s'il venait d'entrer dans le tableau, d'où ils semblent eux-mêmes sortir. Voilà un coup de maître.

Mais c'est dans *la Ronde de nuit* que Rembrandt a déployé toute la splendeur, toute la magie de sa palette, ses tons merveilleux qui passent de l'or à l'argent, qui sont à la fois harmonieux et variés, tantôt nacrés comme un rayon de la lune, tantôt brûlants comme le soleil de midi, ses grandes ombres légèrement frottées de bitume, ses lumières rehaussées d'empâtements furieux. C'est là qu'il faut admirer comment un peintre peut jeter la poésie à pleines mains sur un sujet d'une banalité repoussante ; comment il peut, idéalisant la prose au moyen du mystère dont il l'enveloppe, trans-

former de simples gardes bourgeoises en fantômes
intéressants, par le seul effet d'une lumière féerique,
qui n'est ni celle des astres ni celle des flambeaux,
mais un éclair de son génie.

Montaigne eût appelé Rembrandt un homme de
prime-saut, et de fait il poussa son originalité jusqu'à
se montrer jaloux de celle des autres. Ayant ouvert
une école à Amsterdam, il en divisa le local en cellules
où chaque élève dut étudier séparément le modèle. Il
avait deviné que des peintres élevés l'un à côté de
l'autre, dans un atelier commun, n'ont rien à gagner
à ce frottement, qui, en leur ôtant peut-être quelques
défauts, use promptement leurs qualités natives, et
leur donne à chacun pour manière un mélange insi-
pide de toutes les autres. Aussi arriva-t-il que lui, si
personnel, si peu instruit ou plutôt si insoucieux des
traditions, des règles, des convenances apprises, il
forma cependant des élèves dont la plupart devinrent
illustres : Gérard Dow, Govaert Flinck, Victoor, Van
den Eeckhout, Van Hoogstraten, Ferdinand Bol, Van
Vliet, Drost, Philippe de Koning, Roelant Rogman,
Arnould de Gelder, Verdoel, Jean Renesse, le Danois
Bernhard Kiel, Nicolas Maas, Léonard Bramer. Tous
ces disciples se partagèrent l'héritage de leur chef, et
se firent un nom avec des lambeaux de son génie :
Victoor en prit la force et Gérard Dow la finesse ; Van
Eeckhout et Govaert Flinck s'en tinrent à une imita-

tion affaiblie, mais encore puissante; Van Vliet essaya
de reproduire les effets magiques du clair-obscur de
Rembrandt, dans une série d'eaux-fortes que certains
amateurs recherchent encore aujourd'hui, malgré leur
grossièreté révoltante. Ferdinand Bol, en débrouillant,
pour ainsi dire, la manière mystérieuse du maître, en
descendit la gamme et se contenta d'un aspect plus
familier de la vie; Arnould de Gelder et Jean Renesse
s'inspirèrent du sentiment de Rembrandt; Nicolas Maas
en imita les contrastes et le relief; Philippe de Koning et Rogman gravèrent ou peignirent des paysages
qu'on put attribuer à leur maître; enfin Léonard Bramer qui, plus âgé que Rembrandt, passe toutefois
pour avoir été son élève, renouvela dans ses *Limbes*
les sombres et fantastiques visions de la *Ronde de nuit*.
De sorte que le patrimoine de Rembrandt, qui semblait
être tout d'une pièce, put suffire, en se divisant, à
faire vivre une école entière de peintres et de graveurs.

Inventer le beau, découvrir l'idéal des formes et
des lignes heureuses, en pleine Hollande, au milieu
d'un peuple qui n'en offrait pas le type et n'en possédait pas la tradition, c'eût été impossible, à un seul
homme du moins. Il y faut des générations d'artistes,
se corrigeant, s'épurant l'une l'autre, et la faveur
du climat et un long raffinement dans la notion
des convenances. Rembrandt resta donc Hollandais;
mais par un chemin qui n'y avait encore mené per-

sonne, il s'éleva souvent au sublime. Il puisa dans son imagination la poésie du clair-obscur, et au fond de son cœur l'idéal de l'expression. Voilà tous ses secrets. Il fut un grand peintre parce qu'il fut ému ; il sentit profondément ce qu'il voulut nous faire sentir. Entouré de formes triviales, il s'en servit pour exprimer les sentiments les plus nobles, en leur prêtant le charme inattendu de ses ombres transparentes, le prestige de sa lumière magique et la mélancolie de ses demi-teintes.

Personne n'a surpassé Rembrandt dans l'expression qui est l'âme de la peinture. Il y atteignit par le dessin, la touche et le clair-obscur, trois parties de l'art où il excellait. Le dessin ? Sans doute Rembrandt ne l'a point châtié avec la correction qu'on enseigne dans les académies, et qui parfois dégénère en pédantisme ; il n'a pas connu ces proportions exquises, ces purs contours dont l'antique nous a fourni les modèles, et qui ne se trouvent dans la nature qu'incomplets et dispersés. Mais si Rembrandt a ignoré ce qu'on appelle le style, il y a suppléé par une qualité de premier ordre qui est le sentiment. C'est en parcourant les inimitables eaux-fortes de son œuvre, dont un grand nombre ne présentent que des croquis légers, qu'on peut voir à quel degré d'expression le seul génie du dessin peut conduire. Jamais les gestes de l'étonnement furent-ils mieux saisis et avec des nuances plus fines qu'ils ne

le sont dans l'estampe de la *Résurrection de Lazare?*
Comment peindre la résignation naïve d'un enfant
d'une manière plus touchante que ne l'a fait Rembrandt, quand il a représenté Abraham expliquant les
ordres de Dieu à son fils Isaac, innocente victime
d'une superstition qu'il ne comprend point? Qui a su
accuser les sentiments de la multitude pour tous les
triomphateurs, mieux que le peintre hollandais dans
son estampe de *Mardochée?* La tendresse maternelle
des *Vierges* de Rembrandt est ce qu'on peut imaginer
de plus profondément humain et de mieux senti, et je
ne sache pas que nulle part on ait exprimé la prudence
instinctive, les tâtonnements de l'aveugle, comme les
a rendus ce grand maître, en quelques traits rapides,
dans ses deux estampes de *Tobie.* Enfin la *Pièce de
cent florins* est certainement un incomparable chef-
d'œuvre d'expression, où, sans autre ressource que
du noir et du blanc, par l'unique sentiment du dessin,
Rembrandt a exprimé la douleur des malades, les gémissements et l'espoir des mères suppliantes, l'incrédulité des Pharisiens, la foi du peuple, et la poignante
misère de ce grand troupeau humain que le Rédempteur est venu guérir.

La touche? Elle a été chez le peintre hollandais
aussi étonnante que chez les plus illustres Vénitiens;
nul doute même qu'il ne les ait surpassés en légèreté
et en finesse. Soit qu'il attaque son sujet dans une

manière rude et strapassée, soit qu'il se laisse aller à
un faire suave, fondu et précieux, il ne le cède ni à
Titien, ni à Giorgion, ni au Corrége lui-même, pour la
vigueur, le nourri, le charme de la peinture. Mais sa
touche n'est pas seulement admirable, séduisante à
l'œil; elle est encore *expressive*. Et, par exemple, le
Porte-Drapeau, que possède M. de Rothschild à Paris,
n'est pas touché comme les *Deux Philosophes* du
musée du Louvre. Là, ce sont des rehauts fiers, des
coups de pinceau jetés hardiment et à propos — c'est-à-
dire partout où la lumière frappe — qui font briller les
armures, qui font respirer les narines, mouillent le
regard et impriment le caractère, le mouvement, la
vie. Ici, au contraire, Rembrandt adoucit ses tons et
les passe, tranquillise ses ombres, unit sa peinture,
et, conformant sa manière à sa pensée, nous conduit
par le sentiment de sa touche, à l'idée de paix et de
silence.

Le clair-obscur enfin! c'est là son grand moyen
d'expression, sa poésie. Qu'une vaste plaine unie se
déroule à perte de vue, sans autre accident que trois
arbres au bord d'une mare, aucun artiste assurément
ne songerait à en faire le motif d'un paysage, ou du
moins à en tirer un effet imposant. Mais que Rembrandt y jette les yeux, aussitôt tout change d'aspect;
ce grand peintre, se ressouvenant peut-être de Ca-
moëns, dessine parmi les nuages le génie des tempêtes,

qui a porté de grandes ombres sur la plaine. Quelques
échappées de soleil dissipant ces ombres par places et
éclairant la campagne, enlèvent sur l'horizon lumineux la silhouette noire des trois arbres tout à coup
grandis comme des fantômes, et voilà que ce paysage,
inaperçu jusqu'alors, a pris une couleur dramatique...
Que Jésus vienne dire à Lazare : « Lève-toi et marche »,
Rembrandt se représente la vie réveillant le trépassé
comme une lumière éclatant au sein de la nuit. Que
le Christ décloué de sa croix soit conduit au sépulcre,
le poëte graveur, par une suite d'estampes qui ne sont
que des épreuves variées d'une même planche, va
exprimer la descente du corps dans la tombe. D'une
épreuve à l'autre, la clarté des flambeaux funèbres
diminue et peu à peu tout se confond, tout s'efface ;
aux dernières épreuves, les figures et le cadavre sont
plongés dans une obscurité sinistre ; les torches sont
éteintes et la nuit du tombeau a commencé... Cette fois
le graveur-peintre a trouvé le sublime du clair-obscur.

On a dit que Rembrandt était avare, et l'on n'a que
trop répété, à ce sujet, les anecdotes qu'Arnold Houbraken et les autres biographes avaient racontées : que
pour gagner plus d'argent à vendre ses estampes, il y
faisait de légers changements, des retouches insigni-
fiantes qui forçaient l'amateur à payer deux et trois fois
une même planche ; que souvent il envoyait son fils
Titus vendre clandestinement des épreuves de prix.

comme s'il les eût dérobées ; qu'un jour il fit courir le
bruit de sa mort, uniquement pour donner à son
œuvre plus d'importance ; qu'une autre fois, il parla
de se retirer en Angleterre, bien sûr que les acheteurs
s'empresseraient de se procurer de ses estampes quand
ils se croiraient à la veille de n'en plus avoir; qu'enfin,
pour augmenter la valeur de ses gravures, déjà si
recherchées, il affectait de ne pas les céder au premier
venu, même à des prix très-élevés. « Il fallait, dit
« Descamps, lui faire sa cour pour obtenir de lui cer-
« taines pièces de son œuvre. C'était une mode, une
« fureur ; on était presque ridicule quand on n'avait
« pas une épreuve de la petite Junon couronnée et
« sans couronne, du petit Joseph avec le visage blanc
« et du même avec le visage noir, de la femme avec le
« bonnet blanc auprès du petit poulain et de la même
« sans bonnet. » A supposer que l'on dût ajouter foi
à tous ces récits, peut-être ne convient-il pas d'en tirer
les mêmes inductions que les biographes. L'avarice,
si tant est que ce mot ignoble puisse être appliqué à
un homme tel que Rembrandt, n'eût été chez lui qu'un
procédé de son indépendance, une ruse de l'artiste qui
veut arriver à ce but souverain : travailler pour l'art,
et non pour vivre. Sobre par tempérament, par philosophie et sans doute aussi par éducation, Rembrandt
faisait son repas d'un hareng salé et d'un morceau de
fromage ; sa simplicité lui permettait donc de réduire

les dépenses relatives à sa vie matérielle, et s'il était
ménager de son argent, on verra, d'après l'inventaire
de ses richesses, à quoi il le dépensait. Il est des traditions qui pour n'être pas écrites dans les livres, n'en
sont pas moins sûres. Or, les amateurs d'Amsterdam
se souviennent encore, — par un de ces souvenirs que
se transmettent les générations, — que Rembrandt,
quand il se présentait dans une vente publique, ne
connaissait pas de bornes à son enchère : tel objet d'art
qui lui avait plu devait à tout prix lui revenir. Samuel
Van Hoogstraten raconte, au surplus, que son maître
acheta un jour à un très-grand prix, en vente publique,
une épreuve de l'*Espiègle* de Lucas de Leyde. Est-ce
là le trait d'un avare? j'entends de cet avare que
Plaute et Molière ont mis en scène? Non, non, quoi
qu'on en dise, Rembrandt ne put être qu'un grand
cœur, et, encore une fois, s'il aima l'or, il l'aima
comme un gardien de sa liberté de poëte et, puisqu'il
faut le dire, de sa dignité d'homme, car c'est une dure
servitude que la pauvreté.

Que Rembrandt ait eu d'apparentes bizarreries
d'humeur, qu'il ait affecté une extrême économie dans
sa vie domestique, dans sa table, afin de pouvoir satisfaire des goûts plus relevés et plus nobles, ceux d'un
artiste, qu'il ait en un mot sacrifié le confort de son
ménage au luxe des jouissances de l'esprit, il n'y a rien
là qui doive surprendre, et loin de ternir sa mémoire,

ce côté de son caractère lui fait honneur. Mais, du reste, ce qui renverse les accusations de tout genre que l'on s'est plu trop légèrement à répéter sur ce grand peintre, après Houbraken et les autres, ce sont les actes conservés à la Chambre des Insolvables d'Amsterdam, desquels il résulte qu'en 1656, Rembrandt, ruiné par sa passion pour les objets d'art, forcé de rendre ses comptes à son fils Titus, dont la mère était morte, poursuivi d'ailleurs par le bourgmestre Corneille Witzen, qui lui avait prêté la somme de 4,180 florins, et qui, dans ces années de guerre désastreuses pour la Hollande, fut sans doute contraint d'en exiger le remboursement, Rembrandt, dis-je, vit ses biens saisis, sa maison inventoriée et expropriée par les commissaires de la Chambre des Insolvables, ses portefeuilles, enfin, son bien le plus précieux et le plus cher, vendus publiquement par un juré priseur, qui se trouva être précisément Haaring le jeune, celui-là même dont, l'année précédente, il avait gravé le portrait avec tant d'expression et de poésie.

Un de ces actes dont Josi a parlé le premier dans le livre publié par lui à Londres en 1821, et qui a pour titre : *Collection d'imitations de dessins d'après les principaux maîtres flamands et hollandais, commencée par Ploos van Amstel, continuée par Josi,* est signé Titus Van Rijn, qui est désigné comme le fils unique de Rembrandt Van Rijn et de Saskia Uylenburg,

« lequel Titus reconnaît avoir reçu des commissaires
de la Chambre des Insolvables, sous la caution d'Abraham Fransz, marchand d'estampes et amateur estimé,
la somme de 6,952 florins et 9 sols, pour solde tant
de la maison de son père située à Amsterdam, dans
le Breestraat, près du pont Saint-Antoine, que du
reste de la succession maternelle. » Voilà des faits
authentiques, bien propres à relever Rembrandt, aux
yeux de la postérité, des accusations légèrement lancées
contre lui ; voilà des faits de nature à ajouter, s'il est
possible, un intérêt de plus à sa personne et à sa vie [1].

Il a été dit que Rembrandt, découragé par la vente
de sa maison et de ses portefeuilles, avait quitté la
ville d'Amsterdam et s'en était allé mourir de tristesse
dans un pays inconnu. Mais il est certain maintenant
d'après des documents irrécusables, que le grand
peintre ne quitta point la ville d'Amsterdam ; qu'après
la vente de sa maison du Breestraat, il se retira dans

---

1. On peut voir, sur Rembrandt, la troisième édition de sa biographie,
dans l'*Histoire des Peintres de toutes les écoles*. Lors de la première
édition, l'acte de Titus n'était pas à ma connaissance, non plus que les
pièces découvertes par M. Scheltema, puisqu'elles l'ont été postérieurement. Ces pièces jettent un nouveau jour sur la vie de Rembrandt.
L'honorable archiviste les a publiées en 1853, dans un ouvrage en hollandais qui a pour titre : REMBRAND. *Redevoering over het leven en de
verdiensten Van Rembrand Van Rijn, met eene menigte geschiedkundige
bylagen, meerendeels uit echte bronnen gebut, door Dr. P. Scheltema.
Amsterdam, Van Kampen*, 1853. « REMBRANDT. Discours sur la vie et les
mérites de Rembrandt Van Rijn, enrichi d'un grand nombre de pièces
historiques puisées aux véritables sources, par Dr. P. Scheltema. »

un autre quartier, sur le Rosengracht, tout près de l'église appelée Westerkerk (Église occidentale). Il est même constant que Rembrandt, dont la femme était morte en 1642, se remaria en secondes noces, sans doute avec cette paysanne de Rarep dont parle Houbraken, ce qui nous met d'accord avec ce biographe. Le fait de ce second mariage résulte en effet des pièces que M. Scheltema avait annoncées dans le discours qu'il prononça le jour de l'inauguration de la statue de Rembrandt, à Amsterdam, notamment de l'extrait mortuaire dont nous allons parler.

On a été longtemps sans savoir en quelle année mourut Rembrandt, et en quel lieu. Suivant de Piles, il était mort en 1668, et suivant Houbraken, en 1674. Mais ces deux dates sont également inexactes, et toute incertitude est levée aujourd'hui. M. Scheltema, dans ses intelligentes recherches sur Rembrandt, dont il voulut bien nous communiquer le résultat avant même la publication de son livre, a fini par découvrir, parmi les registres mortuaires de la ville d'Amsterdam, l'acte qui atteste que Rembrandt fut enseveli le 8 octobre 1669, dans le Westerkerk (Église occidentale). Cet acte est ainsi conçu : *Deynsdach*, 8 *october* 1669. *Rembrant Van Rijn, Schilder, op de Rosegraft, teghenover het Doolhof. Laet na 2 kynders.* « Aujourd'hui, 8 octobre, 1669 (a été inhumé) Rembrandt Van Rijn, peintre, (demeurant) sur le Rosegraft (canal des roses) vis-à-vis le Laby-

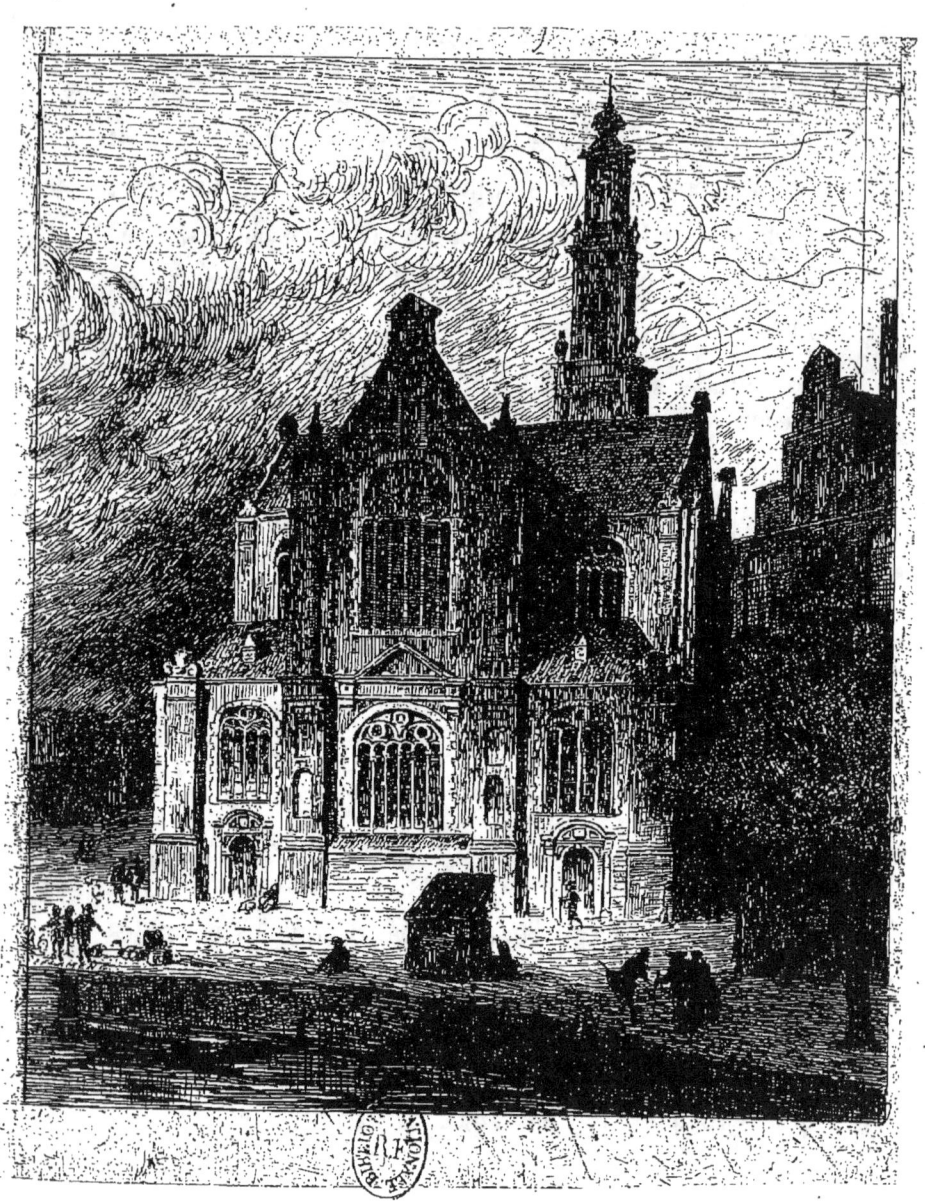

rinthe. Il laisse deux enfants. » Il résulte de cet acte que
Rembrandt s'est marié deux fois, car il n'avait eu de sa
première femme qu'un seul enfant né viable, Titus,
lequel mourut avant son père. La note des frais des
funérailles de Rembrandt, s'élevant à la somme de
15 florins, relativement considérable pour la seule
inhumation dans l'église, prouve qu'il fut enterré avec
pompe.

L'artiste qui va soutenir ici notre admiration, c'est
surtout Rembrandt le graveur. Nous voulons mettre en
lumière son œuvre incomparable, non-seulement pour
le public, mais pour les artistes eux-mêmes auxquels
il est en somme peu connu. Ce sera, nous l'espérons,
bien mériter de l'avenir, que de publier en un ouvrage
complet, non-seulement le catalogue des estampes de
Rembrandt, (suivi du catalogue de ses peintures) avec
les commentaires qu'elles peuvent inspirer ou les faits
qui s'y rattachent, mais encore la reproduction fidèle
de quelques pièces rares et intéressantes, choisies parmi
les plus intéressantes et les plus rares de cet œuvre
si étonnamment varié, si profondément curieux et parfois si sublime.

EXTRAIT DES REGISTRES

DE LA

CHAMBRE DES INSOLVABLES

D'AMSTERDAM

Je suis assuré d'être agréable aux amateurs en publiant ce document précieux et inconnu en France. Les lecteurs de cette pièce éprouveront sans doute le sentiment que j'éprouvai moi-même, lorsqu'au mois de novembre 1852, et tout récemment, en juillet 1858, je visitai la maison de Rembrandt, située dans le Breestraat, près du pont Saint-Antoine. Encore eus-je le regret de voir cette maison divisée en deux par un mur de fraîche date, tandis que nos lecteurs pourront, à la faveur de cet inventaire, entrer dans les appartements de Rembrandt tels qu'ils étaient le jour où ce grand homme en sortit pour abandonner ses biens à ses créanciers. En son irrécusable naïveté, ce procès-verbal est plus intéressant que bien des livres; il nous introduit dans l'intérieur du peintre, nous livre le secret de ses habitudes et nous rend pour ainsi dire les témoins de ses pensées.

C'est aussi une bien éloquente réfutation des biographes qui ont représenté Rembrandt comme un avare, capable de tout pour amasser des florins. Par la nature des richesses dont il aimait à s'entourer, on comprendra aisément à quelles dépenses il dut se laisser entraîner, et comment il devint insolvable à force d'aimer les belles choses. On verra également quels étaient ses goûts, ses préférences d'artiste, et peut-être n'est-ce pas là le côté le moins curieux de cette révélation inattendue. Heureux les peintres qui ont compté de leurs ouvrages parmi ceux dont Rembrandt avait orné sa demeure et réjoui ses regards. Leur inscription sur cette liste est un brevet de bonne peinture. Brouwer, Persellis, Hercule Seghers, Simon de Vlieger, Jean Lievensz, vous êtes des maîtres!

INVENTAIRE DES TABLEAUX

MEUBLES ET AUTRES EFFETS MOBILIERS
DÉLAISSÉS PAR REMBRANDT VAN RYN, ET QUI SE SONT TROUVÉS
DANS SA MAISON SITUÉE DANS LE BREESTRAAT
PRÈS L'ÉCLUSE SAINT-ANTOINE.

VESTIBULE.

Un petit tableau d'*Adrien Brouwer*, représentant un Pâtissier.
Un petit tableau représentant des Joueurs, par le même *Brouwer*.
Un petit tableau représentant une Femme et un Enfant, par *Rembrandt van Ryn*.
Un Atelier de Peintre, par *Adrien Brouwer*.
Une Cuisine grasse, par le même.
Une Tête de plâtre.
Deux Enfants nus, de plâtre.

Un Enfant endormi, de plâtre.

Un petit Paysage, par *Rembrandt*.

Une petite Figure debout, par le même.

Une Nuit de Noël (Nativité), par *Jean Lievensz*.

Un saint Jérôme, par *Rembrandt*.

Un petit tableau représentant des Lièvres, par le même.

Un petit tableau représentant un Pourceau, par le même.

Un petit Paysage, par *Hercule Seghers*.

Un Paysage, par *Jean Lievensz*.

Un Paysage, par le même.

Un petit Paysage, par *Rembrandt*.

Une Chasse au Lion, par le même.

Un Clair de Lune, par *Jean Lievensz*.

Une Tête, par *Rembrandt*.

Une Tête, par le même.

Un Sujet de Nature morte, retouché par le même.

Un Soldat en cuirasse, par le même.

Une Vanité, retouchée par le même.

Une Vanité tenant un sceptre, retouchée par le même.

Une Marine, exécutée par *Henri Antonisz*.

Quatre chaises espagnoles, garnies de cuir de Russie.

Deux chaises espagnoles, avec des coussins noirs.

Un petit plancher en bois de sapin.

DANS L'ANTICHAMBRE.

Le Bon Samaritain, retouché par *Rembrandt*.

Le Mauvais Riche, par *Palme le*

Vieux (étant de moitié avec *Pierre de la Tombe*).

Une Arrière-maison, par *Rembrandt*.

Deux Lévriers d'après nature, par le même.

Une Descente de Croix, grand tableau dans son cadre doré, par le même.

Une Résurrection de Lazare, par le même.

Une Courtisane arrangeant ses cheveux, par le même.

Un Bocage, par *Hercule Seghers*.

Un Tobie, par *Lastman*.

Une Résurrection de Lazare, par *Jean Lievensz*.

Un petit Paysage montagneux, par *Rembrandt*.

Un petit Paysage, par *Govert Jansz*.

Deux Têtes, par *Rembrandt*.

Une Grisaille, par *Jean Lievensz*.

Deux Grisailles, par *Persellis*.

Une Tête, par *Rembrandt*.

Une Tête, par *Brouwer*.

Une Vue des côtes, par *Persellis*.

Une Vue des côtes, plus petite, par le même.

Un Ermite, petit tableau, par *Jean Lievensz*.

Deux petites Têtes, par *Lucas van Valckenburgh*.

Un Camp en feu, par le vieux *Bassan*.

Un Charlatan, d'après *Brouwer*.

Deux Têtes, par *Jean Pinas*.

Une Perspective, par *Lucas de Leiden*.

Un Prêtre, d'après *Jean Lievensz*.

Une Figure académique (étude), par *Rembrandt*.

Un Pâturage, par le même.

Un Dessin, par le même.

Une Flagellation de Jésus, par le même.

Une Grisaille, par *Persellis*.

Une Grisaille, par *Simon Vlieger*.

Un petit Paysage, par *Rembrandt*.

Une Tête d'après nature, par le même.

Une Tête, par *Raphaël d'Urbin*.

Un Groupe de maisons d'après nature, par *Rembrandt*.

Un petit Paysage d'après nature, par le même.

Un Groupe de maisonnettes, par *Hercule Seghers*.

Une Junon, par *Pinas*.

Une Glace dans son cadre d'ébène.

Un cadre d'ébène.

Un vase à rafraichir en marbre.

Une table de noyer, avec un tapis de Tournay.

Sept chaises espagnoles, avec des coussins de velours vert.

DANS LE CABINET DERRIÈRE L'ANTICHAMBRE.

Un Tableau de Jephté.

Une Vierge et l'Enfant-Jésus, par *Rembrandt*.

Un Crucifiement de Jésus, figuré par le même.

Une Femme nue, par le même.

Une Copie d'après *Annibal Carrache*.

Deux Demi-figures, par *Brouwer*.

Encore une Copie d'après *Annibal Carrache*.

Une Marine, par *Persellis*.

Une Tête de Vieillard, par *Van Eyck*.

Portrait d'un Homme mort, par *Abraham Vinck*.

Une Résurrection, par *Aartje Van Leyden*.

Une Esquisse, par *Rembrandt*.

Une Copie d'après une esquisse du même.

Deux Têtes d'après nature, par le même.

La Consécration du temple de Salomon, grisaille par le même.

La Circoncision de Jésus, copie d'après le même.

Deux petits Paysages, par *Hercule Seghers*.

Un cadre doré.

Une petite table en bois de chêne.

Quatre abat-jour (*kaert schilden*).

Une presse en bois de chêne.

Quatre chaises ordinaires.

Quatre coussins verts.

Un chaudron en cuivre.

Un portemanteau.

DANS LA CHAMBRE DE DERRIÈRE, OU LE SALON.

Un Bocage, par un maître inconnu.

Une Tête de Vieillard, par *Rembrandt*.

Un grand Paysage, par *Hercule Seghers*.

Une Tête de femme, par *Rembrandt*.

L'union nationale, par le même.

Un Village, par *Govert Jansz.*

Un Bœuf, d'après nature, par *Rembrandt.*

La Samaritaine, grand tableau de *Giorgion* (étant de moitié avec *Pierre de la Tombe.*)

Trois Figures antiques.

Jésus mis au Tombeau, esquisse par *Rembrandt.*

La Barque de saint Pierre, par *Aertje van Leyden.*

La Résurrection de Jésus, par *Rembrandt.*

Une Vierge, par *Raphaël d'Urbin.*

Une Tête de Jésus-Christ, par *Rembrandt.*

Un Hiver, par *Grummers.*

Le Crucifiement de Jésus, par *Lely de Novellana.*

Une Tête de Jésus-Christ, par *Rembrandt.*

Un Bœuf, par *Lastman.*

Une Vanité, retouchée par *Rembrandt.*

Un *Ecce Homo*, grisaille, par le même.

Un Sacrifice d'Abraham, par *Jean Lievensz.*

Une Vanité, retouchée par *Rembrandt.*

Un Paysage, grisaille, par *Hercule Seghers.*

Une Soirée, par *Rembrandt.*

Une grande glace.

Six chaises avec des coussins bleus.

Une table en bois de chêne.

Un tapis brodé.

Une presse en bois jaune marbré.

Une petite armoire en bois jaune marbré.

Un lit de plume et un traversin.

Deux taies d'oreiller.

Deux couvertures.

Une garniture bleue.

Une chaise de paille.

Un fer à repasser.

DANS LE CABINET (*Kunstcaemer*).

Deux globes.

Une boîte remplie de minéraux.

Une colonnette.

Un petit pot d'étain.

Une burette.

Deux jattes des Indes orientales.

Une soucoupe des Indes orientales, et une autre de la Chine.

Une statue d'impératrice

Une poire à poudre des Indes orientales.

Une statue de l'empereur Auguste.

Une coupe des Indes.

Une statue de l'empereur Tibère.

Une boîte à coudre des Indes orientales.

Une tête de Caius.

Un Caligula.

Deux statuettes (*cagnwarissen*) en porcelaine.

Un Héraclite.

Deux statuettes en porcelaine.

Un Néron.

Deux casques de fer.

Un casque japonais.

Un casque ancien (*een curbaetse helmet*).

Un empereur romain.

Un More, moulé sur nature.

Un Socrate.

Un Homère.

Un Aristote.

Une Tête antique, brune.

Une Faustine.

Une Armure de fer avec son casque.

L'empereur Galba.

L'empereur Othon.

L'empereur Vitellius.

L'empereur Titus Vespasieu.

L'empereur Vespasien.

L'empereur Domitien.

L'empereur Silias Brutus.

Quarante - sept échantillons de plantes marines et terrestres, et choses semblables.

Vingt-trois échantillons d'animaux marins et terrestres.

Un hamac et deux calebasses, dont une en cuivre.

Huit grands plâtres moulés sur nature.

SUR LA TABLETTE, DANS LE FOND.

Une grande quantité de cornes, de plantes marines, de plâtres moulés sur nature, et beaucoup d'autres raretés.

Une statue représentant l'Amour.

Un mousqueton; un pistolet.

Un bouclier en fer, orné de figures par *Quintin le Maréchal*, morceau rare.

Un flacon à l'ancienne mode.

Un flacon turc.

Un tiroir rempli de médailles.

Un bouclier tressé.

Deux figures complétement nues.

Le masque du prince Maurice, moulé sur sa figure, après sa mort.

Un lion et un taureau, modelés d'après nature.

Plusieurs cannes.

Une arbalète.

VOLUMES DE DESSINS ET D'ESTAMPES.

Un volume rempli d'esquisses, par *Rembrandt*.

Un volume contenant des gravures sur bois, par *Lucas de Leyden*.

Un volume contenant des gravures sur bois, par *Was*.

Un volume contenant des gravures sur cuivre, par *Vanni, Baroche* et autres.

Un volume contenant des gravures sur cuivre, d'après *Raphaël*.

Un bois de lit doré, sculpté par *Verhulst*.

Un volume contenant des gravures sur cuivre, par *Lucas de Leyden*, tant doubles que simples.

Un volume contenant des dessins des plus grands maîtres de toutes les écoles.

L'œuvre précieux d'*André Mantegna*.

Un gros volume rempli de dessins et d'estampes de quantité de maîtres.

Un gros volume contenant des dessins et des estampes de différents maîtres.

Un gros volume rempli de miniatures curieuses, accompagnées d'estampes sur bois et sur cuivre de toute espèce.

Un gros volume rempli d'estampes, par le vieux *Breughel*.

Un gros volume contenant des estampes, d'après *Raphaël*.

Un gros volume contenant des estampes très-précieuses, d'après le même.

Un gros volume rempli d'estampes, par *Antoine Tempesta*.

Un gros volume contenant des estampes sur cuivre et sur bois, par *Lucas Cranach*.

Un gros volume contenant des estampes, par *Annibal, Augustin* et *Louis Carrache, le Guide* et *l'Espagnolet*.

Un gros volume contenant des figures gravées au burin et à l'eau-forte, par *Antoine Tempesta*.

Un gros volume, par le même.

Un gros volume, par *Rembrandt*.

Un gros volume rempli d'estampes gravées par *Goltzius* et *Muller*, et représentant des portraits.

Un gros volume contenant des estampes, d'après *Raphaël d'Urbin*, épreuves de choix.

Un gros volume contenant des dessins d'*Adrien Brouwer*.

Un très-gros volume contenant l'*Œuvre du Titien*.

Plusieurs petits vases et verres de Venise.

Un vieux volume contenant un certain nombre d'esquisses, par *Rembrandt*.

Un vieux volume.

Un gros volume rempli d'esquisses, par *Rembrandt*.

Encore un vieux volume, vide.

Un tric-trac.

Une très-vieille chaise.

Une jatte chinoise remplie de minéraux.

Un amas de corail brut.

Un volume rempli de statues gravées sur cuivre.

Un volume contenant l'*Œuvre de Heemskerck*.

Un volume contenant des portraits de Van-Dyck, de Rubens, et de divers autres maîtres anciens.

Un volume contenant des paysages de différents maîtres.

Un volume contenant l'*Œuvre de Michel-Ange*.

Deux petites mannes.

Un volume contenant les Amours des Dieux, par *Raphaël, Maître Roux, Annibal Carrache* et *Jules Bonasone*.

Un volume rempli de paysages, par différents fameux maîtres.

Un volume contenant des vues de Turquie et d'autres sujets représentant des scènes de la vie turque, par *Melchior Lorch* et *Henri van Aelst*.

Une petite manne des Indes Orientales contenant diverses estampes de *Rembrandt, Hollar, Koeck* et autres.

Un volume relié en cuir noir et contenant les plus belles esquisses de *Rembrandt*.

Un carton rempli d'estampes de *Martin Schoengauer*, de *Holbein*, de *Hans Brosamer* et d'*Israël van Meckenen*.

Un volume rempli de dessins faits par *Rembrandt*, et représentant des hommes et des femmes nus.

Un volume rempli de dessins représentant des monuments et des vues de Rome, par les plus grands maîtres.

Une manne chinoise remplie de têtes moulées.

Un livre d'études, vide.

Un livre d'études, comme le précédent.

Un volume rempli de paysages dessinés d'après nature, par *Rembrandt*.

Un volume contenant des estampes, d'après *Rubens* et *Jacques Jordaens*.

Un volume rempli de portraits, par *Mierevelt*, *le Titien* et autres.

Une petite manne chinoise.

Une petite manne remplie d'estampes représentant des monuments d'architecture.

Une petite manne remplie de dessins faits par *Rembrandt;* ils représentent des animaux dessinés d'après nature.

Une petite manne remplie d'estampes de *Franc-Flore*, de *Buitemweg*, de *Goltzius* et d'*Abraham Bloemaert*.

Un lot (paquet) de dessins, par *Rembrandt*.

Cinq volumes in-4°, remplis de dessins, par *Rembrandt*.

Un volume représentant des monuments d'architecture.

Médée, tragédie, par Jean Six.

Un recueil d'estampes, par *Jacques Callot*.

Un volume en parchemin rempli de paysages, dessinés d'après nature, par *Rembrandt*.

Un volume rempli de figures esquissées par *Rembrandt*.

Un volume, par *Rembrandt*.

Une petite boîte à compartiments de bois.

Un petit volume rempli de vues, dessinées par *Rembrandt*.

Un petit volume rempli d'excellentes écritures.

Un petit volume rempli de statues, dessinées, d'après nature, par *Rembrandt*.

Un petit volume, par *Rembrandt*.

Un petit volume rempli de croquis, dessinés à la plume par *Pierre Lastman*.

Un petit volume de croquis, dessinés à la sanguine, par le même.

Un petit volume rempli d'esquisses, dessinées à la plume, par *Rembrandt*.

Un petit volume, par *Rembrandt*.

Un petit volume, comme le précédent.

Un petit volume, par le même.

Un petit volume par le même.

Un petit volume contenant des vues du Tyrol, dessinées d'après nature, par *Roeland Savery*.

Un petit volume rempli de dessins, par différents grands maîtres.

Un volume in-4° rempli d'esquisses, par *Rembrandt*.

Le Livre des Proportions, par *Albert*

Dürer, illustré de gravures sur bois.

Encore un volume contenant l'œuvre de *Jean Lievensz* et celui de *Ferdinand Bol*.

Quelques lots de croquis, tant par *Rembrandt* que par d'autres.

Une certaine quantité de papier du plus grand format.

Un carton rempli d'estampes, gravées par *Van Vliet*, d'après les tableaux de *Rembrandt*.

Un paravent recouvert de drap.

Un hausse-col en fer.

Un tiroir contenant un oiseau de paradis et six éventails.

15 volumes de divers formats.

Un livre en haut allemand, illustré de figures militaires.

Un livre illustré de figures gravées sur bois.

Un Flavius-Josephus, en haut allemand, illustré de figures, par *Tobias Stimmer*.

Une ancienne Bible.

Une écritoire en marbre.

Le masque en plâtre du prince Maurice.

DANS L'ANTICHAMBRE DU CABINET.

Un Joseph, par *Aertje van Leyden*.

Trois estampes encadrées.

La Salutation de la Vierge.

Un petit Paysage, d'après nature, par *Rembrandt*.

Un petit Paysage, par *Hercule Seghers*.

La Descente de Croix, par *Rembrandt*.

Une Tête, d'après nature.

Une Tête de mort, retouchée par *Rembrandt*.

Un Bain de Diane, par *Adam van Vianen*, plâtre.

Une Académie, par *Rembrandt*.

Trois petits Chiens, d'après nature, par *Titus van Ryn*.

Un volume peint, par le même.

Une Tête de Vierge, par le même.

Un Clair de Lune, retouché par *Rembrandt*.

Une copie d'après la Flagellation de Jésus, par *Rembrandt*.

Une Femme nue, peinte d'après nature, par *Rembrandt*.

Un Paysage ébauché, d'après nature, par le même.

Un petit tableau, par le jeune *Hals*.

Un Poisson, d'après nature.

Un bassin en plâtre, orné de figures nues, par *Adam van Vianen*.

Un vieux bahut.

Quatre chaises avec des coussins de cuir noir.

Une table.

DANS LE PETIT ATELIER.

Première Case.

Trente-trois pièces, vieux mousquets et instruments à vent.

Deuxième Case.

Soixante pièces, mousquets, flèches, dards, carquois et arcs des Indes.

Troisième Case.

Treize pièces, bambous et flûtes.

Même Case.

Treize pièces, flèches, arcs, boucliers, etc.

Quatrième Case.

Une grande quantité de mains et de têtes, moulées sur nature, ainsi qu'une harpe et un arc turc.

Cinquième Case.

Dix-sept mains et bras moulés sur nature.

Un certain nombre de bois de cerf.

Quatre arbalètes à jalet et à ressort.

Cinq vieux chapeaux et boucliers.

Neuf calebasses et bouteilles.

Deux portraits modelés, représentant *Hans Sebald Beham* et sa femme.

Un plâtre moulé sur l'antique.

La statue de l'empereur Agrippa.

La statue de l'empereur Marc-Aurèle.

Une Tête de Jésus-Christ.

Une Tête de Satyre.

Une Sibylle antique.

Un Laocoon antique.

Une grande plante marine.

Un Vitellius.

Un Sénèque.

Trois à quatre têtes de femmes antiques.

Quatre autres têtes.

Une petite pièce d'artillerie en métal.

Une certaine quantité de vieux chiffons de diverses couleurs.

Sept instruments à cordes.

Deux petites peintures, par *Rembrandt.*

DANS LE GRAND ATELIER.

Vingt pièces, hallebardes, épées et éventails des Indes.

Un habit d'homme et un habit de femme des Indes.

Un casque de géant.

Cinq cuirasses.

Une trompette en bois.

Deux Mores, peints par *Rembrandt.*

Un Enfant, par *Michel-Ange.*

SUR L'APPENTIS DE PEINTURE
(*Schilderloos*).

Une peau de lion et une peau de lionne, ainsi que deux justaucorps de couleurs variées.

Un grand morceau représentant Danaé.

Un Pitoor (un oiseau), d'après nature, par *Rembrandt.*

DANS LE PETIT CABINET.

Dix tableaux, tant petits que grands, par *Rembrandt.*

Un bois de lit.

DANS LA PETITE CUISINE.

Un pot à l'eau en étain.

Plusieurs pots et poêles à frire.

Une petite table.

Un buffet (*een schafftery*).

Quelques vieilles chaises.
Deux coussins.

DANS LE COULOIR.

Neuf tasses blanches.
Deux plats de terre.

DU LINGE QU'ON DIT ÊTRE CHEZ LE
BLANCHISSEUR.

Trois chemises d'homme.
Six mouchoirs de poche.
Douze serviettes.
Trois nappes.
Quelques collets et manchettes.

Fait et inventorié les **25 et 26 juillet 1656.**

(Extrait du Registre des Inventaires de l'an 1656, déposé à la Chambre des
Insolvables de la ville d'Amsterdam.)

En lisant ce curieux et triste inventaire, on se demande tout d'abord comment il a pu se faire que
Rembrandt n'ait pas trouvé un seul ami pour l'assister. Nous avions dû croire, pour la justification de
ceux que ce grand peintre honora de son amitié, que
dans ces années malheureuses où la Hollande était
désolée par la guerre étrangère et par les troubles
intérieurs, la gêne fut universelle. Les historiens ra-
content en effet qu'il y avait alors deux ou trois mille
maisons inhabitées dans la ville d'Amsterdam. Mais
les documents récemment découverts par M. Scheltema, archiviste de cette ville, ont jeté une vive lumière sur ce point. De ces documents il résulte que
Rembrandt s'est marié deux fois. Or, aux termes du
testament de Saskia Uylenburg, sa première femme,
il devait avoir la jouissance de tous les biens qu'elle
laisserait (et ces biens étaient considérables) pour le

4

cas où il ne se remarierait point. Dans le cas contraire,
leur fils unique, Titus Van Ryn, devait hériter de tout.
Saskia Uylenburg étant morte en 1642, Rembrandt
se remaria, suivant toute apparence vers 1654, et fut
par cela même obligé de rendre des comptes à son fils
Titus, et comme ce fils était mineur, l'affaire fut naturellement poursuivie par un subrogé tuteur; mais Rembrandt était alors insolvable. Depuis plusieurs années
que sa femme était morte, le désordre s'était mis
dans ses affaires : un fils à élever, un atelier de trente
élèves à conduire, c'était plus qu'il n'en fallait pour
un homme que devaient absorber les créations jour-
nalières de son génie. Ajoutez à cela que sa passion
pour les objets d'art n'avait plus connu de frein. Un
de ses disciples, Samuel Hoogstraten, raconte qu'il
lui vit un jour pousser en vente publique jusqu'à
80 florins une estampe de Lucas de Leyde, *l'Espiègle.*
Il était donc ruiné en 1656, ruiné en ce sens que
toute sa fortune était représentée par des objets d'art
qui, à cette époque de crise pour la Hollande, venaient
de subir une dépréciation énorme. En conséquence
Rembrandt fut exproprié par autorité de justice, et le
fut avec toutes les rigueurs de la légalité. Mais ses
biens une fois mis en vente, ses créanciers se présen-
tèrent, celui-ci avec son hypothèque, celui-là avec
son compte, et ainsi tout s'explique, sans qu'il faille
accuser d'aucune dureté les amis de Rembrandt,

et en particulier le bourgmestre Corneille Witzen et
Jean Six.

Mise aux enchères en 1656, la maison de Rembrandt n'eût pas trouvé un seul acquéreur; la vente
fut, en conséquence, ajournée à l'année 1660. Quant
aux objets d'art, meubles et effets mobiliers dont l'état
précède, les procès-verbaux de la Chambre des no-
taires de 1657 nous apprennent que, le 14 novembre
de la même année, MM. les commissaires ont autorisé
Jacob Haaring, concierge, à procéder à la vente de
ces biens. Qui croirait que la totalité d'une aussi merveilleuse collection pour laquelle Rembrandt avait dû
dépenser des sommes si considérables, et qui aujour-
d'hui représenterait près d'un million, ne produisit
dans ces temps désastreux que 4,964 florins 4 stuivers! même en y comprenant les dessins et estampes
qui furent vendus séparément, un an plus tard, comme
nous le verrons ci-après. Il y avait à peine là de quoi
satisfaire tous les créanciers. Le premier qui se présenta fut le bourgmestre Corneille Witzen, à qui Rembrandt avait emprunté, en 1653, la somme de 4,180 florins, ainsi qu'il résulte de la pièce suivante :

*Extrait du quatorzième registre des minutes déposées à la
Chambre des Insolvables de la ville d'Amsterdam.*

Les commissaires autorisent le secrétaire de la ville d'Amsterdam à payer à l'honorable M. Corneille Witzen, bourguemestre de

cette ville, la somme de 4,180 florins, à prélever sur le produit de la vente des biens saisis de Rembrandt Van Ryn, en payement de pareille somme due audit bourguemestre par ledit Rembrandt, fils d'Harmen, peintre.

Fait le 30 janvier 1658.

FRANZ BRUYNINGH.

1658.

Cette somme fut en effet payée, comme le prouve la quittance qui suit :

Je soussigné reconnais avoir reçu de la Chambre des Insolvables, le 22 février 1658, la somme ci-dessus mentionnée de 4,180 florins, suivant mon inscription au registre des hypothèques.

C. WITZEN.

D'après le résultat de la vente, une somme de 32 florins 5 stuivers restait due à Pierre de La Tombe pour sa part dans la propriété de deux peintures qu'il possédait de moitié avec Rembrandt, l'une représentant *un homme riche,* par Palme le Vieux, l'autre *la Samaritaine,* par Giorgion, et qui figurent dans l'inventaire. Cette somme lui fut payée ainsi que le constatent les pièces que voici :

Les commissaires de la Chambre des Insolvables sont requis de payer à Jacob (*sic,* par erreur, sans doute) de La Tombe la somme de 32 florins 5 stuivers, à prendre sur le produit de la vente des biens saisis de Rembrandt Van Ryn.

Fait à Amsterdam, le 18 décembre 1658.

S.-V. LOON.

Je soussigné reconnais avoir reçu des commissaires ci-dessus mentionnés la somme susdite de 32 florins 5 stuivers.

Fait le 18 décembre 1658.

Pieter de La Tombe.

Vient ensuite le compte de Bernt Jansen Scheurman, qui nous donne les dépenses faites par Rembrandt dans la maison dudit Scheurman, chez lequel il était logé durant le temps de son expropriation. Bien que ce compte eût été présenté à la Chambre des Insolvables en 1656, il n'était pas encore payé en 1660. Dans cet intervalle, Bernt Jansen Scheurman étant mort, sa veuve réclama le paiement du compte, qui lui fut alloué et dont elle donna une quittance qu'elle signa d'une croix, faute de savoir écrire [1].

Il paraît que les dessins et estampes de Rembrandt ne furent pas compris dans la vente du mois de novembre 1657, car un acte du 24 septembre 1658 nous fait connaître que les commissaires ont autorisé Adrien Hendricxen à procéder à la vente de ces dessins et estampes (*Papieren-Kunst*) [2].

Pour ce qui est de la maison de Rembrandt, elle

1. Voyez le curieux livre publié en 1834 par M. Nieuvenhuys sous le titre : *A Review of the lives and works of some of the most eminent painters, with remarks on the opinions and statements of former writers.* London, 1834. On y trouve les pièces de la Chambre des Insolvables.

2. Voyez J. Immerzeel, junior : *Lofrede op Rembrandt, Te Amsterdam by den Schryver*, 1841.

fut vendue seulement en 1660, et produisit la somme
de 6,713 florins 3 stuivers, ce qui, joint à la somme
de 4,964 florins 4 stuivers, faisait un total de 11,677 florins 7 stuivers. Les créanciers et les frais payés, il
resta une somme de 6,952 florins 9 stuivers, qui fut
comptée à Titus Van Ryn, fils de Rembrandt, comme
nous le verrons dans le cours de cet ouvrage.

L'ŒUVRE COMPLET

DE

REMBRANDT

HIÉROLOGIE

ANCIEN TESTAMENT

1. *Adam et Ève.*

Adam et Ève nus dans le Paradis terrestre. Ève est debout au milieu de l'estampe. Elle tient de ses deux mains le fruit défendu. Adam, qui est à gauche, à moitié assis sur un tertre, paraît résister à sa femme et lui faire des remontrances sur le péché qu'elle va commettre. A la droite de l'estampe, s'élève l'arbre sur lequel est monté le démon en forme de serpent volant, tenant dans sa gueule un autre fruit. Dans le fond du paysage, on aperçoit un éléphant. Au milieu du bas, dans une petite marge, est écrit *Rembrandt f.* 1638.

Nous connaissons trois états de cette pièce.

Premier état. Le contour supérieur du tertre sur lequel Adam est à moitié assis, est très-léger et même n'est en partie formé que de points. On en voit une épreuve au British Museum, qui est certainement retouchée par Rembrandt. Entre la figure d'Adam et le bord gauche de la planche, depuis le tertre jusqu au feuillage d'en haut, s'élève un tronc d'arbre dessiné au lavis qui encadre la figure et la fait ressortir.

Deuxième état. Le contour supérieur du tertre est repris et accentué durement.

Troisième état. Un reflet de lumière, qui, dans les états précédents, se remarquait sur la cuisse droite d'Ève, à l'endroit où les deux jambes se touchent, se trouve éteint.

Le musée d'Amsterdam possède une épreuve dans laquelle les deux mollets de la femme sont entièrement teintés au lavis, sans doute de la main de Rembrandt, qui a essayé de simplifier le clair-obscur.

Hauteur, 0,163 y compris une marge de 7 à 8 millimètres; largeur, 0,117.

BARTSCH, 28. CLAUSSIN, 34. WILSON, 35.

Bartsch a fait sur cette estampe une observation qui n'est pas juste ou qui est mal exprimée. « Comme Rembrandt, dit-il, *ne s'entendait point à travailler le nud*, ce morceau est assez incorrect et les têtes en sont tout à fait désagréables. » Il n'est pas de graveur, au contraire, qui, dans ce travail libre de Rembrandt, ne reconnaisse un maître. Les creux, les saillies, les méplats, la rondeur des jambes, l'ampleur et les convexités du ventre, sont rendus par un réseau de tailles qui font parfaitement sentir la forme des chairs et le sens des muscles. Ce qui est vrai, c'est que nos premiers parents sont ici d'une laideur repoussante. Il semble que le genre humain jeté sur la terre, pauvre, nu et laid, ait eu à conquérir la richesse, la force et la beauté tout ensemble... Mais quelle admirable indication de l'Éden que ce paysage rempli de soleil, où l'on voit passer dans les hautes herbes, sur la lisière des bois, un éléphant d'Asie dont la présence localise aussitôt la scène représentée, et nous transporte aux contrées de la Bible, au berceau du monde!

2. *Abraham recevant les anges.*

Les trois anges sont assis à table. Celui qui est au milieu, caractérisé comme étant Dieu lui-même, est un vieillard à barbe vénérable. Il tient dans sa main droite une coupe, et de l'autre fait un geste indiquant qu'il adresse la parole à Abraham. Ce patriarche est placé tout à la droite de l'estampe. Il s'incline respectueusement, en tenant à la main une aiguière, et semble s'être fait le serviteur de ses hôtes. Un des Anges est assis sur la table, au coin gauche de l'estampe. On voit dans le haut de la gauche, à travers une porte à moitié ouverte, Sara qui, en écoutant les paroles de l'Éternel, paraît sourire de ce qu'il annonce à Abraham. Un jeune garçon, vu par le dos, et appuyé contre une avance en pierre, à côté de la porte de la maison, tire de l'arc vers le bois que l'on aperçoit dans le fond à droite. Le nom de Rembrandt et l'année 1656, faiblement gravés, se distinguent avec quelque peine au bas de la gauche de l'estampe.

Les belles épreuves de ce morceau, tirées avec les barbes, ont en plusieurs endroits de la manière noire. Ces épreuves sont alors fort recherchées, surtout quand elles sont tirées sur papier du Japon.

Nota. Quelque impropres que soient ces mots *manière noire,* pour exprimer les bavures d'encre produites par les aspérités de la taille, nous les emploierons dorénavant pour ne pas revenir sur une expression que l'usage a consacrée.

Hauteur, 0,160; largeur, 0,131.

BARTSCH, 29. CLAUSSIN, 35. WILSON, 36.

Les amateurs s'apercevront que nous donnons, de cette belle estampe, une description bien différente de celles qu'en ont données Gersaint, Daulby, Adam Bartsch, et Claussin. Ces iconographes ont cru que la figure du vieillard vénérable qui est assis entre les deux anges, et tient une coupe à la main, était celle d'Abraham ; mais pour nous, ce vieillard représente l'Éternel qui, d'après la Genèse, était un des trois anges qui visitèrent le patriarche [1]. Et en effet, nous lisons :

« Puis l'Eternel lui apparut dans les plaines de Mamré, comme il était assis à la porte de sa tente, pendant la chaleur du jour. » — « Car levant les yeux, il regarda, et voici, trois hommes parurent devant lui, et les ayant aperçus, il courut au-devant d'eux de la porte de sa tente et se prosterna en terre. »

« ... Et l'*un d'entre eux* dit : Je ne manquerai pas de retourner vers toi en ce même temps où nous sommes, et voici, Sara ta femme aura un fils. — Et Sara l'écoutait à la porte de la tente qui était derrière lui. Or, Abraham et Sara étaient vieux et fort avancés en âge... Et Sara rit en soi-même, et dit : Étant vieille, et mon seigneur étant fort âgé, aurai-je cette satisfaction ?

1. Wilson s'est trompé, lui aussi, en disant : le patriarche tient une coupe de la main droite, et se dispose à boire, *as intending to drink;* car ces mots « le patriarche » ne peuvent s'entendre que d'Abraham, lequel ne tient pas une coupe de la main droite, mais une aiguière de la main gauche.

« Et l'Éternel dit à Abraham : Pourquoi Sara
a-t-elle ri, en disant : Serait-il vrai que j'aurais un
enfant, étant vieille comme je suis? »

On voit donc que l'un des trois visiteurs est l'Éternel et que Rembrandt a dû le placer, comme il l'a
fait, entre les deux anges, en lui donnant le geste de
la parole, et le représenter par la majestueuse figure
qui préside à ce banquet biblique. Abraham, c'est le
vieillard à barbe blanche qui se tient au bout de la
table, à une place convenable pour celui qui fait les
honneurs de sa maison aux envoyés de Dieu et à
Dieu lui-même. Il entrait dans le devoir et dans les
habitudes de l'hospitalité antique que le chef de famille
qui recevait des étrangers, les servît en personne.
Aujourd'hui encore, ces usages se sont conservés
parmi les Arabes. « Ensuite il prit du beurre et du
lait, dit la Bible, et le veau qu'on avait apprêté et le
mit devant eux, et *il se tint auprès d'eux* sous l'arbre,
et ils mangèrent. »

Plus on examine l'œuvre de Rembrandt, plus on
trouve ce grand peintre pénétré de son sujet, attentif
à n'y rien mettre d'inutile et à n'y pas trop mêler sa
fantaisie quand il interprète les livres saints. Chacun
ici est à sa place, et la composition du maître peut
être mise en regard du texte de l'Écriture. La vieille
servante d'Abraham se tient modestement derrière la
porte de la maison, écoutant ce que disent les hôtes

augustes de son maître et souriant aux paroles de
l'Éternel. Le vieux patriarche s'incline comme un
homme qui se résigne à croire, par un respect aveugle
pour le Très-Haut, à une prédiction qui le trouverait
incrédule si elle lui venait d'une bouche humaine.
Mais quelle simple et grande manière d'accuser la
présence de l'Éternel, que de placer la figure de Sara
derrière le plus vénérable des trois anges, dans un
endroit où il ne peut la voir qu'avec l'œil de Dieu !

Quant à l'enfant qu'on voit tirer de l'arc sur le
seuil de la maison, c'est Ismaël, le fils d'Agar, qui
sera chassé avec sa mère quand les prédictions du
Seigneur se seront accomplies, c'est-à-dire quand
Sara aura enfanté Isaac. En dessinant cette figure si
naïve, si vraie, si pittoresque et venue si à propos
pour faire pyramider la composition, Rembrandt se
borne à traduire ce verset de la Genèse : « Et Dieu
fut avec l'enfant, qui devint grand et demeura au
désert, et *fut tireur d'arc.* »

3. *Agar renvoyée par Abraham.*

On voit Abraham en face au milieu de la planche, le pied droit
sur la première marche de la porte de la maison, prêt à y remon-
ter. Ismaël est à côté de lui sur la droite de l'estampe, et n'est vu
que par derrière. Plus loin, du même côté, on aperçoit Agar tournée vers la droite, qui s'en va en pleurant et qui essuie ses yeux.
A gauche on distingue à une fenêtre la vieille Sara, qui paraît triom-
pher du renvoi d'Agar. Un petit enfant, sans doute Isaac, est sur

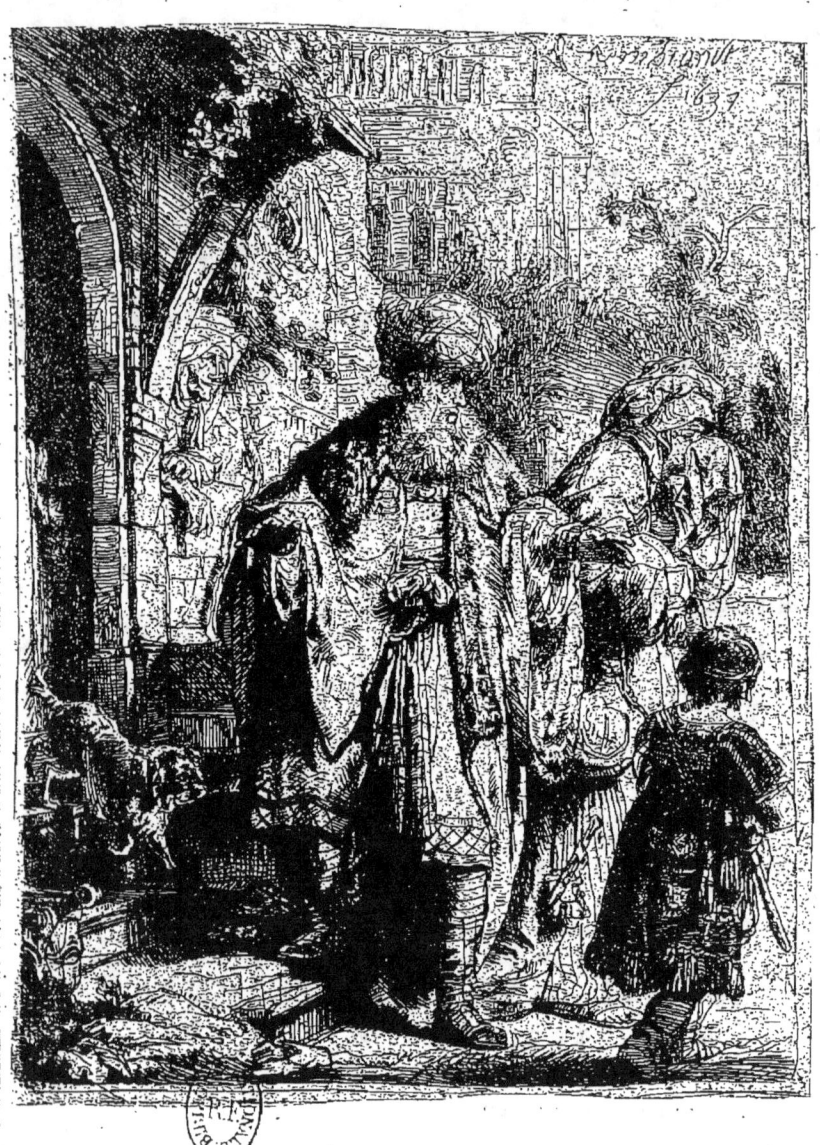

la porte d'où sort un chien. On lit tout au haut de la droite : *Rem-brandt*, et au-dessous *f.* 1637.

Ce morceau est gravé d'une pointe fort délicate. Les belles épreuves en sont très-rares. On les reconnaît à la fourrure qui double le manteau d'Abraham et que l'on voit entre ses jambes. Cette fourrure est soyeuse au commencement, au lieu qu'elle devient ensuite plate et grise. Dans les premières épreuves, les bords de la planche sont un peu raboteux, et aux toutes premières il y a des barbes en quelques endroits, notamment aux yeux de Sara et à ceux d'Abraham ; ces barbes y forment des taches noires qui cachent la finesse de l'expression.

Hauteur, 0,126 ; largeur, 0,096.

BARTSCH, 30. CLAUSSIN, 37. WILSON, 37.

« Et Sara dit à Abraham : Chasse cette servante et son fils, car le fils de cette servante n'héritera point avec mon fils, avec Isaac.

« Mais Dieu dit à Abraham : N'aie point de chagrin au sujet de l'enfant ni de ta servante ; dans toutes les choses que Sara te dira, acquiesce à sa parole, car en Isaac te sera appelée semence. Et toutefois, je ferai aussi devenir le fils de ta servante une nation.

« Puis Abraham se leva de bon matin et prit du pain et une bouteille d'eau et il les donna à Agar en les mettant sur son épaule. Il lui donna aussi l'enfant et la renvoya. Elle se mit en chemin et fut errante au désert de Béer-Sebah. »

Toutes les qualités de Rembrandt se trouvent réunies dans cette estampe, à un très-haut degré : beauté

de l'expression, ordonnance, finesse et richesse de
travail, clair-obscur. Le vieux patriarche, en ren-
voyant sa plus jeune femme, paraît honteux de sa
propre conduite et secrètement ému d'un reste de
compassion pour la mère d'Ismaël, qui s'éloigne en
pleurant. Elle porte à sa ceinture une gourde qui sera
bientôt vide, et qu'elle ne pourra plus remplir aux
sources taries du désert. Pour ne pas diviser l'intérêt,
le peintre a retourné la figure d'Ismaël. La joie que
fait éprouver ce départ à la vieille Sara est exprimée
avec génie, on peut le dire, et en quelques traits de la
pointe la plus fine, la plus spirituelle, ou plutôt la
mieux guidée par le sentiment des choses humaines. Il
n'est pas jusqu'au chien du logis, hésitant à suivre
Agar ou à demeurer avec Abraham, qui ne figure uti-
lement dans ce drame biblique. Que sait-on? la vue
d'un banc de pierre, les aboiements d'un chien connu,
tout peut contribuer à l'attendrissement d'une femme
qui est obligée de quitter sa maison, *linquenda domus*.
Charmant détail, bien à sa place et qui n'a pas plus
d'importance qu'il ne faut! En regardant bien, on
aperçoit aussi à la porte une figure d'enfant : c'est
Isaac. Le peintre graveur a laissé dans l'ombre ce petit
enfant qui est pourtant la cause des malheurs d'Agar,
mais qu'il suffisait de laisser entrevoir, afin de ne pas
nuire à l'unité d'une scène si bien conçue, si profondément et si humainement sentie.

On a longtemps attribué à Rembrandt, et mis dans
son œuvre, deux autres pièces extrêmement rares,
représentant, l'une et l'autre, ce même sujet d'Agar
renvoyée par Abraham. Gersaint ne les avait point
données, mais elles sont décrites dans le Supplément
de Pierre Yver et dans le Catalogue de Bartsch. Or,
ces deux pièces ne portent point le caractère du maître,
et il est surprenant que Bartsch n'ait pas même élevé
un doute à cet égard. Depuis, les connaisseurs se
sont accordés à rejeter de l'œuvre de Rembrandt les
estampes dont nous parlons. Aussi Claussin et Wilson
les ont-ils rangées, le premier au nombre des pièces
douteuses, le second parmi celles qu'il faut sans aucune
hésitation attribuer à quelqu'un des élèves ou des imitateurs de Rembrandt.

4. *Abraham caressant Isaac.*

Le patriarche est assis et dirigé un peu vers la droite. Sa tête,
qui est vue de face, est d'un beau caractère et gravée avec beaucoup de finesse. Il a entre ses jambes son fils Isaac qui rit et qui
tient une pomme de la main gauche, tandis que son père le caresse
de la main droite. On lit au bas de la gauche : *Rembrandt f.*

Premier état. Avant un trait échappé très-fin au-dessus de
l'épaule gauche d'Isaac ; ce trait se prolonge jusque sur la pomme.

Deuxième état. Avec le trait échappé ; la bouche et l'œil gauche
d'Abraham, légèrement retouchés, paraissent moins fins d'expression.

Hauteur, 0,117 ; largeur, 0,090.

BARTSCH, 33. CLAUSSIN, 38. WILSON, 135*.

Nous ne savons pourquoi Wilson a rejeté cette
estampe dans les sujets de fantaisie, *fancy-pieces*. Le
classement de Gersaint nous semble plus naturel et
tout à fait justifié par le caractère patriarcal et vénérable de la figure du vieillard et par son costume. « Ce
morceau, dit Bartsch, est du bon temps de Rembrandt,
et c'est un de ceux où il se trouve le plus d'esprit et
de légèreté. » Il est en effet conçu et exécuté avec une
exquise délicatesse.

5. *Abraham parlant à Isaac.*

Rembrandt a choisi, dans ce sujet, le moment où Isaac demande
à son père quelle est la victime qui va être immolée. Abraham,
montrant du doigt le ciel, explique à son fils les ordres de Dieu. Il a
sa main gauche élevée et la droite sur la poitrine. Isaac est debout
devant lui et l'écoute. Il tient des deux mains un fagot qui pose
à terre par un bout. On voit sur la gauche, derrière Abraham, un
chaudron fumant. L'estampe est un peu cintrée par le haut. On lit
au bas de la gauche : *Rembrant*, et au-dessous 1645.

Les premières épreuves sont entièrement encadrées par un trait
irrégulier et raboteux qui a peu à peu disparu.

Hauteur, 0,160; largeur, 0,130.

BARTSCH, 34. CLAUSSIN, 39. WILSON, 38.

Bien que l'expression soit ici frappante dans la
figure du père, et très-finement nuancée dans celle du
fils, on peut douter que cette pièce ait été gravée par
Rembrandt lui-même. La maigreur et le froid du tra-

vail, la faiblesse du modelé, le dessin des jambes, me
font penser que l'exécution, du moins, n'est pas de sa
main. La signature *Rembrant* sans *d* en serait encore
une preuve. Toutefois, l'invention étant, selon toute
apparence, de Rembrandt, nous n'avons pas cru
devoir retrancher de son œuvre une estampe déjà
décrite par tous nos prédécesseurs.

6. *Le Sacrifice d'Abraham.*

Le patriarche est placé au milieu de l'estampe et dirigé un peu
vers la gauche. Il tient d'une main le couteau du sacrifice, et de
l'autre il cache les yeux de son fils Isaac, qui est à genoux devant
lui et dirigé vers la droite. L'ange vient par derrière et saisit les
deux bras du père. Au pied de l'autel du sacrifice est un vase
destiné à recevoir le sang de la victime. Sur la gauche, on remarque un turban et quelques draperies; sur la droite, plus bas que
la figure d'Abraham, on voit ses serviteurs qui l'attendent avec un
âne chargé. Dans le lointain, on distingue deux voyageurs qui descendent la montagne. Sous l'aile droite de l'ange, on aperçoit un
bélier. Au bas de la droite, on lit : *Rembrandt f.* 1655. Le *d*, étant
écrit à rebours, a la forme d'un 6.

Ce morceau peut servir de pendant à celui qui représente Abraham recevant les anges. Il est gravé d'une pointe libre et spirituelle,
et la manière noire y produit un bel effet dans les épreuves tirées
de la planche non ébarbée.

Hauteur, 0,157; largeur, 0,132.

BARTSCH, 35. CLAUSSIN, 36. WILSON, 39.

« Puis Abraham avançant sa main se saisit du couteau pour égorger son fils; mais l'ange de l'Éternel lui cria des cieux, en disant : Abraham, Abraham ! Il répondit : Me voici :

« Et il lui dit : Ne mets point ta main sur l'enfant, et ne lui fais rien, car maintenant j'ai connu que tu crains Dieu, puisque tu n'as point épargné pour moi ton fils, ton unique. »

De tous les sujets de la Bible, il n'en est guère que les peintres des diverses écoles aient traité plus souvent que le Sacrifice d'Abraham. Il n'en est guère non plus qui demandent plus d'art, plus de sentiment. Il faut du génie pour exprimer l'action et surtout l'émotion d'un vieillard qui est sur le point d'égorger lui-même son fils, parce que Dieu le lui ordonne. Or, je ne sache pas que personne, même parmi les plus fiers maîtres de l'Italie, ait mieux compris cette scène tragique. Ici, la résignation de l'enfant est déchirante. Il tend le cou à son père avec la confiance et la douceur d'un agneau. Le vieux patriarche, bien que résolu à plonger le couteau du sacrificateur dans le sang de son fils, a eu la précaution de lui fermer les yeux, pour lui épargner au moins la vue de l'instrument de mort... Idée vraiment sublime ! La figure de l'ange, dont les ailes planent sur le tableau, est une de celles dans lesquelles Rembrandt a rencontré involontairement le plus grand style ; mais fidèle à son intuition, toujours si juste, des choses du cœur, le peintre n'a pas dessiné, comme

tant d'autres, un ange qui se contente de montrer le
ciel et d'arrêter par un cri le coup mortel que va frapper le vieux père; il a représenté le messager de Dieu
saisissant de ses deux mains les deux bras du patriarche, de telle sorte qu'en voyant le commencement de la
tragédie, nous soyons bien rassurés sur le dénoùment.

En regardant de près cette belle estampe, où l'on
ne voit d'abord que les figures principales, nous y
avons aperçu le bélier qui est retenu à un buisson par
ses cornes. Ce bélier a échappé à Bartsch, et il n'est
cependant pas sans importance, car il fait prévoir le
dernier acte d'un drame auguste et barbare. « Et Abraham alla prendre le bélier et l'offrit en holocauste au
lieu de son fils. » Rembrandt a toujours lu les livres
saints avec une attention profonde; il sait la Bible
comme on la sait dans les pays protestants. Aussi
n'omet-il rien de ce qui peut compléter sa traduction
de la Genèse : ni les serviteurs qui attendent, au bas
de la montagne, que l'holocauste soit accompli, ni
l'âne qui a porté le bagage de cette horrible expédition, ni les voyageurs qu'on aperçoit cheminant, au
loin, sur un autre versant de la montagne du sacrifice.

7. *Jacob et Laban.*

(Pièce improprement nommée : *Trois Figures orientales.*)

On voit à la gauche de cette estampe une maison à toiture très-
saillante. Un homme, couvert d'un bonnet haut et d'un manteau, est

en dedans de la maison, appuyé sur le bas de la porte qui est fermée. Devant cette porte, il y a trois figures habillées à l'orientale. Une de ces figures semble parler avec chaleur à celle qui est vue de face et lui adresser de vifs reproches en faisant le geste de montrer la maison. Au haut est écrit en lettres retournées : *Rembrandt, f.* 1641.

Hauteur, 0,146 ; largeur, 0,112.

BARTSCH, 118. CLAUSSIN, 120. WILSON, 122.

Le caractère évidemment biblique de cette composition m'a fait rechercher dans l'Ancien Testament à quel passage elle se pouvait rapporter, et je crois l'avoir trouvé dans le chapitre de la Genèse où il est dit :

« Alors Jacob tout ému fit ce reproche à Laban : Quelle faute avais-je commise, et en quoi vous avais-je offensé pour vous obliger de courir après moi avec tant de chaleur ?

« Et de fouiller et de renverser tout ce qui est à moi ? Qu'avez-vous trouvé ici de toutes les choses qui étaient dans votre maison ? faites-le voir devant nos frères et devant les vôtres et qu'ils soient juges entre vous et moi.

« Est-ce donc pour cela que j'ai passé vingt années avec vous ? vos brebis et vos chèvres n'ont point été stériles : je n'ai point mangé les béliers de votre troupeau... »

Si je ne me trompe, le geste de celui qui parle dit clairement : « *Qu'avez-vous trouvé ici de toutes les choses qui étaient dans votre maison ?* » Et l'attitude de celui qui écoute, exprimant si bien une colère contenue, est exactement ce que devait être celle de Laban, dans les circonstances retracées par la Bible.

8. *Quatre Sujets pour un livre espagnol.*

Ces quatre pièces ont été gravées sur une même planche qui porte 281 millimètres de haut, y compris les marges du haut et du bas qui sont vides, sur 155 millimètres de large; mais la planche a été coupée en quatre morceaux presque aussitôt après avoir été terminée, et les rares épreuves que Rembrandt en a tirées avant de couper la planche, ont été coupées pour la plupart elles-mêmes. C'est ce qui a fait juger convenable de décrire séparément chacun des quatre sujets.

Le premier sujet, en commençant par le bas de la gauche, représente *l'Échelle de Jacob.* On voit, au haut de l'estampe, dans une espèce de gloire, quatre anges qui montent et descendent les degrés d'une grande échelle. A travers les bâtons de cette échelle paraît Jacob, couché sur le dos, et ayant la tête appuyée sur son bras gauche. Tout le bas de la gravure est fortement ombré. On lit à gauche, dans la petite marge du bas, *Rembrandt f.* 1655.

Hauteur, 0,105; largeur, 0,069.

Il y a trois états de ce morceau :

Premier état. C'est un coupon d'une grande épreuve tirée de la planche entière qui contenait les quatre sujets réunis. Les premières épreuves de cet état sont si fort chargées de manière noire, que l'on n'y distingue ni le bas de l'échelle, ni la figure de Jacob.

Deuxième état. La planche est coupée, et on peut le reconnaître à l'empreinte des quatre bords de la planche, ou, si l'on veut, à la présence des quatre *témoins* — on appelle ainsi les traces que laissent les bords de la planche sur le papier, après l'impression — au lieu que dans les premières épreuves ces témoins n'existent que sur deux côtés, à savoir : sur le bord gauche et sur celui d'en bas. Dans ce second état, on ne distingue que les deux montants de l'échelle.

Troisième état. On distingue les degrés de l'échelle allant d'un montant à l'autre. Le noir n'est plus aussi velouté et l'effet de l'estampe est appauvri [1].

Le second sujet est *le Combat de David contre Goliath.* David est placé tout à la droite de l'estampe, et Goliath à gauche. Celui-ci porte une cuirasse, un casque, un sabre, et tient un bouclier de la main droite. Il est penché comme un homme qui va tomber. David vient de lancer sa fronde. On lit à gauche, dans la petite marge du bas, *Rembrandt f.* 1655.

Hauteur, 0,105; largeur, 0,074.

Il y a deux épreuves de ce morceau :

La première est un coupon d'une grande épreuve tirée de la planche entière. On la distingue à l'absence des contre-tailles sur le bouclier de Goliath, ce qui est plus facile à constater que le plus ou moins de hachures sur le visage de David, qui est l'unique différence indiquée par Claussin et Bartsch.

La seconde est tirée de la planche coupée. Le bouclier présente des contre-tailles données obliquement au burin.

Le troisième sujet est *la Vision d'Ézéchiel.* Au haut de l'estampe brille une gloire au sein de laquelle on voit Dieu entouré

1. Bartsch relève avec raison l'erreur que P. Yver a commise dans son *supplément,* en regardant comme première épreuve celle qui est éclairée dans toutes les parties, car elle est justement des dernières.

d'anges qui l'adorent. Au bas sont les animaux qui apparurent au prophète dans sa vision. L'un d'eux se dresse sur ses pattes de derrière, et ouvre ses ailes toutes grandes. On lit à la gauche du bas, *Rembrandt f.* 1655.

Hauteur, 0,101; largeur, 0,076.

Nous avons tout récemment découvert dans ce morceau les remarques suivantes :

Premier état. Dans le haut de la gauche, près du trait carré, on distingue comme une fumée d'encens, et à côté, au peu au-dessous, deux hachures inclinées qui n'atteignent pas le trait carré. Les premières épreuves sont tellement chargées de manière noire, qu'on voit à peine les deux derniers animaux.

Deuxième état. Les deux hachures inclinées ont été prolongées jusqu'au trait carré. On a tiré quelques épreuves de cet état avant que la planche ait été coupée.

Troisième état. La planche est coupée; le nom de Rembrandt, très-lisible dans le premier état, est devenu presque indéchiffrable.

Le quatrième sujet est *la Statue de Nabuchodonosor*, c'est-à-dire la statue qui lui apparut dans le songe que Daniel interpréta.

Hauteur, 0,099; largeur, 0,069.

Il en existe trois états :

Premier état. Coupon d'une grande épreuve tirée de la planche entière. La statue, placée au milieu de l'estampe, représente une figure nue, les mains appuyées sur ses hanches. Sa tête est enveloppée d'un bandeau; son dos est couvert d'un manteau qui est retenu par un cordon visible sur sa poitrine. Le tronc de la statue paraît en l'air et détaché de dessus les jambes qui tombent du côté gauche, tandis que le corps incline à droite. Vers le bas de ce côté, on remarque différents traits faisant angles, comme des rayons. Plus bas est un petit monticule de terre. Le fond, à droite, n'est ombré que d'une seule taille diagonale dans la partie inférieure, à partir du coude.

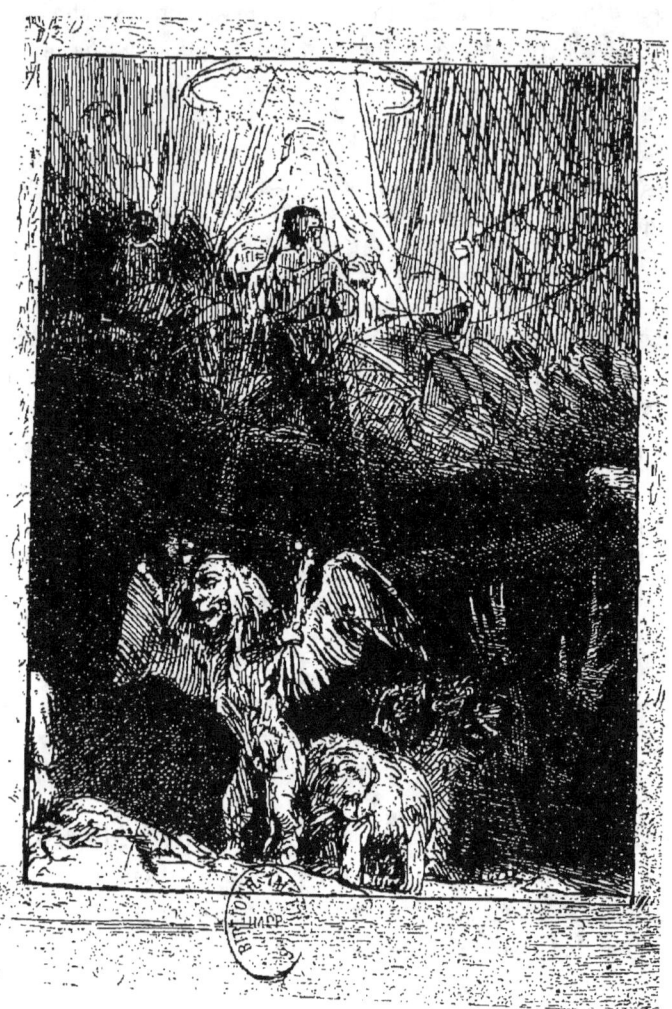

Deuxième état. Le fond contre lequel est placée la statue a été
repris entièrement avec des entre-tailles nombreuses et profondes,
surtout au-dessus de la tête, de manière à faire ressortir le personnage sur le fond extrêmement chargé de manière noire. A l'exception des rayons décrits plus haut, on ne remarque encore, depuis
le coude jusqu'au piédestal, qu'un seul sens de tailles inclinées de
gauche à droite. On lit au bas de la gauche, au-dessous du trait
carré : *Rembrandt f.* 1655.

Troisième état. La forme du globe que l'on voit à gauche a été
atténuée par de nouvelles tailles qui le font se perdre, ou à peu
près, dans l'ombre du fond. A droite, à la place du petit monticule
qui se voyait dans les états précédents, le graveur a dessiné un
second globe duquel se détache la pierre. Dans cet état les jambes
ne sont brisées qu'au cou-de-pied. Au-dessus du personnage, on
remarque deux traits cintrés indiquant l'épaisseur d'une niche.

Quatrième état. La planche ayant été coupée, la composition
a été renfermée dans un trait carré, laissant dans le bas une marge
de 11 millimètres environ. Le cabinet de Paris possède une épreuve
dans laquelle on voit écrit à la plume, sans aucun doute de la
main de Rembrandt, les noms des peuples indiqués dans l'état
suivant.

Cinquième état. Le graveur a écrit divers noms de peuples sur
la statue, savoir : sur le bandeau du front, *Babel;* sur le haut du
bras droit, *Persi ;* sur le haut du gauche, *Medi;* sur le nombril,
Græci ; le long de la jambe droite, *Romani;* et enfin, le long de la
gauche, *Mahometani.*

Il résulte, de ces différentes remarques, que la planche entière
présente elle-même trois états, puisqu'elle renferme, entre autres
remarques, les trois premiers états de la statue de Nabuchodonosor.

Toutes les épreuves tirées de la planche coupée présentent dans
le bas une marge de 10 à 11 millimètres.

BARTSCH, 36. CLAUSSIN, 40 WILSON, 40.

Ces quatre estampes de Rembrandt seraient inintel-
ligibles si l'on ne savait qu'elles ont été faites pour
orner le livre du juif Menasseh-ben-Israël, et si l'on
ne se reportait à ce livre, d'ailleurs assez obscur lui-
même, qui a pour titre : *Piedra gloriosa o da la esta-
tua de Nebucadnezar, con muchas y diversas authori-
dades de la S. S. y antiguos sabios. Amsterdam*, 1655,
in-12, c'est-à-dire : « Pierre glorieuse ou de la statue
de Nabuchodonosor, avec plusieurs et diverses autorités de la Sainte Écriture et des savants anciens... »

Mais d'abord, pour comprendre ce livre et les quatre
estampes de Rembrandt, il faut avoir sous les yeux le
texte de l'Écriture à l'endroit du songe de Nabuchodonosor interprété par Daniel. « Tu contemplais, ô roi !
et voici une grande statue, et cette grande statue, dont
la splendeur était excellente, était debout devant toi, et
elle était terrible à voir.

« La tête de cette statue était d'un or très-fin, sa
poitrine et ses bras étaient d'argent, son ventre et ses
hanches étaient d'airain, ses jambes étaient de fer et
ses pieds étaient en partie de fer et en partie de terre.

« Tu contemplais cela jusqu'à ce qu'une pierre fut
coupée sans mains, laquelle frappa la statue en ses
pieds de fer et de terre et les brisa.

« Alors furent brisés ensemble le fer, la terre, l'airain, l'argent et l'or, et ils devinrent comme la paille
de l'aire d'été, que le vent transporte çà et là, et il ne

fut plus trouvé aucun lieu pour eux; mais cette pierre qui avait frappé la statue devint une grande montagne, et remplit toute la terre. »

Le livre de Menasseh-ben-Israël est fait tout entier en l'honneur du peuple juif. L'auteur prétend faire tourner au profit de sa nation les prophéties de Daniel, particulièrement l'interprétation qu'il donna du songe de Nabuchodonosor. « Il n'est pas controversé, dit-il, que la statue de Nabuchodonosor est le symbole des quatre plus grandes monarchies ou des quatre empires les plus florissants qui devaient occuper le monde, savoir : les Babyloniens, les Perses, les Grecs et les Romains. On demandera peut-être si les empires des Assyriens, des Mèdes, des Parthes, des Scythes, des Tartares et des Chinois, ne furent pas également au nombre des plus puissants, bien que Daniel n'en ait pas fait mention. On répond à cela de diverses manières, mais ce qui est certain, c'est que, comme ni Daniel ni les Israélites n'ont connu d'autre puissance ou subi d'autre tyrannie que celle des Babyloniens qui d'abord les opprimèrent, puis des Perses, ensuite des Grecs, et en dernier lieu des Romains, Dieu ne révéla à Nabuchodonosor que ce qui touchait au peuple israélite et à son histoire particulière. »

Voici donc dans quel sens le juif portugais commente les versets du livre sacré :

Verset 39. « Mais après toi, il s'élèvera un autre

royaume moindre que le tien. » Ces paroles se rapportent à l'empire des Perses, représentés dans le songe par l'argent, qui est, en effet, un métal de moindre valeur que l'or, « et ensuite un autre troisième royaume qui sera d'airain, lequel dominera sur toute la terre. » Le royaume désigné ici, c'est l'empire d'Alexandre et la Grèce dignement comparés au bronze, non pour la valeur, mais pour la renommée, car le bronze est le métal dont on fait les cloches, parce que c'est le plus retentissant des métaux. De même la plus retentissante des renommées fut celle d'Alexandre le Grand, dont la gloire se répandit en très-peu de temps dans le monde entier, et à qui des nations innombrables se soumirent spontanément, entraînées par le seul prestige de son nom [1].

Verset 40. « Puis il y aura un quatrième royaume fort comme du fer. » Ceci fait allusion au peuple romain, qui dompta toutes les nations, de même que le fer brise tous les métaux.

Des trois versets 41, 42, 43 du livre de Daniel découlent ces trois propositions : 1° que la quatrième

---

1. Este es el imperio de Alexandro, y Griegos, dignamente comparado al metal, o bronze, non en el valor y estima, mas en la fama, porque este metal es el que suena mas que todos, y hace mayor roydo : y assi se hazen del, las campanas. Tal fue Alexandro magno, cuya fama en brevissimo tiempo sonó y se dilató por todo el mundo. Y assi se le avassalaron infinitas naciones espontaneamente, movidas solo de su illustra gloria.

monarchie est symbolisée par les deux jambes de fer
de la statue. Et de même que la poitrine et les bras
signifient l'empire réuni des Perses et des Mèdes, de
même les deux jambes de fer représentent un empire
divisé en deux parties. Aussi est-il dit dans l'Écriture :
« Le royaume sera divisé. » 2° Que les pieds et les
doigts, les uns de fer, les autres de terre, signifient que
cet empire sera divisé en dix États, dont les uns seront
forts comme le fer, les autres faibles comme l'argile.
3° Que la monarchie des Romains se divisera en deux
empires, celui d'Orient et celui d'Occident, l'un ayant
son siége à Constantinople, l'autre en Germanie (ce
qu'exprime aussi l'aigle à deux têtes qui figure dans
les armoiries des empereurs).

Verset 44. « Et au temps de ces rois, le Dieu des
cieux suscitera un royaume... » Cela veut dire que le
Seigneur élèvera un royaume qui ne sera point sujet à
périr comme ceux qui l'auront précédé, et qui ne se
donnera point à d'autre, et cette cinquième monarchie
sera celle du peuple d'Israël.

Verset 45. « Et selon que tu as vu que de la montagne une pierre a été coupée... » Cette pierre, c'est
le Messie, et elle sortira d'une grande montagne sans
être lancée par une main d'homme, et elle remplira
toute la terre, parce que de cette haute et sublime
montagne, qui est la souveraine majesté de Dieu, selon
ces paroles du Psalmiste : « qui s'élèvera sur la mon-

tagne du Seigneur? » sortira, par un effet de sa divine Providence, un Prince, le Messie, qui, sans avoir besoin d'employer les armes de guerre, ni les forces et industries humaines, conquerra et soumettra à son obéissance le monde entier. Et de même que les quatre monarchies furent temporaires, gouvernées par divers princes et composées de nations différentes, habitant différents territoires, Babyloniens, Perses, Grecs et Romains, de même la cinquième monarchie se composera de nations diverses et de divers territoires, et par conséquent du peuple d'Israël, qui possède la Judée par une donation de Dieu. Et de même aussi le Messie (c'est-à-dire la pierre) détruira toutes les autres monarchies avec leur empire temporel et terrestre. Et de la propre manière dont les Perses détruisirent les Babyloniens et conquirent leur territoire, dont les Grecs détruisirent les Perses, et les Romains les Grecs, ainsi le Messie et le peuple d'Israël, renfermés dans cette dernière monarchie (en laquelle sont incorporées toutes les autres), seront les maîtres éternels de l'univers, selon l'infaillible interprétation de Daniel [1].

1. Esta piedra pues saldra de un monte grande, sin ser arrojada por manos de hombre y sera el hinchimiento de toda la tierra : porque de a quel excelso, y sublime monte que es la soberana magestad divina segun a quellas palabras del psalmista : *¿Quien subirá en el monte del Señor?* saldra por su particular divina providencia, este Principe, el Messiah, el qual sin ser necessario usar de muchas armas belicas, fuer-

Il faut en convenir, depuis deux cents ans que ce
livre a été imprimé, l'histoire du monde n'a pas plus
démenti les prédictions de l'auteur juif que celles des
prophètes. Et à voir le peuple d'Israël toujours grandir
en influence, accroître indéfiniment ses richesses, poursuivre ses destinées à travers tant d'épreuves et, après
tant de mépris, devenir le protecteur des souverains
qui autrefois le persécutèrent, enfin, aspirer partout
au premier rang et prendre l'initiative des grandes
entreprises de ce siècle, on serait tenté de croire à l'apparition prochaine de la cinquième monarchie et d'un
Messie inévitable... Heureusement qu'aux jours de
Menasseh-ben-Israël, les nations n'avaient pas encore
appelé leurs Daniels à interpréter leurs songes, et qu'il
n'est pas surprenant de voir se succéder tant de monarchies dans les rêves d'un monarque visionnaire.

ças y industrias humanas, conquistará y avassalará a obediencia todo el
mundo. Y como las cuatro monarchias fueron temporales, de varios prin-
cipes, differentes naciones, y varias tierras, Babilonios, Persas, Griegos y
Romanos; se sigue, que tambien la quinta será de varia nacion, y differentes tierras, y por el consiguiente del pueblo de Ysrael, que posseye-
ron per divina donacion, Judea : y assi mismo, que el Messiah (que es
la piedra) destruyrá con dominio temporal y terreno todas las de mas
monarchias. Y del proprio modo, que los Persas destruyeron los Babilonios, y conquistaron sus tierras : los Griegos, las de los Persas, los Romanos, las de los Griegos : assi el Messiah, y el pueblo de Ysrael, con-
cluyendo en esta ultima (que en se tiene incorporada las de mas) seran
señores del mundo, con temporal, terrestre y eterno dominio, segun esta
infalible interpretacion de Daniel. *Piedra gloriosa*, etc.

9. *Joseph racontant ses songes.*

Un morceau très-bien gravé et très-fini, qui représente Joseph racontant ses songes à sa famille. Son père est assis dans un fauteuil placé à gauche; il a la main droite appuyée sur un de ses genoux et la gauche sur un des bras du fauteuil. Il paraît extrêmement attentif au récit de Joseph, qui occupe le milieu de la composition; au bas de la droite est assise Dina, fille de Jacob, vue de dos et tenant un livre ouvert; derrière Joseph et à côté de lui sont groupés ses frères, dont un, qui est coiffé d'un turban élevé, tient une houlette. Dans le fond de la gauche, il y a un lit dont les rideaux sont ouverts et dans lequel est couchée Lia, belle-mère de Joseph, la tête appuyée sur une main; dans le fond de la droite, on aperçoit un homme assis, qui paraît faire claquer ses doigts. Au-dessous du fauteuil, sur une chaufferette placée à côté d'un chien qui se gratte, on déchiffre avec peine : *Rembrandt f.* 1638.

On a deux épreuves différentes de ce morceau.

Premier état. Le frère de Joseph qui est debout derrière lui, coiffé d'un haut turban, a le visage clair ainsi que le turban; le rideau du lit vers la droite est également clair; le battant de la porte et la partie inférieure de l'habillement de Jacob sont moins travaillés. Le plancher autour de la chaufferette n'est couvert que d'une simple taille horizontale. Très-rare.

Une très-belle épreuve de cet état, avec de grandes marges, a été poussée jusqu'à 214 fr., à la vente Van den Zande, en 1855, et adjugée à M. Thiers.

Second état. Le visage et le turban du frère de Joseph sont ombrés et presque entièrement couverts de tailles, ce qui fait reculer le personnage à son plan. Il en est de même du rideau du lit vers la droite et du battant de la porte. Le bas de la robe de Jacob, qui était presque blanc, est entièrement retravaillé. Le plancher au-dessous de la chaufferette ainsi qu'aux pieds de Jacob est entièrement couvert de nouvelles tailles.

Les anciennes épreuves de cet état sont beaucoup moins rares.
La planche, du reste, est encore dans le commerce.

Hauteur, 0,110 ; largeur, 0,083.

BARTSCH, 37. CLAUSSIN, 41. WILSON, 41.

Cette pièce était célèbre en Hollande, du vivant
même de Rembrandt. On en citait les *remarques*
comme des singularités. C'était à qui aurait une
épreuve du premier état, et on n'en achetait qu'à des
prix très-élevés. « Il fallait, dit Descamps, lui faire sa
cour pour obtenir de lui certaines pièces de son œuvre.
On était presque ridicule, quand on n'avait pas une
épreuve de la petite Junon couronnée et sans couronne, du petit Joseph *avec le visage blanc* et du
même avec le visage noir. »

Pour sentir tout le mérite de cette admirable composition, où treize figures sont si bien groupées dans
un si petit espace, il faut se rappeler que Joseph
raconte naïvement un songe qui annonce sa domina-
tion future : il était avec ses frères à lier des gerbes au
milieu d'un champ, lorsqu'il a vu sa gerbe se lever
et se tenir droite, et les autres gerbes l'environner et
se prosterner devant sa gerbe. En lisant la Bible, on
voit que Rembrandt l'avait toute grande ouverte sous
les yeux quand il composait. Aussi n'y a-t-il pas une
seule figure de ce morceau qui ne soit étonnante de
naturel et d'expression. On peut remarquer ici dans

les airs de tête toutes les variantes du type juif, et
dans les physionomies, toutes les nuances de l'attention, bienveillante ou hostile. « Ses frères eurent de
l'envie contre lui, dit la Genèse, mais son père rete-
nait ses discours. » Quelle différence, en effet, entre
l'attitude du père, qui laisse tomber de surprise sa
main de vieillard aux veines gonflées, et celle des
frères de Joseph qui tous, à l'exception d'un seul, laissent voir le même sentiment sous des aspects divers!
La haine envieuse qui les anime prend, chez l'un, la
forme de l'orgueil blessé; chez l'autre elle affecte le
geste de l'incrédulité ironique. Ici c'est de la colère, là
c'est du dédain. Jamais peut-être la volonté du peintre
ne fut mieux servie par l'habileté pratique du graveur,
dont la pointe, remplie de finesse et de souplesse, n'a
pas donné un seul accent inutile. A voir le fils de
Jacob pencher la tête, avancer ses deux mains, écarter
ses doigts, si bien dessinés d'ailleurs dans leur raccourci,
on dirait que le songeur, à travers les souvenirs qui
l'obsèdent, va saisir la réalité même de ses songes.

Nous avons vu à Amsterdam, chez M. Six, une
variante de cette composition : c'est une ébauche en
grisaille. Joseph y est peint de profil et debout; il s'incline en avançant la main vers son père. Il y a une
vieille femme couchée dans un lit, à peu près comme
dans l'estampe. Les figures des frères de Joseph sont
différentes, mais déjà fort expressives. On trouve en-

core une autre variante dans la suite des dix dessins
de l'Histoire de Joseph gravés par Caylus.

10. *Jacob pleurant la mort de son fils Joseph.*

Petit morceau en hauteur. A la gauche de l'estampe, sur le pas
d'une porte ouverte, on voit une vieille femme qui s'incline, les
mains jointes. Jacob, assis auprès d'elle sur un banc à dossier,
paraît se lamenter, les mains élevées au ciel, en voyant la robe
ensanglantée de Joseph, qu'on lui rapporte en lui annonçant sa
mort. Les deux envoyés des frères de Joseph sont devant Jacob;
l'un est à genoux sur les marches de l'escalier de la maison; l'autre,
penché sur le vieillard, lui montre de la main gauche le lieu où ils
prétendent que Joseph a péri. Au bas de la planche, un peu vers
la droite, sur la pierre de l'escalier, est gravé : *Rembrandt van
Ryn fec.* Cette pièce, dit Bartsch, est estimée une des meilleures
du maître..

Il en existe une copie assez trompeuse. On la distingue à deux
clous que l'on aperçoit dans l'original, au bout de la latte fixée en
largeur sur la porte, et qu'on ne voit point dans la copie. Autre
différence : dans l'original, la première lettre du nom de Rembrandt
est écrite $\mathcal{R}$, et dans la copie $\mathcal{R}$.

Hauteur, 0,108; largeur, 0,079.

BARTSCH, 38. CLAUSSIN, 42. WILSON, 42.

« Et ils prirent la robe de Joseph, et ayant tué un
bouc d'entre les chèvres, ils ensanglantèrent la robe;
puis ils envoyèrent et firent porter à leur père la robe
bigarrée, en lui disant : « Nous avons trouvé ceci
reconnais-tu maintenant si c'est la robe de ton fils ou
non? » Et il la reconnut et dit : « C'est la robe de

mon fils, une mauvaise bête l'a dévoré; et Jacob dé-
chira ses vêtements..... et dit : Certainement je des-
cendrai en menant deuil au sépulcre vers mon fils.
C'est ainsi que son père le pleurait. »

N'est-ce pas le meilleur commentaire à donner ici
que le passage même de la Bible dont Rembrandt s'est
inspiré? Personne, en effet, n'a pénétré plus avant
dans le sens profondément humain du livre sacré. Il
en a compris la grandeur et les nuances. C'est ainsi
qu'à côté de la douleur paternelle, de cette douleur des
entrailles, que la langue du poëte ne saurait exprimer,
mais que la main d'un tel peintre a su rendre, Rembrandt a placé l'image d'une douleur banale qui fait
mieux ressortir encore le désespoir de Jacob. Cette
vieille femme qui vient au seuil du logis, les mains
jointes, exhaler un soupir, n'est ni l'aïeule ni la mère
de celui dont on apporte la robe ensanglantée; c'est
la vieille Lia, la première femme de Jacob, la rivale de
Rachel. Quant à Rachel, mère de Joseph et de Benja-
min, elle était morte déjà « et ensevelie au chemin
d'Éphrat, qui est Bethléem. » L'envoyé qui est à genoux
aux pieds de Jacob est un de ces modèles d'expression
qui se rencontrent toujours chez Rembrandt : l'œil,
la bouche, le sourire, la main, tout en lui interroge.
« Reconnais-tu maintenant si c'est la robe de ton fils? »
Quant à la couleur antique et patriarcale de la Genèse,
elle se retrouve dans l'arrangement du paysage et dans

la rustique simplicité de cette maison encadrée de ver-
dure, dont les murailles se couvrent de lichen et de
fleurs.

11. *Joseph et la Femme de Putiphar.*

Joseph fuyant la femme de Putiphar qui le saisit par les pans de
son manteau. Elle est couchée sur un lit placé à la gauche de l'estampe. Sa chemise, relevée jusque sous l'aisselle, laisse voir son
corps nu jusqu'à mi-jambes. Joseph se dirige vers la gauche. On
lit au bas de la planche : *Rembrandt f.* 1634.

Cette planche étant de celles dont le cuivre existe encore, nous
ne pouvons dire toutes les modifications et retouches qu'elle a
subies. Mais en comparant d'anciennes épreuves, nous y avons
découvert plusieurs remarques. Et d'abord dans les premières
épreuves, on distingue entre la tête de Putiphar et le bras gauche
de Joseph un petit espace blanc qui est couvert dans les épreuves
postérieures. Le dossier du lit, du côté droit, finit en s'arrondissant.
(Voyez le catalogue Van den Zande rédigé par M. Guichardot.) Ce
sont là les signes du *premier état.*

On reconnaît le deuxième à l'absence du petit espace blanc dont
nous venons de parler, et à la forme du dossier du lit, qui se termine presque en pointe, au lieu de finir en s'arrondissant.

Largeur, 0,112; hauteur, 0,092.

BARTSCH, 39. CLAUSSIN, 43. WILSON, 43.

« Je ne sais, dit Montaigne, si les exploits de César
et d'Alexandre surpassent en rudesse la résolution
d'une belle jeune femme, nourrie en nostre façon, à
la lumière et commerce du monde, battue de tant
d'exemples contraires, et se maintenant entière au

milieu de mille continuelles et fortes poursuites. Il n'y a point de faire plus espineux qu'est ce non-faire, ny plus actif : je trouve plus aysé de porter une cuirasse toute sa vie, et est le vœu de la virginité le plus noble de touts les vœux, comme estant le plus aspre : *Diaboli virtus in lumbis est*, dict saint Jérôme. »

C'est encore le philosophe gascon qui a écrit : « Ce qu'il s'en veoit si peu de bons (mariages) est signe de son prix et de sa valeur. A le bien façonner et à le bien prendre, il n'est point de plus belle pièce dans notre société : nous ne pouvons nous en passer et l'allons avilissant. Il en advient ce qui se veoit aux cages : les oyseaux qui en sont dehors désespèrent d'y entrer ; et d'un pareil soing en sortir, ceulx qui sont au dedans. »

12. *Le Triomphe de Mardochée.*

Mardochée conduit en triomphe par Aman au milieu du peuple. Il est représenté à cheval, revêtu d'habits royaux et tenant un sceptre à la main. Il dirige sa marche vers la gauche. Sur le devant, se voit Aman qui étend les bras et montre au peuple le triomphateur. La foule se presse autour de Mardochée. Dans le bas de la gauche on remarque un soldat à genoux. A droite, on aperçoit le roi Assuérus et la reine Esther sur une espèce de balcon, d'où ils contemplent ce spectacle. Au fond, à travers une grande porte cintrée, on aperçoit un temple en forme de rotonde, qui est simplement indiqué au trait. Ce morceau, très-fini dans certaines parties, est gravé avec goût. La partie droite du devant de la planche n'est qu'une esquisse légère où les ombres sont ébauchées

seulement par quelques hachures. Les épreuves tirées de la planche
non encore ébarbée ont beaucoup de manière noire et font le plus
bel effet. Elles sont assez rares; mais on trouve aisément les
épreuves postérieures, que l'on reconnaît à la faiblesse des barbes
dans la partie gauche, et à leur disparition dans le groupe de
figures qui est à la droite de l'estampe. .

Il y a un *premier état* non décrit, avant le travail indiqué ci-
dessous; les premières épreuves de cet état se reconnaissent à des
hachures inclinées grossies par les barbes dans le haut de la gauche,
hachures qui font l'effet que produirait le crayon lithographique.

Dans le *deuxième état*, le contour de la barbe de Mardochée
est cerné par de petits traits fins et courts, régulièrement penchés
de gauche à droite. La planche était fort usée lorsqu'elle a été ainsi
reprise par une main maladroite.

Hauteur, 0,216; largeur, 0,175.

BARTSCH, 40. CLAUSSIN, 44. WILSON, 44.

En relisant le livre d'Esther, on verra combien cette
composition de Rembrandt, si originale en apparence,
est pourtant conforme au texte de l'Écriture.

« Aman étant entré, le roi lui dit : Que doit-on faire
pour honorer un homme que le roi désire de combler
d'honneurs? Aman pensant en lui-même, et s'imagi-
nant que le roi n'en voulait point honorer d'autre que
lui.

« Lui répondit : Il faut que l'homme que le roi veut
honorer soit vêtu des habits royaux, qu'il monte sur
le même cheval que le roi monte, qu'il ait le diadème
royal sur la tête;

« Et que le premier des princes et des grands de la

cour du roi tienne son cheval par les rênes, et que, marchant devant lui par la place de la ville, il crie : C'est ainsi que sera honoré celui qu'il plaira au roi d'honorer.

« Le roi lui répondit : Hâtez-vous donc, prenez une robe et un cheval et faites tout ce que vous avez dit, à Mardochée, Juif, qui est devant la porte du palais. Prenez bien garde de ne rien oublier de tout ce que vous venez de dire.

« Aman prit donc une robe royale et un cheval, et ayant fait prendre la robe à Mardochée dans la place de la ville, et l'ayant fait monter sur le cheval, il allait devant lui, criant : C'est ainsi que mérite d'être honoré celui qu'il plaira au roi d'honorer. »

Il n'est pas un artiste qui n'ait remarqué ici la beauté de l'effet produit par ce grand coup de soleil qui vient fêter le triomphateur, tandis qu'un rayon plus pâle et plus discret éclaire le groupe royal, rejeté au second plan, et nous fait voir Assuérus à l'ombre d'Esther. Mais sans même parler de ces ménagements du clair-obscur si familiers au génie de Rembrandt, on peut dire que l'intelligence de ce morceau est aussi admirable pour le philosophe que pour le peintre. La scène est comprise comme elle devait l'être ; un moraliste ne l'eût pas mieux conçue, un poëte ne l'eût pas mieux décrite.

En effet, dans quelque endroit du monde que se

passe une pareille scène, elle devra infailliblement se
passer ainsi. L'architecture, les costumes, les choses
extérieures pourront changer, mais l'action restera
partout la même. Partout vous trouverez la multitude
sensible à l'étalage des oripeaux, émerveillée de la
richesse, amoureuse de la force, en adoration devant la
puissance qui triomphe. Partout, dans les foules les
plus épaisses, vous verrez des femmes portant leur
nouveau-né sur les bras, venir chercher à tout risque
les émotions de l'imprévu. Partout, enfin, l'escorte
des rois et des grands sera insolente et brutale ; et
comment cette insolence pourrait-elle être mieux per-
sonnifiée qu'elle ne l'est ici dans la figure du sergent
d'armes qui, précédant le cheval de Mardochée, lève
le bâton sur la foule ? Rembrandt a dû croire que les
estafiers d'Assuérus ressemblaient à ceux de tous les
souverains de l'univers. Quelle vérité, quelle diversité
aussi dans les physionomies populaires ! Les uns se
découvrent avec admiration, les autres s'inclinent avec
respect ; il en est qui, saisis de crainte, se prosternent
jusqu'à terre. Les chiens aboient, les nourrissons va-
gissent, les enfants crient, et l'un d'entre eux, par un
geste trivial, mais significatif, nargue le courtisan
déchu qu'il a vu passer la veille, enflé d'orgueil, et
qui est forcé maintenant de conduire lui-même le
triomphe de l'ennemi qu'il espérait écraser. Et comme
il est fortement accusé, le contraste de la noble et

dıgne figure de Mardochée, avec l'attitude d'Aman et sa mine basse, défaite et humiliée!

La grandeur des compositions de Rembrandt et leur côté vraiment curieux, c'est qu'on y retrouve, sous des habits orientaux et dans des modèles qui appartiennent pour la plupart à la race juive, toutes les variétés de la physionomie de l'homme et les sentiments les plus invariables de son cœur. Par un mélange heureux et singulier, il a réuni ce qu'il y a d'éternel dans l'âme humaine avec ce qu'il y avait de particulier, de mobile et d'intéressant dans telle nation qui, pour lui, représentait l'humanité tout entière. Rembrandt a exprimé les idées générales au moyen de formes individuelles ; il a caché l'idéal le plus élevé dans la réalité la plus vulgaire.

13. *David en prière.*

David, en chemise longue et prêt à se coucher, s'agenouille en prière, en appuyant ses coudes sur son lit. Il a les mains jointes et élevées. Il est vu de profil et dirigé vers la gauche. Sa harpe est posée par terre en largeur, sur le devant de l'estampe on lit avec peine, parmi les hachures du bas, au-dessous de la harpe : *Rembrandt f.* 1652.

Nous avons trouvé deux états de cette planche, en ne regardant qu'aux épreuves anciennes, car le cuivre ayant fait partie du fonds de la veuve Jean, est aujourd'hui dans le commerce et pourra subir des modifications dont nous n'avons pas à nous occuper. Cela étant, il va sans dire que l'estampe est commune ; c'est par erreur que Bartsch a dit le contraire.

Premier état. Au coin de la gauche, au-dessous du baldaquin, tout contre la bordure, se trouve un petit espace dénué de travaux; la bordure présente encore à droite quelques autres points blancs. Les belles épreuves de cet état ont les bords très-raboteux et un peu de manière noire, notamment sur le fauteuil.

Deuxième état. La place blanche au-dessous du baldaquin a été couverte à la pointe sèche. On remarque aussi un trait échappé qui coupe horizontalement et par le milieu la robe de David.

Hauteur, 0,139; largeur, 0,094.

BARTSCH, 41. CLAUSSIN, 45. WILSON, 45.

Contrairement à l'opinion de Claussin qui déclare ce morceau *un des plus faibles de l'œuvre*, nous l'avons toujours regardé comme un des meilleurs. En ajoutant un peu de couleur à une composition si bien entendue, si bien éclairée, on aurait un tableau imposant, plein de simplicité et de grandeur... Un homme s'est agenouillé le soir au pied de son lit; une harpe gît à ses pieds; il est ému, il est seul; il élève son âme à Dieu et semble lui adresser des cantiques de pénitence... quel est cet homme? La richesse qui l'entoure, la somptuosité de son lit à baldaquin et à courtines de soie, la harpe, qui est comme l'attribut de son génie, disent assez que cet homme, c'est le roi David... mais sa harpe est muette et sa demeure ne retentit que de ses gémissements :

« Seigneur! ne me reprends pas dans ta colère, ne me châtie point dans ta fureur... aie pitié de moi, car mes os sont épouvantés. Je me suis épuisé à force de soupirer. Toutes les nuits, je trempe mon lit de mes larmes... Je suis devenu vieux au milieu de tous mes ennemis... »

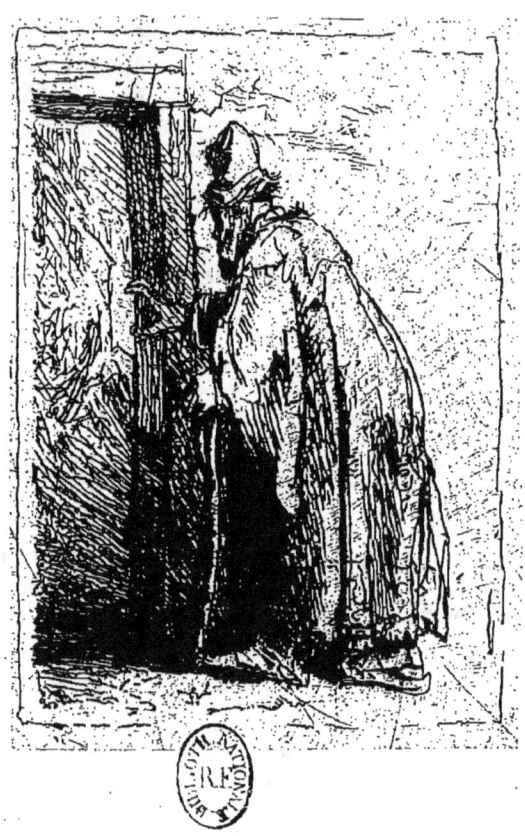

14. *Tobie aveugle.*

(Pièce improprement dite : *Aveugle vu par le dos.*)

Un petit morceau très-rare, représentant un vieillard dans le costume juif, dirigé vers la gauche de l'estampe, et vu presque par le dos. Sa tête est couverte d'un bonnet bordé de fourrure. Il porte des mules aux pieds, et tient de la main gauche un bâton sur lequel il s'appuie. Il s'avance timidement vers une porte qu'il tâte avec la main droite, dans l'attitude d'un homme qui craint de se heurter.

Cette estampe est très-rare. On en connaît trois états.

Premier état. La planche est plus grande : elle a 81 millimètres de hauteur sur 69 millimètres de large. Le fond représente une porte et une architecture tracée d'une manière indécise. Cette épreuve, très-sale et très-embrouillée, est de la dernière rareté.

Deuxième état. La planche réduite. A travers la porte, on aperçoit des maisons et des arbres. La barbe de Tobie n'est tracée qu'au trait ; sa robe n'est ombrée, le long de la manche qui pend, que par un simple griffonnement, et présente quatre plis ; ses mules sont blanches. Le montant de la porte est mieux exprimé et se détache en vigueur sur le fond, lequel est nettoyé dans la partie droite, sauf quelques légers traits horizontaux.

Troisième état. Le paysage qu'on apercevait au travers de la porte a disparu sous des tailles dures qui s'entre-croisent. L'ombre portée par le vieillard sur le montant de la porte a été fortifiée par de nouveaux travaux partant de la main qui s'appuie sur le bâton. Le visage est entièrement couvert d'une taille verticale et monotone. La manche droite a reçu de nouvelles hachures Les mules de l'aveugle sont ombrées de tailles roides et verticales.

Hauteur, 0,079; largeur, 0,056.

BARTSCH, 153. CLAUSSIN, 140. WILSON, 47.

Que Rembrandt ait voulu représenter ici Tobie aveugle marchant au-devant de son fils, cela ne fait pas de doute pour nous. Wilson, du reste, a déjà placé dans l'Ancien Testament cette pièce que Gersaint, Bartsch et Claussin avaient classée parmi les sujets allégoriques ou de fantaisie. Il faut croire que Rembrandt n'en a pas été satisfait et qu'après avoir pris sur nature le croquis d'un mendiant aveugle, il a voulu donner plus d'expression encore et plus de noblesse à son sujet en composant l'estampe qui suit :

15. *Tobie aveugle.*

Un vieillard aveugle marche, appuyé sur un bâton, vers la gauche de l'estampe, et cherche de la main une porte contre laquelle il va se heurter. A ses pieds, un petit chien semble vouloir l'avertir du danger et l'empêcher d'aller plus avant. Dans le fond, sur la droite, on remarque une cheminée dans laquelle il y a du feu, et au coin de cette cheminée un fauteuil avec un rouet renversé. Au-dessus de l'âtre pendent des poissons à sécher. On lit au milieu du bas, dans la gravure, près du bord de la planche : *Rembrandt f.* 1631. Cette signature est répétée sur la droite.

Les belles épreuves ont le fond sale et des barbes dans les plis du vêtement de Tobie, ainsi qu'au montant et au manteau de la cheminée.

Hauteur, 0,162; largeur, 0,121.

BARTSCH, 42. CLAUSSIN, 46. WILSON, 46.

S'il était permis de comparer un simple croquis fait à la hâte et de pur sentiment, avec un morceau médité, voulu, et terminé par un grand maître, je dirais que la belle figure d'Élymas frappé d'aveuglement par saint Paul, dans les fameux cartons de Hampton-Court, n'est pas plus saisissante, plus naturellement expressive que le Tobie de Rembrandt. En voyant les choses

par leur côté intime, le peintre hollandais est plus
touchant qu'on ne peut l'être dans les données du
grand style. Cet aveugle, entre son chien qui l'aver-
tit et son rouet qu'il a fait tomber en se levant, est
une des figures les plus attachantes qu'on puisse voir
en peinture. Qui ne devine, à l'empressement du
vieillard, à sa démarche timide et hardie tout ensemble,
qu'il a entendu la voix de son fils?... Patriarcale demeure! chaque objet y est parlant, et il n'est pas jusqu'à ces poissons séchant à la fumée de l'âtre, qui ne
rappellent la manière de vivre de Rembrandt lui-même,
dont les repas se composaient souvent, dit Houbraken,
d'un peu de fromage et d'un morceau de hareng fumé.
Mais encore une fois, il est difficile de mieux accen-
tuer la pantomime d'une figure, car si l'on cachait la
tête du *Tobie* de Rembrandt, son corps, ses bras, ses
jambes seraient encore ceux d'un aveugle.

16. *L'Ange disparaît devant la famille de Tobie.*

Composition de dix figures représentant la famille de Tobie
émerveillée de la disparition de l'ange Raphaël. Au milieu de
l'estampe est le jeune Tobie prosterné, ayant à côté de lui son
petit chien et, derrière lui, sa femme agenouillée et sa vieille mère
debout sur le devant de la gauche; Tobie le père est à genoux, les
mains jointes. Dans le fond du même côté paraît une servante qui
regarde au travers d'une fenêtre; une autre est sur la porte avec
un serviteur. L'ange, qu'on ne voit plus que par la moitié inférieure

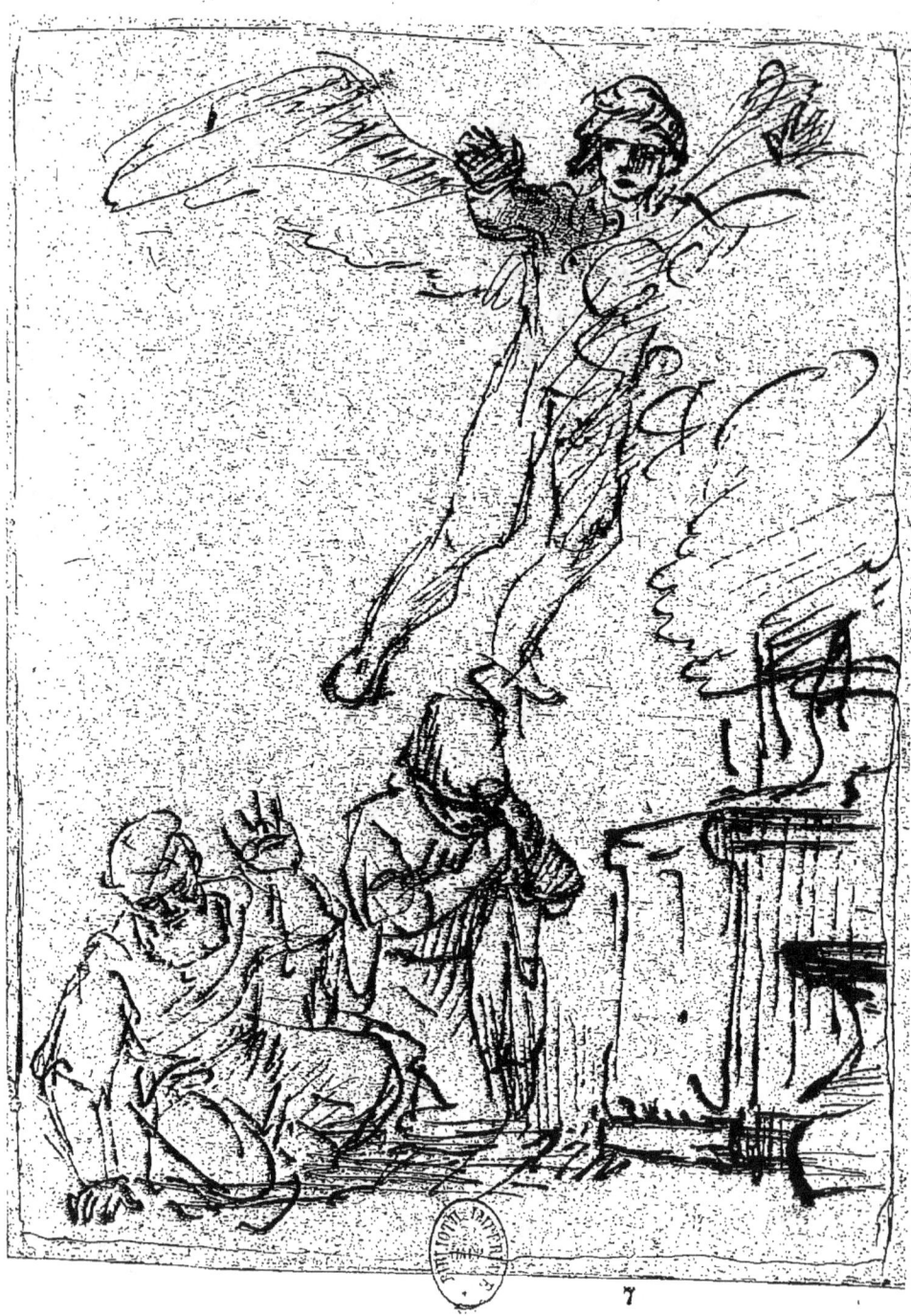

7

du corps, s'élève dans le ciel, qui est marqué au haut de la droite par des rayons lumineux. Au-dessous de l'ange, un serviteur est assis sur les bagages qui ont servi au voyage de Tobie, et il tient par la bride l'âne qui les portait. De ce même côté, on aperçoit à distance une figure étonnée. Cette estampe est gravée légèrement, ce qui ne l'empêche pas d'avoir de l'effet. On lit au bas de la gauche, sur le devant : *Rembrandt f.* 1641.

Claussin et, après lui, Wilson ont commis une erreur singulière dans la description des états de cette planche. Les épreuves qu'ils ont prises pour les premières sont justement les secondes, et celles qu'ils ont décrites comme secondes se trouvent être premières. Ainsi, la draperie qui forme la coiffure de la femme du jeune Tobie est couverte dans le *premier état* d'une taille simple et légère donnée diagonalement, à la pointe sèche, sur la partie claire. On remarque, sur l'épaule du jeune Tobie, l'indication de plusieurs crevés, et celle de trois boutons sur sa manche droite, avec quelques fines hachures sur le coude. Mais ces travaux n'ayant fait qu'effleurer le cuivre se sont très-vite effacés, de sorte que les épreuves qui n'en offrent plus la trace sont postérieures à celles où on la retrouve. Il est facile de s'en assurer en regardant à la loupe ces épreuves que nous appelons secondes. A moins que la planche ne soit très-usée, on y reconnaît encore la trace à moitié ou aux trois quarts disparue des tailles diagonales sur la coiffure, des crevés et même des boutons. Le premier et le second état de Claussin ne constituent donc en réalité qu'un seul état, produisant à la longue des épreuves différentes.

Nota. Nous avons vérifié ces remarques avec un connaisseur émérite, l'honorable conservateur du Cabinet des estampes au British-Museum, M. Hookham Carpenter.

Le *second état* se distingue aisément à l'addition de quelques hachures fines et courtes qui semblent marquer l'ombre d'une inégalité de terrain au bas de la gauche, et de quelques contre-tailles données verticalement sur le ciel, sur la malle et sur le ter-

rain environnant. Les jambes du vieux Tobie sont ombrées également de quelques travaux fins qui descendent jusqu'aux genoux.

Hauteur, 0,103; largeur, 0,152.

BARTSCH, 43. CLAUSSIN, 47. WILSON, 48.

Rembrandt a beaucoup cherché le mieux de cette
composition, et il l'a retournée de vingt manières. Le
tableau du Louvre, sur le même sujet, est connu de
tout le monde, ne fût-ce que par les gravures de
Malbeste et de Jacques de Frey. Ce tableau a été fait
en 1637, mais on le croirait postérieur à l'estampe, car
la disposition en est meilleure. D'abord, par le seul fait
de l'ascension de l'ange, une telle scène devait être, non
en travers, mais en hauteur. Aussi Rembrandt l'avait-il
conçue de la sorte, en ménageant du ciel au-dessus de
l'ange. A la place de l'âne qui était inutile, il y a un
repos qui double l'importance de la figure céleste. Le
vieux Tobie qui est ici droit sur ses genoux, se prosterne à terre dans le tableau, et cela est plus conforme
au caractère du vieillard qu'un pareil miracle doit accabler. Enfin, le geste des figures est autant et plus expressif dans la peinture du maître que dans son eau-forte.

Il existe, au surplus, parmi les dessins de Rembrandt, des variantes de composition pour ce beau
sujet qui a longtemps occupé son esprit. Je possède
un de ces dessins[1]; il contient trois figures seulement;

1. C'est le dessin gravé à la page 97.

l'ange y est indiqué nu et vu de face. A vrai dire, c'est un pur croquis fait à la plume en quelques minutes; mais la griffe du peintre y est visible, et toute grossière qu'est la figure ébauchée de l'ange, le vol en est parfaitement exprimé. Ce dessin est la première pensée du tableau décrit par Smith dans son *Catalogue raisonné*, et gravé par Cook, tableau qui était, au siècle dernier, dans la collection de Nathaniel Hone. Une chose à remarquer, c'est que Rembrandt ait été si difficile pour ses compositions et les ait tant de fois recommencées, alors que tant d'autres peintres se seraient contentés de ce qui lui paraît, à lui, si insuffisant.

Ferdinand Bol s'est servi de la figure du jeune Tobie dans le *Gédéon* (n° 2 de son OEuvre).

NOUVEAU TESTAMENT.

17. *L'Annonciation aux Bergers.*

Ce morceau représente un effet de nuit dans une campagne où l'on aperçoit des arbres et un pont. Au haut de la gauche, paraît une gloire lumineuse où volent en rond un grand nombre de chérubins, et un peu plus bas, debout sur un nuage, est un ange qui de la main gauche montre le ciel. Les bergers sont surpris et effrayés de ce coup de lumière, et leurs troupeaux, effrayés comme eux, se dispersent en fuyant. Il n'y a que le bas de la partie droite qui participe de la lumière que répand la gloire. Tout le reste de l'estampe est sombre. On lit tout au bas de la droite : *Rembrandt f.* 1634. Les belles épreuves de cette belle planche sont très-rares. On en connaît quatre états.

Premier état. Les anges, les bergers et les animaux ne sont qu'au trait. Le tronc de l'arbre qui est au milieu est entièrement blanc. Le paysage dans le fond est sombre. Il n'en existe que deux épreuves connues : l'une est à Londres, au British-Museum, l'autre est au musée de Dresde.

Second état. L'estampe est finie, à cela près que les ailes et la tunique de l'ange ne sont pas ombrées. Le haut du tronc de l'arbre est blanc, et les deux vaches qui s'enfuient à droite ne sont pas encore teintées d'une taille légère. Cette épreuve, presque unique, se trouvait dans la collection Denon.

Troisième état. Il diffère du second, seulement en ce que les deux vaches qui fuient sont couvertes d'une taille légère; le tronc de l'arbre est encore blanc. On en voit une épreuve au musée d'Amsterdam.

Quatrième état. Le tronc de l'arbre est éteint par des contretailles; les ailes et la tunique de l'ange sont ombrées. C'est l'état ordinaire de la planche. Les belles épreuves laissent voir distinctement les arches du pont; elles sont très-rares. Aux dernières épreuves, le pont ne se voit plus, l'estampe est grise, et l'admirable effet du clair-obscur s'est effacé peu à peu et a disparu.

Il existe au musée d'Amsterdam une épreuve lavée où il n'y a de clair que le rond du ciel, et qui semble avoir été faite ainsi par Rembrandt pour chercher un autre effet.

Govaert Flinck s'est inspiré de cette eau-forte pour composer le tableau de *l'Annonciation aux Bergers* qui est au Louvre.

Hauteur, 0,261; largeur, 0,218.

BARTSCH, 44. CLAUSSIN, 48. WILSON, 49.

« Or, il y avait dans la même contrée des bergers qui couchaient aux champs et qui y gardaient leurs troupeaux pendant les veilles de la nuit. Et tout à coup un ange du Seigneur se présenta à eux, et la gloire du Seigneur resplendit autour d'eux, et ils furent saisis d'une grande peur. Alors, l'ange leur dit : N'ayez point de peur, car je vous annonce une grande joie qui sera pour tout le peuple, c'est qu'aujourd'hui dans la ville de David, le Sauveur, qui est le Christ, le Seigneur vous est né. »

Ces grands tableaux de l'Écriture, personne ne les a mieux vus que Rembrandt, et n'en a mieux senti la poésie simple et touchante. L'apparition de l'ange aux bergers a été le sujet de bien des peintures ; mais combien de fois sommes-nous restés indifférents aux représentations de cette scène merveilleuse ! Rembrandt trouve ici une occasion de montrer les deux côtés les plus étonnants de son génie, l'expression et le clair-obscur. Il représente une nuit noire dans la campagne ; on aperçoit au loin quelques lueurs reflétées dans l'eau et un pont rustique. Des pâtres gardent leurs troupeaux à l'entrée d'une forêt dans laquelle on distingue un palmier qui indique aussitôt la contrée où le miracle va s'accomplir. Tout à coup le ciel s'est entr'ouvert, et au sein d'une gloire éclatante apparaît un ange accompagné de chérubins qui forment des guirlandes d'allégresse. Cet ange est revêtu d'une aube longue, comme serait un prêtre desservant les autels du Paradis. Les ailes étendues, il montre d'une main le séjour d'où va descendre le Fils de Dieu. A cette vue, troupeaux et bergers sont frappés de terreur. Les uns se prosternent, les autres s'enfuient. Les taureaux se pressent et se heurtent en se battant les flancs de leur queue; les moutons courent en sens divers; béliers, chèvres, agneaux, tout se précipite : c'est une panique illuminée!... Quelle force dans la pantomime des bergers, et quel sentiment dans le dessin des animaux! Ce n'est rien que de les bien dessiner; Paul Potter l'a fait aussi, et Dujardin, et Roos, et bien d'autres... Mais ne semble-t-il pas ici que ces bêtes ont une âme, ou qu'un invisible démon les agite? Rembrandt est tellement obsédé par le spectacle qui éclaire son cerveau, que sa main rapide a peine à suivre les mouvements de son esprit. Chérubins, pâtres, animaux, il dessine tout d'inspiration, et si le contour çà et là lui échappe, du moins le geste est saisi avec une justesse incomparable, le trait va droit à la pensée et l'ensemble du tableau devient magique par l'éloquence du clair-obscur.

... Mais de quoi donc sont-ils effrayés, ces pauvres pasteurs? Ce Dieu que le monde attend et qu'annonce la lumière des cieux, c'est le Dieu des pauvres et des simples, c'est le Dieu des bergers, car il naîtra comme

eux dans une étable ; il relèvera ceux qui sont humi-
liés ; il guérira ceux qui souffrent ; il éveillera dans le
sein de l'humanité un sentiment de tendresse qui n'y
avait pas encore tressailli. Sa parole sera pour les
multitudes qui le suivront le long de la mer ; par un
miracle de sa charité, il nourrira tout le peuple ; par
un miracle de sa douceur, il apaisera les flots du lac
de Génésareth et les tempêtes qui s'élèvent dans le
cœur des hommes. Un jour il paraîtra en souriant à
des noces champêtres, et lorsqu'à la veille d'éprouver
la suprême douleur, la trahison d'un ami, il entrera
en triomphe dans Jérusalem, il sera monté sur la bête
la plus humble de ce troupeau qui s'enfuit épouvanté...
Loi étrange et mystérieuse de la nature humaine, que
Rembrandt a si profondément pénétrée ! Celui qui
annonce aux malheureux leur délivrance, les voit aussitôt se défier de lui et le craindre ; et au lieu que ce
soit l'oppresseur qui tremble, c'est l'opprimé qui a
peur.

18. *La Nativité.*

La Vierge, tenant l'enfant Jésus sur ses genoux, est assise par
terre dans l'étable. Saint Joseph est à côté d'elle, mais plus en
avant, assis sur une civière renversée. A gauche s'avancent les
bergers qui viennent adorer l'enfant. L'un d'eux se découvre, en
appuyant une de ses mains sur une barrière en planches. A la
droite de l'estampe, on remarque, non pas un bœuf et un âne,
comme l'ont dit Bartsch et Claussin, mais deux bœufs dont on ne

voit que les têtes. Au bas, un peu vers la gauche, est gravé en petits caractères : *Rembrandt f.*

Le *premier état* de cette planche se reconnaît à un défaut de morsure qui a laissé un clair en sens horizontal dans le haut de la droite, au-dessus des bœufs; dans le *second état*, ce défaut est réparé par un travail extrêmement fin.

Hauteur, 0,106; largeur, 0,128.

BARTSCH, 45. CLAUSSIN, 49. WILSON, 50.

Gravé légèrement et abandonné à l'état d'ébauche, ce morceau fait pressentir l'effet de lumière que Rembrandt voulait y mettre. Toute petite qu'est l'estampe, on regrette que le peintre ne l'ait pas achevée, car elle était préparée avec beaucoup plus d'esprit que la suivante, qui paraît avoir été faite dans la même intention et comme une variante de celle-ci.

19. *L'Adoration des Bergers.*

La Sainte Famille est groupée au bas de la droite : l'enfant couché sur un lit, par terre, la Vierge accroupie sur des coussins, et saint Joseph lisant dans un livre, à la lueur d'une lampe qu'on ne voit point. Au milieu de l'estampe, un vieillard debout, tenant une lanterne, porte la main à son bonnet pour se découvrir. A côté de lui, sur la droite, paraît une tête d'enfant, et derrière lui sont trois bergers et une femme tenant un nourrisson. On distingue avec peine, dans l'ombre, au-dessous des bergers, deux têtes de bœufs. Le tout est gravé dans le goût de la manière noire.

Nous avons relevé six états de cette planche au British-Museum.

Premier état. Il y a une masse de lumière sur le coussin de la

Vierge et sur le bas de la figure de l'enfant. Tout le long de la main de la Vierge se voit une manche claire.

Deuxième état. Le clair du coussin et celui de la figure de l'enfant sont éteints, et la masse de lumière qui se voyait derrière eux est amortie. Il reste un clair vif sur la coiffure de la Vierge, sur sa manche et sur le haut du livre que Joseph tient dans ses mains.

Troisième état. Le bonnet de Joseph a changé de forme; il est bordé de fourrure.

Quatrième état. L'ombre du nez et la bouche de la Vierge sont repris et rendus plus noirs. Un double contour a été ajouté à sa manche claire.

Cinquième état. Au-dessus de la tête de Joseph est une étable formée de planches en largeur. On ne voit que trois bâtons clairs dans toute l'estampe.

Sixième état. Comme le précédent, à cela près qu'il y a quatre bâtons clairs au lieu de trois, un quatrième bâton ou plutôt une corde ayant été ajoutée au-dessus des planches, à la hauteur du coussin de la Vierge.

Les autres différences proviennent simplement de l'impression.

Hauteur, 0,148 ; largeur, 0,196.

BARTSCH, 46. CLAUSSIN, 55. WILSON, 50.

Il est permis, à la rigueur, de douter que cette estampe soit de Rembrandt, car on n'y retrouve de lui, que sa manière habituelle d'éclairer le sujet. Le caractère des têtes, le dessin sans esprit des figures de Joseph, de la Vierge et de l'Enfant, la nature même du travail, qui est à la fois lourd et mesquin, peuvent faire croire que Rembrandt n'est pas l'auteur de la gravure ou qu'il n'en a donné que la pensée, mais peut-être que la négligence extrême du dessin tient à ce que l'artiste se réservait de le noyer entièrement dans l'ombre, de perdre ses contours, d'estomper ses figures, et de ne s'occuper que du clair-obscur. Considérée uniquement sous ce rapport, *l'Adoration des Bergers* rentre dans la manière mystérieuse du peintre. En accusant certaines têtes, en effleurant les autres, la lumière de la lanterne produit dans l'étable un effet fantastique... Ainsi les premières lueurs du christianisme éclateront au milieu des ténèbres qui enveloppent les races misérables que le Dieu des pauvres vient consoler :

> Dieu parmy les pastoureaulx,
> Sous la crèche des toreaux,
> Dans les champs a voulu naistre,
> Et non parmy les arroys
> Des grands princes et des roys
> Luy, des plus grands roys le maistre.
> . . . .

> O pasteurs bienheureux,
> Ceste liesse,
> Ce chant tant amoureux
> A vous s'adresse.

> Laissez vostre troppeau,
> Courez grand-erre
> Voir l'Enfant le plus beau
> Qui soit en terre.

Avecques vous menez
Vos bergerettes,
Sainctement demenez
Vos amourettes.

Or allez, allez donc
Pour voir en somme
Ce que l'on ne veid onc,
C'est Dieu faict homme.

Il me semble que le sentiment chrétien de Rembrandt va rejoindre la poésie de ces vieux Noëls.

20. *La Circoncision.*

La Vierge est assise un peu sur la gauche, les mains jointes et en prière. Saint Joseph est à côté d'elle, vers la droite, tenant l'enfant Jésus pendant que le prêtre le circoncit. Cinq personnes, dont une est à genoux, sont attentives à la cérémonie. Des rayons qui tombent du haut d'une gloire éclairent les trois quarts du sujet, laissant dans l'ombre les cinq spectateurs et le prêtre. Au-dessus de la Vierge est accoudée une figure de vieille femme qui n'est guère dessinée qu'au trait. La gauche est occupée par une échelle au pied de laquelle est un tonneau, et à côté de l'échelle est suspendu à la muraille un filet. Au-dessus du filet, c'est-à-dire tout en haut de la gauche, on lit *Rembrandt f.* 1654, et au-dessous même du filet entre l'échelle et le bord de la planche, on lit encore une fois le nom de Rembrandt, et plus bas *f.* 1654.

Le *premier état* de cette pièce présente au coin gauche du haut, et vers le milieu du bord supérieur, des parties blanches qui ont été couvertes de travaux additionnels dans le *second état*. Il y a des épreuves toutes premières où les angles du cuivre sont plus aigus et présentent des taches noires qui se sont ensuite usées à l'impression.

Hauteur, 0,097; largeur, 0,144.

BARTSCH, 47. CLAUSSIN, 51. WILSON, 52.

J'observe que cette *Circoncision* est gravée tout à fait dans le goût de la *Nativité* et de la même pointe, de telle sorte qu'on peut être assuré que Rembrandt les a faites toutes les deux dans le même temps. C'est aussi à cette date de 1654 que se rapporte la Sainte Famille que j'appellerai *à la fenêtre*, pour la distinguer d'une autre estampe sur le même sujet, et qui porte, dans le catalogue de Bartsch, le n° 63, dans le nôtre le n° 35. De ces rapprochements, il est permis, je crois, de tirer une induction qui, sans avoir le caractère de la certitude, a du moins celui d'une grande probabilité. On cherche la date du second mariage de Rembrandt entre 1654 et 1656; c'est, suivant nous, dans la première de ces deux années qu'il faudrait le chercher; car il est vraisemblable que pour Rembrandt ces trois estampes retraçaient les scènes intimes que lui offrait sa propre maison. Ce grand peintre, on le sait, regardait constamment autour de lui; et toute l'humanité lui était représentée par sa famille. Il voyait la vieillesse dans sa vieille mère. la jeunesse dans sa femme, la première enfance dans son fils nouveau-né, la virilité dans lui-même... *Humanos mores noscere volenti sufficit una domus.*

21. *Petite Circoncision.*

Petite estampe en hauteur, gravée finement et avec beaucoup d'effet. On y voit au milieu deux pontifes , dont celui qui est vers la gauche tient sur ses genoux l'enfant Jésus, pendant que l'autre, qui est revêtu d'une chape et assis vers la droite, circoncit l'enfant. La Vierge est à genoux sur le devant de la droite. Elle est couverte d'un voile et prie, les mains jointes et élevées. Saint Joseph paraît debout à côté d'elle ; il est incliné et joint aussi les mains. Au coin de la gauche est une figure, agenouillée dans la même attitude que la Vierge. Derrière les pontifes s'élève un autel sur lequel est placé un vase fumant, et à côté se tient debout un lévite qui porte une crosse de la main gauche. Il y a quelques figures sur le fond de la droite.

Hauteur, 0,087 ; largeur, 0,063.

BARTSCH, 48. CLAUSSIN, 52. WILSON, 53.

Cette jolie pièce est fort bien gravée ; mais elle a mal mordu , et les noirs s'en sont vite usés. Elle a été reprise alors par une main étrangère qui , en retouchant la tête de Joseph, l'a tellement altérée, qu'on n'en distingue plus les traits.

22. *Présentation au temple.*
Pièce en largeur.

Le temple est représenté par une voûte. Dans la partie droite, Siméon, à genoux, tient entre ses bras l'enfant Jésus. La Vierge, vue de profil perdu, est agenouillée devant ce prophète. Au-dessus de sa tête, dans le fond et dans l'ombre, on remarque saint Joseph debout portant deux colombes dans ses mains. Plusieurs figures, hommes et femmes, placées derrière eux et autour d'eux, sont attentives à la cérémonie. Au milieu de l'estampe, paraît une grande figure debout tenant une béquille de la main gauche. Sur sa tête plane le Saint-Esprit. Au coin de la gauche, sur le devant, sont deux Juifs debout qui parlent ensemble et qui ont un chien à leurs pieds. Le fond représente l'intérieur du temple, où sont assemblés par groupes un certain nombre de juifs qui ne sont guère dessinés qu'au trait. Bien que ce morceau soit surchargé de travail, l'effet en est toujours pâle et l'épreuve reste grise, les tailles et l'eau-forte n'ayant pas suffisamment creusé le cuivre.

On distingue quatre états de cette planche :

Premier état. Siméon est nu-tête. Saint Joseph, qui est debout tenant des colombes, est dans la demi-teinte et porte une longue barbe éparse. Très-rare.

Deuxième état. Siméon a la tête couverte d'une calotte; son manteau est plus brun, et saint Joseph a une barbe plus courte.

Troisième état. Une place dénuée de travaux qu'on remarquait dans les états précédents contre les bords supérieurs de la planche, a été raccordée par de nouvelles tailles diagonales et horizontales. Par suite du tirage, les contours des voûtes et de la colonne se dessinent de plus en plus nettement et sèchement.

Quatrième état. Saint Joseph est coiffé d'un turban.

Hauteur, 0,216; largeur, 0,291.

BARTSCH, 49. CLAUSSIN, 53. WILSON, 54.

Cette pièce est commencée et préparée avec beaucoup de sentiment et à peu près dans le goût de *la Mort de la Vierge*. Les expressions de tendresse, de vénération, d'intérêt, de douceur, de curiosité sont

indiquées d'un trait avec une justesse qui tient du prodige. Finie, cette pièce eût été une des plus belles de
l'œuvre; mais Rembrandt, la trouvant sans doute trop
étendue, l'a abandonnée. Il est certain que la disposition en hauteur était préférable, et c'est en effet celle
que le peintre a suivie dans le tableau de *la Présentation
au temple* qui est au musée de La Haye, et qui est
daté de 1631. La composition en est plus concentrée,
mieux à l'œil, et elle est comme rehaussée par l'élévation du temple. Rembrandt y a fort à propos supprimé
les figures trop éloignées des deux Juifs de gauche qui
n'étaient guère ici que du remplissage, et il s'est abs-
tenu d'y mettre le chien dont la présence était inutile
autant que déplacée.

23. *Présentation au temple.*

Dite *en manière noire.*

Le sujet est traité d'une façon singulière. Sur la partie droite de
l'estampe on voit le grand prêtre assis et élevé sur une espèce de
gradin. L'enfant Jésus est présenté par Siméon qui est à genoux.
La Vierge et saint Joseph sont dans le bas de la partie gauche,
et l'on voit au milieu un autre prêtre en chape et debout, tenant
un bâton très-orné en forme de crosse. Dans le haut, à des espèces
de tribunes, figurent deux spectateurs, l'un à droite, l'autre
à gauche de l'estampe. Ce morceau est fort rare.

Hauteur, 0,209; largeur, 0,062.

BARTSCH, 50. CLAUSSIN, 54. WILSON. 55.

Dans les premières épreuves de ce morceau, il y a
tant de manière noire, que les figures de saint Joseph
et de la Vierge sont confondues avec le fond; on
n'aperçoit un peu que la main de la Vierge. Claussin
dit que cette manière noire est produite par les barbes,
tant des travaux à l'eau forte que de ceux à la pointe
sèche. Cela est vrai; mais il est des épreuves où cette
manière noire est le fait de l'impression, c'est-à-dire
qu'après la disparition des barbes, on a rétabli l'effet
de la manière noire en étendant le noir d'imprimeur
sur la planche avec le doigt. L'imprimeur, ici, c'est
Rembrandt lui-même, car il avait dans son atelier une
presse, et il imprimait souvent de sa main ses propres planches. Le peintre s'est servi du procédé que
nous venons d'indiquer pour la *Présentation au temple*,
dite *en manière noire*, comme il l'a fait pour les portraits de Janus Lutma et du jeune Haaring, et pour
quelques autres pièces. Après avoir encré sa planche
avec le tampon, il n'essuyait qu'à demi, ou même il
n'essuyait presque point certaines parties qui devaient
rester sourdes et se couvrir d'une teinte semblable
à celle du lavis, ou à celle que donne le berceau sur
les planches qu'on se propose de graver en *mezzo-*
tinto. En ménageant plus ou moins ces parties
avec le chiffon ou avec le doigt, il obtenait des
épreuves d'un noir plus ou moins transparent, et c'est
ainsi que s'explique la curieuse variété de certaines

8

épreuves, tirées pourtant d'une seule et même planche.

Mais indépendamment de ces procédés qu'on a pris longtemps pour des *secrets*, et qui ne sont après tout que des moyens très-connus et très-simples, cette estampe offre une singularité de faire tout aussi étonnante que la façon dont le sujet est compris. En y regardant de près, on y voit, dans les parties claires, des hachures données en tout sens, librement et hardiment, avec une grosse pointe ; et cependant, à une certaine distance, il se trouve que l'extrême richesse des habits sacerdotaux est parfaitement rendue par ces travaux grossiers. Les ciselures de la mitre, les sculptures de la crosse que tient le prêtre debout, les brocarts d'or de la chasuble dont le grand prêtre est revêtu, sont exprimés par un procédé qui, au lieu d'être fin, soigné et précieux comme les matières qu'il s'agit de graver, consiste à sabrer le tout avec une brutalité apparente, mais en réalité avec un très-habile ménagement de tous les endroits où l'ombre doit s'arrêter brusquement, pour imiter l'éclat de l'or, le brillant des pierreries et le luisant du satin.

24. *Présentation au temple*, dite *avec l'ange.*

L'ensemble du sujet est porté vers la droite. La Vierge, habillée en paysanne, est placée vers le milieu, et Joseph est à sa droite ; ils sont l'un et l'autre à genoux devant Siméon qui est assis et qui tient l'enfant dans ses bras. A la gauche de la Vierge, est la figure d'Anne la prophétesse, tenant ses mains jointes. Un ange, les ailes déployées, la regarde en lui montrant du doigt l'enfant Jésus. Autour de ce groupe se pressent quelques spectateurs, et derrière eux s'élève une longue suite de degrés conduisant dans la partie intérieure du temple, et sur lesquels montent beaucoup de personnes. A gauche, sur le devant, on remarque une figure coupée en deux par le cadre; c'est celle d'un mendiant qui a une jambe de bois. Au milieu d'une petite marge, qui est au bas de l'estampe, on lit : *Rt* 1630. Cette planche est gravée légèrement et l'eau-forte y a peu mordu.

Les épreuves du *premier état*, qui sont extrêmement rares, portent 121 millim. de hauteur sur une largeur pareille. On voit en haut une marge toute blanche.

Dans le *second état*, la marge est supprimée, et la planche réduite aux dimensions ordinaires qui sont :

Hauteur, 0,103 ; largeur, 0,079.

BARTSCH, 51. CLAUSSIN, 55. WILSON, 56.

Si l'on réunissait toutes les estampes de Rembrandt qui ont été gravées dans les commencements, c'est-à-dire de 1628 à 1632, on verrait que celles-là sont faites le plus librement, avec le plus de légèreté. Dans la suite, le peintre devint plus savant; il traita ses estampes comme des tableaux; il y ménagea de grandes ombres, des teintes imitant le lavis, et l'on peut dire qu'il peignit ses gravures ; mais dans sa première jeunesse, il fit ses eaux-fortes comme il faut les faire, avec beaucoup de sentiment et peu d'ouvrage, et assez rapidement pour ne pas laisser refroidir sa verve.

Il faut convenir, du reste, que si le principal groupe

s'arrange bien, et si la figure de l'ange est heureusement jetée, en revanche, celle de l'homme estropié qui est coupée en deux par le cadre et qui est placée sur le premier plan pour former repoussoir, est d'autant plus malheureuse qu'elle attire l'attention là où le peintre ne voulait justement pas l'attirer.

25. *Fuite en Egypte.*

Dans ce petit morceau le groupe est placé au milieu de la planche sur le devant. Saint Joseph tient un bâton de la main gauche, et, de l'autre, il conduit l'âne par la bride. La Vierge, assise sur l'âne, porte dans ses bras l'enfant Jésus. Le bagage, auquel sont attachés un maillet et une scie, est posé sur la croupe de l'animal. La marche des fugitifs se dirige vers la gauche de l'estampe où s'élève un grand tronc d'arbre. On lit au milieu du bas, dans une bande à moitié couverte de tailles : *Rembrandt inventor et fecit* : 1633. Ce morceau est très-bien gravé, mais on le trouve fort difficilement beau d'épreuve, l'eau-forte ayant mal mordu.

Il en existe deux états :

Premier état. La planche ne présente qu'un travail léger et délicat, sur un fond sale. Rare.

Second état. La planche a été retouchée et surchargée de travaux qui lui ont donné un aspect lourd. Un travail très-serré, qui semble fait à la mécanique, a été ajouté dans le haut de la gauche et sur l'arbre. Ces petits travaux additionnels ne sont pas de la main de Rembrandt. Toutefois, la planche n'est pas de celles qui ont fait partie du fonds de Basan, et les épreuves en sont assez rares.

Nota. Il en existe deux copies, dont une dans le sens de l'ori-

ginal ; l'autre en contre-partie par Watelet ; celle-ci est fort bien
gravée.

Hauteur, 0,090 ; largeur, 0,060.

BARTSCH, 52. CLAUSSIN, 56. WILSON, 57.

Rembrandt a tant de fois traité le sujet de la *Fuite
en Égypte*, il l'a tourné et retourné tant de fois qu'on
peut regarder comme de simples essais la plupart de
ses compositions sur cette donnée. Il s'est représenté
les fugitifs, tantôt traversant les bois sous la lune,
tantôt passant des rivières à gué, tantôt accrochant à
un arbre la lanterne qui a éclairé leur marche dans les
ténèbres d'une forêt noire. Quelquefois il s'est figuré
la famille sainte se reposant en plein jour sous l'œil de
Dieu, ou bien saluée par les premiers rayons de l'aurore sur un plateau de la Judée. Mais il faut croire que
jamais il n'a. été parfaitement satisfait de son invention, car il l'a laissée plusieurs fois à l'état d'ébauche
ou même simplement esquissée au trait. Cette *Fuite
en Égypte* est une de celles qu'il a finies. La composition est d'un naturel parfait, si l'on se contente
d'y voir une famille humaine en voyage, et l'on ne
peut alors trop admirer le naïf de l'observation, la
marche cauteleuse du vieux charpentier, les précautions maternelles de la Vierge et même l'effort que fait
l'âne pour monter la pente du terrain avec le poids
qu'il porte sur le dos ; mais si l'on se rappelle que cette

famille est celle de Jésus, on a de la peine à reconnaître l'époux de Marie dans la figure de Joseph, et la
Vierge de Nazareth dans cette matrone à la face élargie,
dont l'embonpoint se devine sous le lourd manteau
qui la recouvre. Ici, la vulgarité, ou, pour mieux dire,
l'arbitraire des formes, est un contre-sens historique.

26. *Fuite en Égypte; effet de nuit.*

La Vierge est assise sur l'âne que Joseph mène par la bride, en
dirigeant ses pas vers la gauche de l'estampe. Le charpentier tient
de la main gauche une lanterne qui éclaire tout le sujet. On lit au
bas de la droite : *Rembrandt fecit.* 1651, le 6 à rebours.

« De toutes les estampes de Rembrandt, dit Bartsch, il n'en est
aucune dont on rencontre tant d'épreuves différentes. Il y a des
collections où l'on en trouve jusqu'à huit. Cependant plusieurs de
ces épreuves ne sont différentes entre elles que par la manière dont
elles ont été imprimées. Il n'y a, à proprement parler, que deux
sortes d'épreuves dont les différences soient essentielles et produites par des changements faits sur la planche. »

Après avoir examiné avec la plus grande attention les diverses
épreuves dont parle Bartsch, nous en avons reconnu trois, provenant de changements faits sur la planche.

Premier état. Les personnages et l'âne ne sont ombrés que
d'une seule taille et présentent beaucoup de parties blanches ainsi
que le terrain; ils se détachent très en clair sur le fond, qui, toutefois, est moins travaillé que dans les états suivants. Les deux
jambes de derrière de l'âne sont parallèles et se touchent. Extrêmement rare. A la vente de Weber, faite à Leipzig en 1856, il s'en
trouvait une épreuve qui a été poussée à 32 rixdales (environ
150 francs).

Deuxième état. Les personnages recouverts de contre-tailles et d'entre-tailles nouvelles se détachent beaucoup moins sur le fond. Les terrains, entièrement retravaillés, ne présentent plus, comme dans l'état précédent, de parties blanches. Le fond, tout le long du bord gauche, notamment vers le milieu et le haut de la droite, ont reçu de nombreux travaux. Une tour qu'on apercevait sur une colline dans l'état précédent, a disparu sous de nouvelles tailles. Les deux jambes de l'âne, celles de derrière, sont écartées par le mouvement de la marche.

Troisième état. Le fond qui, dans le coin du haut, à gauche, présentait encore des places claires, a été entièrement repris au moyen de travaux en divers sens qui en ont éteint toutes les lumières. Le coin du bas de la droite qui, seulement dans l'état précédent, formait une tache relativement blanche, a été également obscurci. Les épreuves de cet état sont d'autant plus belles et plus rares qu'elles sont plus noires. Les épreuves tirées de la planche usée ont peu d'effet.

Les possesseurs de cette planche en ont fait l'objet de nombreuses supercheries, dont les plus fréquentes consistent à remplacer le ciel de l'estampe par le coin gauche de la petite *Résurrection de Lazare* (n° 47 du présent catalogue) ou à feindre dans le ciel l'image de la lune au moyen d'un papier taillé en croissant. Il est bon de prévenir les curieux que ces sortes d'épreuves sont sans valeur.

Hauteur, 0,126; largeur, 0,110.

BARTSCH, 53. CLAUSSIN, 57. WILSON, 58.

La pensée de Rembrandt accompagne dans leur fuite les voyageurs proscrits. Il les voit maintenant traversant les bois par une nuit sombre à la lueur mystérieuse de la lanterne que porte le charpentier. Bientôt ils arriveront à Saïs, et on leur donnera de l'eau

et du lait, et on pansera leurs pieds meurtris, et le
Sauveur sera sauvé par des infidèles.

> Sur vos traits fatigués la tristesse est empreinte ;
>   Ayez courage, nous ferons
>   Ce que nous pourrons
> Pour vous aider; bannissez toute crainte,
>   Les enfants d'Ismaël
>   Sont frères de ceux d'Israël.
> Nous avons vu le jour au Liban, en Syrie.
> Comment vous nomme-t-on ? — Elle a pour nom Marie;
>   Je m'appelle Joseph, et nous nommons l'enfant :
>   Jésus... Jésus! quel nom charmant..... [1]

Pendant ce temps, Hérode a donné l'ordre de tuer
tous les enfants qui étaient dans Bethléem et dans les
pays d'alentour. Déjà s'est accompli ce qu'avait dit
le prophète : « On a ouï à Rama un cri, une lamen-
tation, des plaintes et un grand gémissement; Rachel
pleurant ses enfants et ne voulant pas être consolée
parce qu'ils ne sont plus! »

27. *Fuite en Egypte; griffonnée.*

On y voit la sainte Vierge tenant entre ses bras l'enfant Jésus,
et assise sur l'âne, dont les pas sont dirigés vers la gauche de l'estampe. Saint Joseph, qui va devant, est vu de profil, et couvert
d'un habit déguenillé et attaché avec une ceinture à laquelle pend

---

1. Les estampes de Rembrandt sur la Fuite en Égypte me rappellent
le touchant et beau poëme musical de M. Berlioz, *l'Enfance du Christ.*

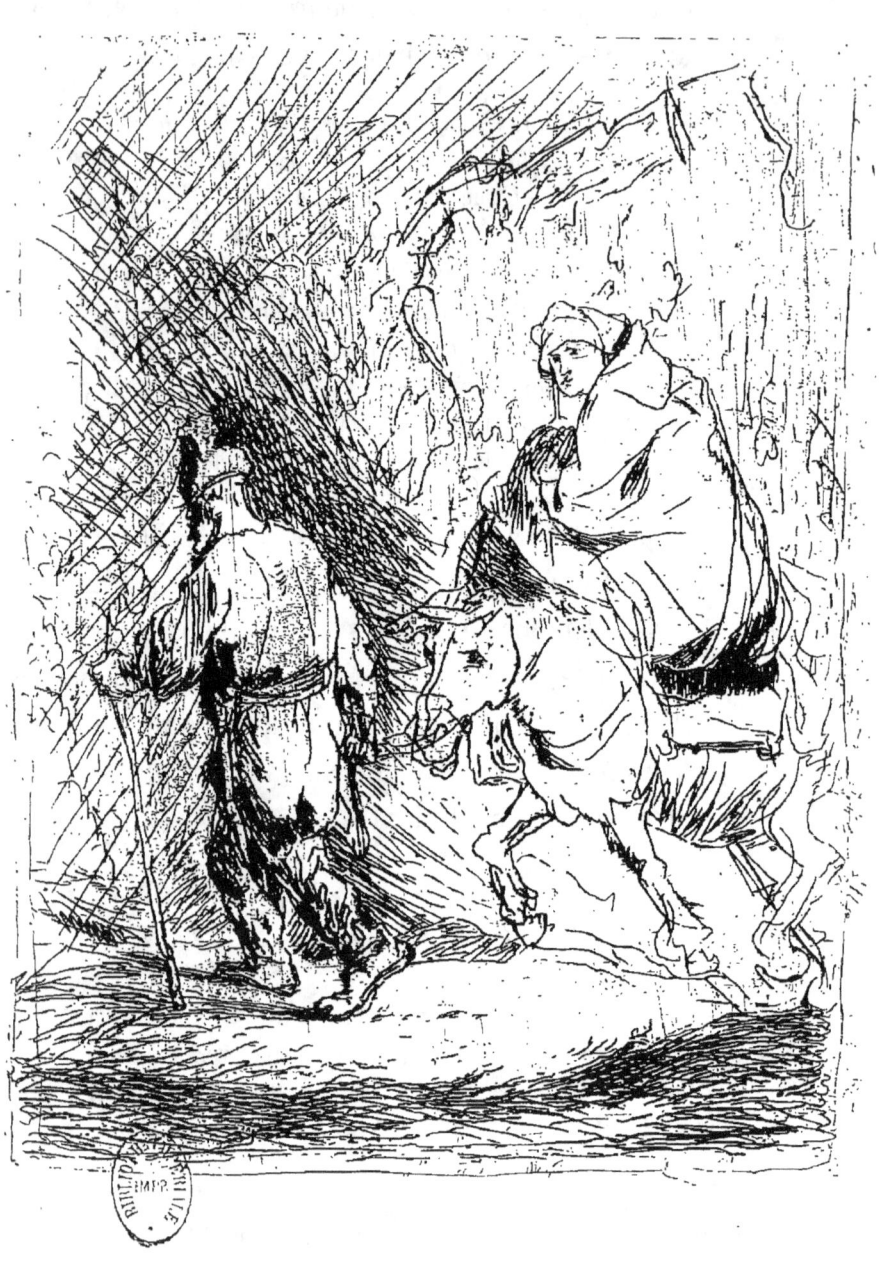

un coutelas. Il tient un bâton de la main gauche et de l'autre l'âne par la bride. Ce morceau, dont le fond est griffonné et maculé, est gravé légèrement. Nous en avons compté six états.

Premier état. C'est celui que donne la planche entière, et que nous venons de décrire. Il est de la plus grande rareté, et comme il manque au British Museum, nous croyons qu'il n'existe qu'au Cabinet des Estampes de Paris et au Musée d'Amsterdam. L'épreuve de Paris se distingue par la saleté du fond de la planche et par quelques coups de plume que Rembrandt a donnés au bistre pour iudiquer les boulets de l'âne et ses sabots.

Deuxième état. La planche a été coupée et cintrée par le haut. Elle ne porte plus que 80 millimètres de hauteur sur 52 de largeur, et elle ne renferme plus que la figure de Joseph dont le bonnet touche presque au milieu du cintre, et une partie de la tête de l'âne.

Troisième état. La figure de saint Joseph a été entièrement reprise dans les ombres. La main gauche, qui tient le bâton, a été ombrée, et la droite a reçu une contre-taille. Le bonnet, le visage et la jambe droite ont été couverts de tailles verticales et fines. La manche gauche, beaucoup plus travaillée, est tout à fait noire. On remarque aussi quelques nouvelles tailles sur le pied gauche.

Quatrième état. La jambe droite qui, dans l'état précédent, n'était ombrée que d'une seule taille, dans sa partie claire, a reçu une contre-taille diagonale.

Cinquième état. Sur le pied gauche du saint on remarque une contre-taille dans le sens du pied.

Sixième état. Le bonnet de Joseph, élevé dans les cinq premiers états, a dans celui-ci la forme d'un turban. Le fond, en haut, ainsi qu'à droite jusqu'au talon, a été recouvert de nouvelles hachures.

Hauteur de la planche entière, 0,146; largeur, 0,121.

BARTSCH, 54. CLAUSSIN, 58. WILSON, 59.

Quel barbare a pu couper ainsi une composition si bien indiquée déjà et si bien sentie ? Ce n'est certainement pas Rembrandt qui a eu l'idée de la mutiler de la sorte et d'encadrer niaisement dans une niche cette figure de Joseph qui, une fois séparée de la Vierge, n'a plus de sens et ne représente plus qu'un gueux en voyage. Il a fallu aussi trancher par le milieu la tête de l'âne : autre barbarie ! Du reste, les travaux ajoutés sur la figure isolée de saint Joseph, dans les quatre derniers états, trahissent évidemment une main étrangère, une main brutale, et quelque grossier que soit le burin de Van Vliet, qui fut souvent coupable de retouches pareilles, on ne peut pas même lui attribuer cette fois la mutilation et le défigurement de la planche.

28. *Fuite en Égypte; passage de l'eau.*

La Vierge tient dans ses bras l'enfant Jésus; elle est assise sur l'âne, que Joseph mène par la bride de la main gauche, en s'appuyant de l'autre sur un bâton. Ils entrent dans une petite rivière, et saint Joseph a déjà de l'eau jusqu'aux genoux. Leurs pas sont dirigés vers la droite de l'estampe. On lit au bas vers la gauche : *Rembrandt f.* 1654 (et non pas 1651, comme ont lu Bartsch et Claussin.

Hauteur, 0,094, largeur, 0,144.

BARTSCH, 55. CLAUSSIN, 59. WILSON, 60.

Cette pièce, datée de 1654, confirme ce que nous avons dit au sujet de *la Nativité*, de la *Circoncision* et de la Sainte Famille dite *la Vierge au chat*.

A la profonde obscurité du fond, il est aisé de reconnaître que c'est la lumière de la lune qui éclaire les fugitifs. La Vierge, appuyant sa main sur la selle, penche la tête d'un air triste ; la précaution du vieillard qui sonde l'eau avec son bâton, est exprimée d'une manière saisissante ; l'âne est un petit chef-d'œuvre de dessin et de gravure. Si cette petite estampe était rare, on la paierait des prix énormes, tant elle est charmante, tant elle est bien composée, bien éclairée, tant il y a de sentiment dans l'apparente liberté de l'exécution. Que de tableaux n'a-t-on pas faits depuis deux siècles avec ces croquis ! que de peintres les ont pillés sans rien dire, aussi bien parmi les maîtres du style que parmi les naïfs amoureux de la nature !

29. *Fuite en Égypte,* dite *dans le goût d'Elzheimer.*

La Vierge, l'Enfant et saint Joseph sont représentés dans un paysage dont le milieu est percé et qui laisse voir un lointain coupé par une rivière et renfermé entre deux montagnes. Sur celle de gauche, il y a plusieurs bouquets d'arbres qui forment un bois. Sur la montagne de droite, au second plan, s'élève aussi une grande touffe d'arbres qui semble indiquer le commencement d'une forêt. En avant de ces arbres, sur une terrasse, on voit une *Fuite en Égypte.* La Vierge tient l'enfant Jésus enveloppé dans sa robe. Elle est montée sur un âne, à côté duquel marche saint Joseph. Leurs pas sont dirigés vers la gauche, et ils descendent la montagne. Cette estampe est fort recherchée. Elle est au nombre des rares. J'en compte quatre états bien distincts.

Premier état. On remarque plusieurs places blanches, sur la touffe d'arbres qui s'élève à droite, dans le feuillage. Le dernier arbre de cette touffe, sur la gauche, présente une seule branche isolée qui se détache sur le ciel presque verticalement. Wilson, qui a possédé cette épreuve sur parchemin, la dit unique. Mais le British Museum en possède une également sur parchemin, qui provient de la collection de lord Aylesford et qui, suivant toute apparence, n'est pas la même que celle de Wilson.

Second état. La touffe d'arbres est entièrement couverte de feuilles. Le tronc isolé ou plutôt la branche isolée présente, à la hauteur de la tête de la Vierge, une seconde branche horizontale qui forme une bifurcation et qui ne se trouvait pas dans la première épreuve. Le tronc qui est au-dessus, un peu vers la droite, présente aussi quatre branches au lieu de trois.

Nota. Ici se place une épreuve que j'avais vue au musée d'Amsterdam, et que tout récemment j'ai vérifiée de nouveau. On y aperçoit dans le lointain trois tours, au lieu de deux. Cette épreuve est unique, et la différence qui s'y remarque n'est point un hasard d'impression, car au dessous de la première tour à droite, on distingue un blanc simulant un bras de rivière et provenant d'un grattage.

Troisième état. Les figures qui se confondaient avec la touffe d'arbres s'en détachent distinctement par des clairs vifs, principalement sur les épaules et sur les genoux de la Vierge. Les terrasses sont aussi très-claires au dessous du groupe des figures, comme si elles recevaient un rayon de soleil à travers les arbres de la colline opposée. On remarque dans le ciel des taches provenant de la corrosion du vert-de-gris laissé par négligence sur le cuivre.

Quatrième état. Les corrosions ont disparu. Le ciel est entièrement nettoyé. L'épreuve est grise. On distingue derrière la tête de la Vierge une continuation de clair, de gauche à droite.

Hauteur, 0,209; largeur, 0,284.

BARTSCH, 56. CLAUSSIN, 60. WILSON, 61.

Cette belle estampe est évidemment composée dans le goût d'Elzheimer; elle rappelle aussi les campagnes héroïques de Claude Lorrain. Ce n'est pas du reste en Hollande que Rembrandt, qui s'inspirait toujours de la nature, a pu rencontrer un tel paysage. Il est probable que ce peintre ayant vu quelques épreuves de *l'Aurore* et de *la Fuite en Égypte,* gravées à Utrecht par le comte de Goudt, d'après Elzheimer, fut frappé de la beauté de ces morceaux et voulut en imiter le grand style. Il est certain qu'il s'est écarté cette fois de sa manière propre. Et ce qui prouve bien sa préoccupation, c'est que pour rendre ces tons sourds que le comte de Goudt obtenait par des travaux au burin extrêmement serrés, Rembrandt s'est servi, par exception, d'un procédé dont on ne retrouverait pas la trace une seconde fois dans son œuvre. Il a dépoli son cuivre avec de la pierre ponce, pour produire des tons étouffés, semblables à une teinte de lavis à l'encre de Chine, ou plutôt à un grain d'aqua-tinte. Il est ainsi parvenu à tranquilliser les ombres de son paysage et à y ménager un effet imposant de clair-obscur. Mais voulant exprimer sans doute l'heure du matin, il a donné sur cette teinte générale de pierre ponce quelques coups de brunissoir aux endroits qui, dans la troisième épreuve, paraissent si clairs. Par le même moyen, il a enlevé son groupe de figures (qui, du reste, est bien grossièrement dessiné) sur le fond d'arbres avec lequel cette teinte de pierre ponce l'avait d'abord confondu, et il a ainsi rendu à merveille le poétique effet des rayons de l'aurore venant saluer la famille du proscrit, à l'instant où elle débouche d'une forêt traversée au milieu des périls et dans la profonde obscurité de la nuit.

Je ne puis m'empêcher, au sujet de cette rare et curieuse estampe, de citer ici les judicieuses réflexions de Gersaint, dont le vieux catalogue est encore précieux, ne fût-ce qu'à raison du style naïf et charmant dans lequel il est écrit :

« L'amour-propre d'un curieux est ordinairement flatté de posséder un morceau presque unique; et quoique l'épreuve rare soit souvent inférieure en mérite à celle qui est commune, il n'est satisfait qu'au moment qu'il peut se la procurer; il convient de la supériorité et du mérite de la plus belle, mais il ne désire que la plus rare; j'avouerai cependant que quand les différences qui se trouvent dans deux épreuves ne sont pas marquées par des changements essentiels qui procurent un avantage, soit dans la composition ou dans l'effet, comme dans des figures qui s'y trouvent de plus ou de moins, il me semble, dis-je, qu'un curieux, quoique véritable amateur, pourrait ne se point piquer de les posséder, à moins que le hasard ne les fît tomber sous sa main, surtout quand ces sortes d'épreuves sont de l'espèce de celle-ci, que je regarde plus comme une ébauche sur laquelle Rembrandt a travaillé, et

qu'il n'a fait tirer que pour connaître l'état de sa
planche, afin de la pouvoir porter petit à petit au degré
de perfection où il la souhaitait. »

30. *Repos en Égypte; effet de nuit.*

Une lanterne accrochée à un arbre éclaire la sainte Famille qui
se repose dans un bois. La Vierge est assise à terre, tenant l'enfant Jésus sur ses genoux ; elle porte sa main droite à un large
turban qui lui couvre la tête, et sa main gauche s'appuie sur l'enfant. Derrière elle est saint Joseph, assis et accoudé sur une butte,
et portant la main gauche sur son genou. Sur la droite, dans
l'ombre, paraît l'âne dont on ne voit que la tête et le cou.

Il y a trois états de cette estampe :

Premier état. L'âne n'est pas encore gravé. L'arbre est clair ;
le bonnet et la poitrine de Joseph sont ombrés d'une seule taille.

Deuxième état. L'arbre est teinté ; le bonnet et la poitrine de
Joseph sont couverts d'une seconde taille.

Troisième état. Avec la tête de l'âne.

Hauteur, 0,092 ; largeur, 0,060.

BARTSCH, 57. CLAUSSIN, 61. WILSON, 62.

Ferdinand Bol a imité cette pièce assez heureusement dans l'estampe que Bartsch a cataloguée sous le
titre de *la Famille.*

> L'enfant Jésus dormait ; pour lors sainte Marie
> Arrêtant l'âne répondit :
> Voyez ce beau tapis d'herbe douce et fleurie,
> Le Seigneur pour mon fils au désert l'étendit ;
> Puis, s'étant assis sous l'ombrage

De trois palmiers au vert feuillage,
L'âne paissant, l'enfant dormant
Les voyageurs sacrés quelque temps sommeillèrent
Bercés par des songes heureux.
Et les anges du ciel, en silence autour d'eux,
Le divin enfant adorèrent.

31. *Repos en Egypte* (au trait).

Cette pièce est gravée seulement au trait. Saint Joseph et la Vierge, qui sont assis, occupent le milieu de l'estampe. Saint Joseph, coiffé d'un bonnet, a les jambes croisées l'une sur l'autre; il tient un fruit dans sa main gauche et un couteau dans sa main droite. La Vierge a l'Enfant Jésus sur ses genoux ; elle lève le linge qui le couvre pour le voir dormir, et Joseph jette aussi les yeux sur l'enfant. A la gauche s'élève un tronc d'arbre sur les branches duquel voltigent deux oiseaux. A la droite de l'estampe, on voit aux pieds de Joseph une selle, et tout au bas de la gauche, on lit : *Rembrandt f.* 1645. L'eau-forte ayant très-peu mordu, tout ce morceau est très-pâle, et en certains endroits, les traits en sont à peine visibles. Les premières épreuves ont quelques barbes.

Hauteur, 0,160 ; largeur, 0,130.

BARTSCH, 34. CLAUSSIN, 39. WILSON, 38.

Si cette estampe n'est pas commune, cela tient à ce que le sujet y était trop faiblement exprimé pour ne pas s'effacer à l'impression au bout d'un petit nombre d'épreuves. Mais que Rembrandt l'ait voulu ainsi, je n'en fais point de doute. Il est dans son œuvre plusieurs pièces dont l'ébauche délicate lui a plu. Comme

9

tous les vrais artistes, comme tous les poëtes, Rembrandt avait l'humeur capricieuse, et lui qui le plus souvent prodiguait l'ombre dans ses compositions, il se contentait parfois de les indiquer d'une pointe fine qui effleurait le vernis et n'y laissait pas plus de trace que n'en laissent les songes dans la pensée. Il semble, en effet, que ces pâles et fugitives figures ont été conçues pendant le sommeil de l'esprit.

Gersaint, Daulby, Bartsch et Claussin ont donné ici la description d'un troisième *Repos en Égypte* qu'ils déclarent presque unique. Il n'en existe, il est vrai, que deux épreuves connues, dont une au musée d'Amsterdam; l'autre se trouvait dans la collection J. Barnard, où Claussin dit l'avoir vue. Comme il nous paraît évident que Rembrandt n'en est pas l'auteur (et Wilson l'a jugé ainsi), nous avons retranché cette estampe de l'œuvre et l'avons rangée parmi les pièces douteuses ou faussement attribuées au maître, pièces dont la liste trouvera place dans l'Appendice du présent ouvrage. Mais pour que les amateurs puissent juger par eux-mêmes de la fausseté de l'attribution, nous avons fait graver l'estampe, et nous la donnerons à la fin de notre second volume, en regard de la description; de sorte qu'à la satisfaction de contrôler notre jugement, se joindra, pour les curieux, le plaisir de posséder le fac-simile d'un morceau introuvable.

32. *La Vierge et l'Enfant sur des nuages.*

La Vierge est représentée pliant un genou et portant sur l'autre
l'enfant qu'elle tient dans ses bras. Elle a la tête levée vers le ciel
et les mains croisées. Elle est sur des nuages, et autour de sa tête
rayonne le ciel ouvert. Dans le bas, au-dessous de la Vierge, on
distingue, parmi les nuages, une tête renversée qui ne paraît avoir
aucun rapport avec le sujet, et qui est sans doute un essai de
pointe fait sur la planche, avant que le sujet qui s'y trouve maintenant, n'y fût gravé. Au-dessous de cette tête renversée on lit,
dans les hachures du nuage, *Rt f.* 1641.

On distingue un *premier état*, à l'absence de quelques hachures
diagonales données de gauche à droite sur le ciel, lesquelles hachures, dans les dernières épreuves du *second état*, ont disparu
presque entièrement par le fait du tirage. (Voyez le catalogue Van
den Zande; Paris, 1855.)

Hauteur, 0,168; largeur, 0,105.

BARTSCH, 61. CLAUSSIN, 65. WILSON, 65.

33. *Sainte Famille,* ou *la Vierge au linge.*

La Vierge, assise sur un degré au pied d'un lit vers la droite de
l'estampe, donne le sein à l'enfant Jésus. Elle a un pied nu, et auprès de ce pied, on voit sa mule. A côté d'elle est une corbeille qui
contient du linge. Saint Joseph, vu de profil, est assis dans le fond,
sur la gauche; il tient un livre ouvert dans lequel il lit. Au bas du
degré sur lequel la Vierge est assise, est gravé le monogramme *Rt.*

Il y a un *premier état* très-rare (il ne se trouve ni au British
Museum, ni au musée d'Amsterdam, ni à Paris), facilement recon-

naissable à une arcade ouverte dans le milieu du fond. Cette arcade a disparu dans le *second état*, où le fond est couvert de tailles.

Hauteur, 0,069; largeur, 0,072

BARTSCH, 62. CLAUSSIN, 66. WILSON, 66.

C'est presque une exception dans l'œuvre du maître que la Sainte Famille à laquelle nous avons donné le nom de *Vierge au linge*. La figure de Marie, si souvent commune et lourde sous la pointe de Rembrandt, est ici d'un style gracieux et affecte même une tournure élégante. On pourrait croire que le peintre, quand il la dessina, avait sous les yeux quelqu'une de ces jolies eaux-fortes de l'école de Bologne, dont il avait la collection dans ses portefeuilles, ainsi que le prouve un des articles de son inventaire. La tête est jeune, le type est fin et régulier, la coiffure a de la grâce, et il y a comme une singulière intention de coquetterie dans la nudité de ce pied délicat qui vient d'abandonner sa chaussure. Saint Joseph n'est pas non plus ce vieux juif laid, caduc et ridé que nous voyons cheminer dans les *Fuites en Égypte*, c'est un vieillard à la physionomie italienne. La pièce est donc curieuse, comme étant un échantillon du dessin de Rembrandt dans un style qui n'est pas le sien.

34. *Sainte Famille,* ou *la Vierge au Chat.*

Petite estampe en travers, librement ébauchée. La Vierge y est représentée assise sur un degré, auprès d'un fauteuil qui est à la gauche, et au bas duquel est un chat. Elle paraît endormie, et sa tête est penchée sur l'Enfant Jésus qu'elle tient embrassé sur ses genoux. De son pied elle écrase un serpent qui redresse la tête. Saint Joseph les regarde au travers d'une fenêtre qui est dans le fond, en face du spectateur. On lit au milieu du bas : *Rembrant f.* 1654.

Le catalogue de la vente Denon (1826) indique un *premier état* qui se distingue à des places restées blanches dans le bord du haut de la planche; ces places, couvertes de travaux additionnels, constituent le *second état.*

Hauteur, 0,094; largeur, 0,144.

BARTSCH, 63. CLAUSSIN, 67. WILSON, 67.

Claussin ajoute à sa description : « Cette planche gravée dans les derniers temps de notre artiste, est une des moindres qui soient sorties de sa pointe ». Cela est un peu vrai ; mais je crois aussi que si elle était moins commune (car la planche existe encore), Claussin en aurait parlé autrement. La tendresse maternelle y est du reste fort bien exprimée, et pour mon compte j'y retrouve encore la griffe du maître.

35. *Jésus-Christ disputant avec les docteurs.*

Jésus est assis sur un banc vers la gauche de l'estampe, et parle à un des docteurs qui est vu de dos et assis sur le même banc.

Trois autres, dont l'un est debout, occupent la droite, et l'on en voit encore quatre du même côté, dans une espèce de tribune qui finit au bord de la planche. L'un d'eux, accoudé à la tribune, a la tête appuyée sur sa main droite. Ce morceau n'est qu'une esquisse légère; il n'y a d'ombre un peu prononcée que sur la tête d'un docteur coiffé d'un large bonnet, et qui est placé à la droite de Jésus-Christ. On lit, au haut de la planche, vers la gauche : *Rembrandt f.* 1654.

Les premières épreuves ont quelques barbes dans les parties légèrement ombrées et quelques petites taches d'eau-forte au-dessous des pieds de Jésus-Christ.

Hauteur, 0,095; largeur, 0,144.

BARTSCH, 64. CLAUSSIN, 68. WILSON, 68.

Les douze figures qui sont groupées d'une façon si pittoresque dans cette petite composition, sont toutes prises sur nature et dessinées en quelques traits qui accusent à merveille leur individualité et les peignent au vif. Mais il est vrai de dire que plusieurs de ces personnages ressemblent plutôt à des cordonniers qu'à des rabbins. Il en est un surtout, celui qui est assis de face, à la gauche de Jésus-Christ, qu'on prendrait, à sa tournure grotesque et à son tablier de cuir, pour un savetier du *Breestraat*. Il faut se rappeler au surplus qu'autrefois les controverses théologiques se tenaient très-souvent dans les échoppes de saint Crépin. Au moyen âge, les hérésies populaires avaient leurs prédicants chez les cordonniers, et il est vraisemblable qu'il en était encore de même à Amsterdam, du temps de Rembrandt. Wilson a été frappé, lui aussi, du caractère des figures dont nous parlons, et il y a vu, comme nous, des artisans qui ont déposé un instant l'alène ou le marteau : *Another, sitting in the centre of the piece, has more grotesque appearance of a cobbler or blacksmith, with his leathern apron, than of a Jewish Rabbi.*

36. *Jésus-Christ au milieu des docteurs.*

omme le précédent, ce morceau n'est qu'une esquisse légère. Jésus y est représenté debout au milieu du sujet. Dirigé vers la droite, il adresse la parole à trois docteurs assis de ce côté autour d'une table. Le siége de celui qui est sur le premier plan et qui est vu de dos, est garni d'un coussin à glands. Six autres scribes que l'on voit au fond dans une sorte de tribune ou de loge, ainsi que plusieurs autres qui occupent toute la partie gauche de l'estampe, paraissent l'écouter avec curiosité, et quelques-uns avec étonnement. On lit au bas de la gauche : *Rembrandt f.* 1652.

Les premières épreuves présentent quelques barbes, notamment au bonnet élevé de la figure qui est placée immédiatement derrière Jésus.

La planche n'ayant pas été sans doute bien nettoyée après le premier tirage, le vert-de-gris en a rongé les bords dans le haut et sur la droite. L'absence des corrosions causées par cette négligence marque le *premier état;* la présence de ces corrosions indique le *second état,* et il y en a encore un *troisième* dont les épreuves sont rares, c'est celui de la planche finie en manière noire, j'ignore par qui; peut-être par le capitaine Baillie.

Hauteur, 0,214; largeur, 0,126.

BARTSCH, 65. CLAUSSIN, 69. WILSON, 69.

L'auteur d'un livre intitulé : *Cérémonies et Coutumes qui s'observent aujourd'hui parmi les Juifs* (Lyon, 1684), M. de Simonville, remarque en passant une étrange erreur de nos peintres qui représentent Jésus-Christ assis au milieu des docteurs, sur une chaire élevée au-dessus des autres, comme s'il eût été à l'âge de douze ans, le chef de quelque synagogue. Il est bien clair que Jésus ne pouvait être assis que sur un banc parmi les disciples, et qu'il n'avait que la liberté de proposer ses doutes en cette qualité. « Puisque les images sont les livres des ignorants, ajoute l'auteur, il serait bon qu'elles ne leur donnassent point des idées fausses. Le concile de Trente exprima le vœu qu'il fût remédié à cet abus. »

Je remarque à mon tour que Rembrandt n'a pas commis la faute que commettent les autres peintres, et qu'il s'est figuré Jésus dans le temple, non comme un rabbin qui enseigne la doctrine et qui l'impose, mais comme un enfant précoce, bien que modeste, dont le génie naïf encore et déjà sublime, étonne les docteurs les plus orgueilleux et les plus sages.

37. *Jésus parlant aux docteurs.*

Jésus est debout sur la plus élevée de deux marches circulaires dans l'attitude d'une personne qui récite quelque chose. Il s'adresse à trois docteurs assis qui sont comme rangés en cercle, et dont l'un vers la gauche, est vu de dos. Dans le fond du même côté, trois scribes, assis autour d'une table couverte d'un tapis, paraissent disputer ensemble sur ce que l'un d'eux lit dans un grand livre. Sur la droite, on aperçoit à distance deux petites figures, celles de Joseph et de Marie entrant dans le temple. Cette estampe est toujours faible d'épreuve, l'eau-forte n'ayant pas assez mordu. Francesco Novelli en a fait une jolie copie en sens inverse. Il y a trois états de la pièce originale :

Premier état. Extrêmement rare. La planche est plus grande; elle porte 81 millimètres de large sur 110 millimètres de hauteur, y compris la marge du bas, dans laquelle on lit : *Rt* 1636. Des trois scribes assis autour de la table, on n'en voit qu'un seul qui lit; et deux figures qui sont de ce côté, tout contre le bord de la planche, ne sont pas ombrées.

Deuxième état. Il est semblable au premier, à cela près que les deux figures dont nous venons de parler sont ombrées.

Troisième état. Deux scribes ont été ajoutés à la gauche de celui qui lit; les deux figures qui étaient tout contre le bord gauche, ont été enlevées par suite de la réduction de la planche à ses dimensions ordinaires, qui sont :

Hauteur, 0,090; largeur, 0,067.

BARTSCH, 66. CLAUSSIN, 70. WILSON, 70.

C'est un des caractères du génie que la fécondité, et ce caractère se manifeste chez Rembrandt par les nombreuses variantes qu'il trouve à tous les sujets qui lui ont plu, tels que les histoires d'Abraham, de Joseph et de Tobie, l'Adoration des Bergers, la Fuite en Égypte, la Présentation au temple, la Pénitence de saint Jérôme. On peut voir, en effet, que dans son œuvre, les thèmes qui n'étaient pas de pur caprice, ont donné lieu à des compositions variées, qui sont presque toujours, chose admirable! également belles, également réussies sous des aspects différents. Et ces motifs auxquels il est plusieurs fois revenu, n'ont pas été seulement l'objet de pensées légèrement mordues par un nuage d'eau-forte, comme le sont les trois estampes de *Jésus au milieu des docteurs;* Rembrandt les a le plus souvent portées sur la toile, pour en faire des peintures finies, des tableaux pleins de vie et de couleur, mais qui ne sont jamais entièrement semblables aux gravures qui les ont précédés ou suivis.

38. *Jésus ramené du temple.*

Saint Joseph et la Vierge à pied tenant entre eux deux l'enfant Jésus, qui paraît âgé d'environ quinze ans, dirigent leur marche vers la droite. Un petit chien court devant eux. Le fond représente un paysage montagneux, boisé sur la gauche. A droite est une pièce d'eau, bordée de quelques maisons. Un grand troupeau de bœufs et de moutons passe sur la rive opposée. Plus loin, au pied d'une haute montagne, on aperçoit un hameau et quelques figures. Au bas de la droite, on lit : *Rembrandt f.* 1654. Toutes les épreuves ont été tirées de la planche non ébarbée, elles sont assez rares, et d'autant plus anciennes qu'elles ont plus de manière noire.

Hauteur, 0,094; largeur, 0,146.

BARTSCH, 60; CLAUSSIN, 64; WILSON, 64.

Gersaint s'est évidemment trompé en décrivant ce morceau avec ceux qui représentent *la Fuite en Égyte.* Daulby, Bartsch et de Claussin l'ont appelé *Retour*

d'Égypte: mais Wilson a très-bien rectifié cette nouvelle erreur en décrivant l'estampe sous le titre : Jésus
trouvé par ses parents dans leur voyage à Jérusalem,
Jesus found by his parents in their journey to Jerusa-
lem. Il est en effet bien évident que Jésus est plus
grand et paraît plus âgé dans cette estampe qu'il ne
l'était lorsqu'il revint d'Égypte, car il est écrit dans
l'Évangile : « L'ange du Seigneur apparut en songe
à Joseph, en Égypte, et lui dit : Lève-toi et prends le
petit enfant et sa mère et t'en va au pays d'Israël. » Le
passage auquel se rapporte la composition de Rembrandt
est, à n'en pas douter, celui où il est raconté que
Joseph et Marie ayant perdu l'enfant à Jérusalem, le
cherchèrent trois jours, et le trouvèrent dans le temple,
assis au milieu des docteurs. « Et quand ils le virent,
ils en furent étonnés, et sa mère lui dit : « Mon enfant,
pourquoi as-tu fait ainsi ? Voici, ton père et moi nous
te cherchions étant en grande peine. » Et il leur dit :
« Pourquoi me cherchiez-vous ? *Ne saviez-vous pas*
qu'il me faut être occupé aux affaires de mon père. »
Mais ils ne comprirent point ce qu'il leur disait. Alors,
il descendit avec eux et vint à Nazareth. » Il est impossible de mieux traduire ce passage de l'Écriture que
ne l'a fait ici le peintre, par le geste et l'expression
donnée aux figures, c'est-à-dire, par la bouderie naïve
de la mère et par le doux reproche que semble lui
adresser l'enfant. Mais le beau paysage ! et comment

un homme qui n'est jamais sorti de la Hollande, a-t-il pu trouver dans les contrées de son imagination ces montagnes que le Poussin n'eût pas mieux dessinées d'après la grande nature qu'il eut sous les yeux, et ces heureux accidents de terrain que vont traverser les voyageurs pour *descendre* au village de Nazareth, qu'on aperçoit tapi dans le lointain, abrité par les montagnes du Seigneur !

39. *Jésus-Christ prêchant.*

(Pièce improprement nommée : *La Petite Tombe.*)

Jésus-Christ est debout au milieu de l'estampe, sur une espèce de perron, prêchant au peuple, les deux bras levés, et montrant le ciel. A ses pieds, à droite, est une femme assise, qui a la tête appuyée sur sa main dans l'attitude de la réflexion. A gauche est un homme assis, également accoudé, qui écoute avec l'attention la plus expressive. Par une large ouverture pratiquée sur la droite, on aperçoit quelques maisons. Le devant de l'estampe est occupé à gauche par un homme qui est coiffé d'un turban et enveloppé d'un manteau, à droite par la figure d'une femme assise et vue de dos, auprès de laquelle est un enfant couché à plat ventre, qui a sa toupie à côté de lui. Le nombre des figures est de vingt-six.

Il n'existe que deux états de cette planche : le *premier* est celui que nous venons de décrire : on en distingue les belles épreuves à la présence des barbes. La retouche de Pierre Norblin constitue le *second état.*

Hauteur, 0,154 ; largeur, 0,205.

BARTSCH, 67; CLAUSSIN, 71; WILSON, 71.

Il y avait à Amsterdam, du temps de Rembrandt, un homme qui était fort de ses amis et qui se nommait La Tombe. C'était un amateur, et, selon toute apparence, un marchand de tableaux, car on lit dans l'inventaire des objets d'art trouvés chez Rembrandt, la mention de deux ou trois peintures lui appartenant de moitié avec Pierre La Tombe, notamment d'un Giorgion; ce La Tombe posséda quelques-unes des planches de Rembrandt et entre autres celle-ci.

Gersaint a cru que la dénomination de cette pièce venait de l'éminence sur laquelle paraît élevé le Seigneur, et qui ressemble en effet à la pierre d'une tombe. Mais, au milieu du siècle dernier, à une époque où la tradition ne s'était pas encore effacée, Amadé de Burgy disait dans son *Catalogue* : « Christ prêchant au peuple, nommé petite estampe de La Tombe [1]. » Ce Pierre La Tombe avait un frère, N. La Tombe, qui se trouvait à Rome, à peu près dans le même temps que Claude et Le Poussin. Il fut reçu par la joyeuse compagnie des peintres, et fut surnommé le *bourreur*, parce qu'il ne cessait de bourrer sa pipe et de fumer. Il peignait, dit Campo Weyer-

---

1. Voyez le *Catalogue de l'incomparable et seule complète collection des estampes de Rembrandt*, avec toutes leurs variations, gravées par sa propre main, contenant 257 portraits, 161 histoires, 152 figures et 85 paysages : faisant ensemble 655 estampes, entre lesquelles sont 165 pièces qu'on n'a pas trouvées ailleurs; recueilli depuis l'an 1728 jusqu'à présent par M. Amadé de Burgy. La Haye, 1755.

man, des tableaux de conversation où les personnages étaient habillés à l'italienne, des ouvriers mineurs (*Italiansche Bergwerkers*) et des ruines de l'ancienne Rome, qu'il savait animer par une multitude de petites figures touchées avec esprit. Ce N. La Tombe mourut en 1676. On dit que Rembrandt grava le portrait de Pierre La Tombe, et cela est vraisemblable, puisqu'ils étaient amis et souvent de moitié dans leurs achats. Mais il ne nous a pas été possible de découvrir quel était, de tant de portraits gravés par Rembrandt, celui de La Tombe. C'est par erreur que Descamps assure qu'on appelle un des portraits de Rembrandt l'estampe de La Tombe. Cela n'est probablement vrai que du morceau qu'on appelle par corruption *La Petite Tombe*.

Bartsch et après lui M. de Claussin ont signalé comme étant d'un premier état tout à fait unique, l'épreuve qui est dans un cadre au Cabinet des estampes de la Bibliothèque nationale, et voici les remarques que ces iconographes ont données :

« *Première épreuve.* Extrêmement rare. Elle n'est connue qu'à la Bibliothèque du roi de France, ce qui fait présumer qu'elle est unique. Le coin du mur qui est derrière Jésus-Christ n'est point exprimé ; l'homme coiffé d'un turban élevé qui est dans le fond à gauche, a la barbe ombrée d'une seule taille. L'homme qui porte son pouce à sa bouche, aussi du même côté, n'a

que deux boutons mal exprimés au haut de son habit;
l'enfant couché sur le ventre n'a pas de toupie à côté
de lui, et la femme vue par derrière, assise près de
cet enfant, n'a que de légères tailles sur le dos. L'effet
des barbes y est vif et brillant.

« *Seconde épreuve.* L'homme coiffé d'un turban,
debout sur le devant, a le bras droit fort poussé au
noir; le coin du mur se voit, et l'homme qui n'avait
que deux boutons à son habit, en a cinq. La figure du
fond à gauche est plus ombrée, et l'on voit la toupie
de l'enfant. Rare.

« *Troisième épreuve.* La planche est ébarbée.
L'homme au turban a la manche droite éclairée. »

En réalité, toutes ces remarques se réduisent à une
seule : c'est que les premières épreuves tirées de la
planche non encore ébarbée, cachent certains travaux
qui ne se laissent voir qu'à mesure que l'impression
fait disparaître les barbes. Par exemple, le bras droit
de l'homme au turban qui est debout sur le devant de
la gauche, reste poussé au noir jusqu'à ce que le grattoir y ait passé ou que la main de l'imprimeur l'ait
éclairci en l'usant. Aussi l'épreuve dans cet état est-
elle appelée communément en Hollande *de Prent met
het witte mouwtje*, c'est-à-dire *l'estampe à la manche
blanche*. Il en est de même de la colonne qui s'élève
dans la partie droite, à côté d'une ouverture à travers
laquelle on aperçoit quelques maisons. Cette colonne

qu'on croirait ajoutée postérieurement, est tout simplement confondue avec le fond dans les épreuves supérieures, ainsi que Gersaint l'a fait observer. Il n'y a
donc, à vrai dire, d'autres différences d'une épreuve à
l'autre, que celles qui dépendent du degré d'avance-
ment du tirage. Quant aux autres remarques données
par Adam Bartsch, il est constant aujourd'hui qu'elles
se rapportent à des supercheries de M. de Peters, à qui
cette estampe avait appartenu, et dont l'œuvre, comme
on sait, fut acheté par le roi, en 1786. Pour simuler
un état rare, unique même, et par vanité sans doute,
M. de Peters avait gratté la toupie, les boutons d'habit et les autres travaux qu'il voulait montrer aux
amateurs comme faits après coup. De plus, pour donner à son épreuve, déjà faible, l'apparence d'avoir
toutes ses barbes, il avait remonté à l'encre de Chine
les parties qui, dans les premières épreuves, sont poussées au noir, et l'on peut s'en convaincre en observant
que ce noir, ainsi ajouté, notamment à la manche de
l'homme au turban, est d'un autre ton que le reste.
Ces supercheries qu'on eût pu soupçonner d'abord,
rien qu'à la médiocrité de l'épreuve, mais dont Bartsch
ni Claussin ne s'aperçurent point, sont devenues évi-
dentes par la transparence du papier aux endroits
sophistiqués par M. de Peters.

Il n'y a donc, à proprement parler, que deux états
de cette planche célèbre : l'état décrit et celui qui est

résulté de la retouche de Pierre Norblin, à qui la planche avait appartenu. A la mort de cet habile graveur, arrivée en 1830, le cuivre fut vendu à M. Paul Colnaghi, de Londres. Les épreuves qu'on en a tirées en fort petit nombre, si j'en juge par leur rareté, sont faciles à reconnaître, en ce que la planche est généralement chargée de travaux serrés à la pointe sèche, ce qui change l'aspect de l'estampe, de manière à la faire prendre souvent pour une copie.

On lisait sur le dos d'une des épreuves de cette retouche ces mots écrits de la main de Pierre Norblin : « *Épreuve de la planche originale de Rembrandt, que moi, indigne, j'ai osé retoucher.* »

On a de *la Petite Tombe* une copie trompeuse, d'autant plus trompeuse qu'elle est faite librement et dans le même sens que l'original. Je la crois de Dietrich, et c'est aussi l'opinion d'hommes compétents. Cependant je dois dire que dans l'œuvre de Dietrich, au Cabinet des estampes de la Bibliothèque, il existe une autre copie de la même pièce, laquelle est en contre-partie et n'est pas trompeuse le moins du monde. Il faut croire que Dietrich l'exécuta dans son extrême jeunesse, et la recommença plus tard ; car la seconde rappelle tout à fait la pointe légère et sûre de ce graveur qui, dans ses eaux-fortes comme dans ses tableaux, eut à un si haut degré le talent de l'imitation. Il convient d'avertir les curieux que cette copie trompeuse

présente quelques différences matérielles : par exemple,
le profil droit de la colonne qui s'élève derrière le
Christ est nettement dessiné dans l'original, et d'un
contour indécis dans la copie ; l'homme au turban, vu
par le dos, est placé dans l'original à une distance de
cinq millimètres du bord de la planche, et de sept
environ dans la copie. La marche sur laquelle pose ce
personnage se termine par un angle qui est dans
l'original presque aigu, et dans la copie fort arrondi.
Enfin, la toupie qui touche presque à l'enfant dans
l'original en est distante, dans la copie, de deux millimètres..... Je ne parle pas du caractère des têtes, qui
n'a pas été imité, parce qu'il était vraiment inimitable,
dans cette belle composition, exécutée avec le génie
d'un artiste et tout imprégnée du vrai sentiment de
l'Évangile.

40. La Décollation de saint Jean-Baptiste.

L'exécuteur est placé sur la gauche de l'estampe ; il tient de ses
deux mains élevées le sabre avec lequel il va trancher la tête du
saint que l'on voit à genoux, les mains jointes, et tourné vers la
droite. Par terre, à côté de lui, est la petite croix avec la banderole, par laquelle saint Jean-Baptiste est toujours caractérisé. Il y
a dans le fond une multitude de spectateurs, à la tête desquels on
distingue Hérode et Marianne ayant à côté d'eux un Maure qui
tient le plat où doit être posée la tête du saint. Tout à fait sur la
droite s'élève un bâtiment orné de colonnes, au travers desquelles
on distingue quelques figures qui s'avancent pour regarder la

10*

scène. On lit au bas de la partie gauche : *Rembrandt, f.* 1640.

Ce morceau se trouve toujours faible d'épreuve, l'eau-forte ayant peu mordu. Cependant on le rencontre quelquefois avec des barbes dans les ombres sur le devant. La planche étant de celles qui existent encore, et qui ont fait partie du fonds de la veuve Jean (vendu en 1846), a été retouchée en quelques endroits, et ces retouches constituent un *second état* dont les épreuves sont toutes modernes, je veux dire tirées après la mort de Rembrandt.

Ces épreuves se distinguent des premières en ce que la voûte qu'on voit dans le fond de l'estampe présente trois cintres très-nettement exprimés. Les piques portées par des soldats rangés à gauche, qui étaient peu visibles dans le *premier état*, ont été reprises au burin et se détachent en vigueur sur le fond. Le contour des vêtements du saint et du bourreau est plus fortement marqué; les ombres, notamment celle portée par le pied droit du bourreau, ont été reprises.

Hauteur, 0,126; largeur, 0,103.

BARTSCH, 92. CLAUSSIN, 96. WILSON, 97.

A la suite de cette pièce, Gersaint, Daulby et Bartsch avaient catalogué une autre *Décollation de saint Jean-Baptiste* où l'on voit l'exécuteur remettre le sabre dans le fourreau après avoir coupé la tête du saint. Mais il est maintenant bien reconnu que ce morceau n'est pas de la main de Rembrandt. Aussi Claussin et Wilson l'ont-ils rejeté parmi les pièces faussement attribuées au maître. On doit s'étonner, au surplus, que des connaisseurs tels que Gersaint et Bartsch aient pu croire de la même pointe l'image grossière dont nous parlons et l'estampe délicate que nous venons de décrire. Autant celle-là est triviale, brutale et mal dessinée, autant celle-ci est expressive par la pantomime, finement gravée, et curieuse dans le choix des types. Est-il rien de mieux senti que la figure du saint qui s'incline avec tant de douceur pour recevoir le coup mortel? J'ai possédé autrefois un croquis au bistre de cette figure que Rembrandt avait esquissée d'après nature avant de la dessiner sur le cuivre : ce croquis était admirable de sentiment, et les plus grands maîtres ne l'eussent point désavoué.

41. *Le Bon Samaritain.*

Estampe en hauteur. On voit sur le devant un cheval presque de profil, qu'un page tient par la bride, et auprès duquel est un chien. Derrière le cheval paraît un valet d'hôtellerie qui emporte entre ses bras le blessé qu'il vient d'enlever de dessus le cheval. A la gauche est un escalier tournant qui conduit à la porte d'une hôtellerie, devant laquelle est le Samaritain qui donne deux deniers à l'hôte, en recommandant à ses soins le pauvre blessé. Tout à fait à la gauche, on remarque à une fenêtre un homme qui est coiffé d'un bonnet orné d'une plume. Sur la droite, vers le fond, on aperçoit un puits, duquel une femme tire de l'eau. Au coin de la droite, près du chien, s'avance une sorte d'auge dans laquelle il y a du foin. On lit au milieu d'une marge qui est au bas de l'estampe : *Rembrandt inventor et fecit* 1633. Ce morceau est fort recherché. Les belles épreuves en sont fort rares.

J'ai compté, non pas quatre, mais cinq états de cette pièce.

Premier état. Il est presque unique. L'eau-forte a mal mordu les ombres de l'enfant qui tient le cheval et les plus hautes branches de l'arbre qui est à la droite de la maison.

La planche, plus grande, porte 218 millimètres de largeur au lieu de 212, et 260 millimètres de hauteur au lieu de 256, et présente conséquemment une petite marge dans laquelle Rembrandt, en essayant sa pointe, a tracé à droite un tronc d'arbre. La queue du cheval est blanche. Le mur d'appui du perron derrière le cheval est également clair.

Deuxième état. Il est extrêmement rare. Les défauts de la morsure sont réparés. Il n'y a pas d'autre différence entre cet état et le premier.

Nota. Une épreuve de ce second état, qui est le premier de Claussin, fut poussée à la vente de M. Th. (Thorel) en 1853, à Paris, jusqu'à 2,100 francs, par M. Colnaghi, de Londres. Cette même épreuve provenait du cabinet de M. Debois, et avait été payée 1,800 francs à la vente de cet amateur, en 1843.

J'ai vu au musée d'Amsterdam une épreuve de ce second état, sur laquelle Rembrandt a écrit au bistre : *Rembrandt f. cum privil.*, 1632 (au lieu de 1633).

Troisième état. Il est encore plus rare que le second. La marge est coupée, et il n'en reste que deux millimètres, de façon que les essais de pointe ont disparu. La queue du cheval est ombrée. Le cou de la bête est aussi plus travaillé : l'ombre, qui ne s'élevait que jusqu'au milieu du cou, ne laisse plus maintenant qu'un tiers dans la lumière. Le foin qui est dans l'auge, à droite, est noirci et fortement prononcé. Mais le mur d'appui du perron est encore clair. La partie gravée est augmentée de 5 millimètres par des travaux ajoutés dans le bas : elle a donc 245 millimètres de hauteur au lieu de 240.

Quatrième état. Le mur d'appui du perron est ombré ; mais cette épreuve est encore sans nom et sans date.

Cinquième état. Avec le nom et la date.

Il existe une copie assez trompeuse de cette estampe. Elle est gravée par Salomon Savri, dans le même sens que l'original. La queue du cheval y est ombrée.

Hauteur, 0,243 ; largeur, 0,200.

BARTSCH, 90. CLAUSSIN, 94. WILSON, 95.

Je ne sais pourquoi cette estampe a tant de célé-
brité, car ce n'est pas, il me semble, une des meilleures compositions de Rembrandt, ni une des mieux
gravées. Non-seulement l'exécution en est lourde en
quelques endroits (et ce défaut est particulièrement
sensible dans le modelé du cheval); mais encore la
composition laisse à désirer, si on la compare à d'autres compositions du même sujet, différemment traité
par Rembrandt lui-même. Je n'en veux pour preuve
que le tableau du Louvre qui représente également
le *Bon Samaritain*. Là, il est vrai, le prestige des couleurs est venu s'ajouter à l'impression qu'une telle
scène doit naturellement produire. En se colorant des
teintes dorées du soir, le tableau s'empreint de poésie;
on se représente mieux la lassitude du malade après
une longue marche à la chaleur du jour, et l'action du
Samaritain devient ainsi plus intéressante et plus méri-
toire, à cette heure crépusculaire. Mais, indépendamment de la supériorité des moyens dont la peinture
dispose, l'ordonnance du tableau est meilleure que
celle de l'estampe. Dans la composition peinte, on voit
le blessé porté par deux hommes, ce qui est bien plus
naturel et aussi plus touchant, parce qu'il paraît de la
sorte plus accablé, plus faible, et tout à fait incapable
de se soutenir. Tandis qu'on le transporte, le page du
Samaritain se lève sur la pointe des pieds pour regarder par-dessus la croupe du cheval; mouvement de

curiosité d'une vérité charmante. Ici, le Samaritain
est trop loin de l'homme qu'il a secouru et qu'il ne
devrait pas quitter un instant. Cela donne du décousu
à la scène et refroidit un peu l'émotion. Enfin, la présence du chien qui s'étale sur le premier plan, vient
gâter cette composition par l'importance et le relief
que le peintre n'a pas craint de donner à un accessoire
d'ailleurs inutile et déplacé.

Ce qui est admirable, c'est le colloque du Samaritain avec le maître de l'hôtellerie, l'humble attitude de
celui-ci, toujours accessible à la persuasion de l'argent,
la sollicitude de celui-là, expliquant ce qu'on devra
faire et indiquant de la main qu'il faut conduire le
blessé dans la meilleure chambre du logis. Et il est à
remarquer que Rembrandt a très-bien gradué, dans
l'expression de ses divers personnages, les nuances de
la pitié. Le gentilhomme en toque à plume, que l'on
voit à la fenêtre de l'hôtellerie, considère ce spectacle
avec un assez froid sentiment de compassion. Le jeune
page du Samaritain tient le cheval par la bride et
paraît s'intéresser fort peu au blessé que son maître a
secouru : *cet âge est sans pitié*. Enfin, la servante qui
puise tranquillement de l'eau sans même regarder les
arrivants, est une image bien observée de cette indifférence que produit l'habitude de voir entrer et sortir
chaque jour, en des appareils si divers, tant de voyageurs de toutes les conditions et de tous les pays.

A l'exception du Samaritain, qui porte un turban comme en portaient au surplus les juifs d'Amsterdam, au xviiᵉ siècle, toutes les figures de ce morceau sont revêtues d'un costume moderne, ce qui prête un caractère plus humain à ce drame de miséricorde. Cela fait passer, pour ainsi dire, cette belle parabole, des régions éloignées de l'histoire dans les réalités de la vie présente. Ce qui était une légende des temps anciens devient un enseignement de morale que chacun peut saisir. Il semble que l'événement est d'hier, et que les spectateurs, édifiés de cette bonne œuvre, pourront demain la renouveler.

Les amateurs trouveront dans le catalogue des peintures de Rembrandt, que nous donnons à la fin du second volume, les variantes du maître sur le même sujet.

42. *Le Denier de César.*

Petite estampe en travers, où Jésus-Christ est représenté au milieu des pharisiens, leur répondant au sujet du tribut dû à César. Il est vu de face, et il met la main gauche dans celle de l'un des pharisiens, en tenant la droite élevée. Dans le fond de la gauche, il y a un morceau d'architecture en perspective et très-éclairé, qui paraît être un temple, et dans le lointain on aperçoit trois figures. Sur le devant du même côté, au-dessus d'une petite voûte, il y a deux autres figures, dont une lit dans un livre.

Bartsch a décrit trois états qui sont, à vrai dire, assez difficiles à distinguer, si l'on n'a pas les trois épreuves sous les yeux.

Premier état. La tête du docteur, qui est assis à droite, est moins travaillée; très-rare.

Deuxième état. Des travaux sont ajoutés sur la tête de ce docteur et sur ses habits.

Troisième état. La planche est entièrement retouchée, surtout à la petite voûte qui est dans le coin à gauche.

Hauteur, 0,074; largeur, 0,101.

BARTSCH, 68. CLAUSSIN, 72. WILSON, 72.

Le cuivre de cette estampe est du nombre de ceux qui se trouvaient dans le fonds de la veuve Jean. Aussi les épreuves en sont-elles communes. Mais indépendamment de cette raison, qui en est une pour beaucoup d'amateurs, l'estampe est peu recherchée, et il faut convenir, en effet, qu'elle n'a rien de bien remarquable.

43. *Le Retour de l'Enfant prodigue.*

L'enfant prodigue, nu et à genoux sur les degrés de la maison paternelle, dans une attitude suppliante, est embrassé et relevé par son père. Sa mère ouvre une fenêtre pour le regarder. La porte de la maison est ouverte, et l'on en voit sortir un serviteur qui est chargé d'habits destinés à revêtir l'enfant retrouvé; derrière ce serviteur, on remarque le fils aîné de la famille qui paraît désappointé du retour de son frère. Dans le lointain on aperçoit un paysan gardant des troupeaux. Sous le pied gauche du père, est gravé *Rembrandt f.* 1636.

Hauteur, 0,157; largeur, 0,137.

BARTSCH, 91. CLAUSSIN, 95. WILSON, 96.

Voici encore une estampe commune, dont la planche a fourni depuis deux siècles d'innombrables épreuves, et cependant elle est si intéressante, elle est jugée si belle sous le rapport de l'expression, que les amateurs en font grand cas, et que beaucoup d'entre eux l'estiment presque autant qu'une pièce rare. On peut chercher, en effet, dans les œuvres des plus grands maîtres : on n'y trouvera pas un sujet mieux conçu, une composition mieux distribuée, plus de sentiment, plus d'émotion, plus de cœur. Comme elle est saisie, la figure humiliée de l'enfant prodigue, de cet enfant que l'amour a fait si misérable, et qui semble dire : « Mon père, je ne suis plus digne d'être appelé ton fils! » Quelle tendresse dans le mouvement du patriarche! C'est à peine si les paroles de l'Écriture sont plus touchantes. « Et comme il était encore loin, son père le vit et fut touché de compassion, et courant à lui, il se jeta à son cou et l'embrassa. » Avec quelle vivacité la mère, avertie du retour de son fils, se précipite à la fenêtre pour le regarder! Mais tandis que le serviteur apporte des souliers et *la plus belle robe* pour le fils repenti et pardonné, le frère aîné, le frère sage, qui n'a jamais transgressé les commandements paternels. montre un visage sombre, mécontent et jaloux..... Mais quoi! ce n'est ici qu'un simple griffonnement, un grimoire de lignes incertaines, hésitantes, corrigées, croisées, enchevêtrées, courant l'une sur l'autre, et pourtant de ce grimoire est sortie l'expression des plus intimes sentiments de l'âme.

Un tableau dont la composition était analogue à l'estampe figura dans la vente de l'Électeur de Cologne, en 1764. Nous le décrirons dans le catalogue des peintures.

44. *Jésus chassant les Vendeurs du temple.*

La scène se passe dans un temple dont l'ordonnance est riche, et l'on voit sur la gauche un lustre suspendu à la voûte d'une arcade. Jésus-Christ est au milieu du sujet, dirigé vers la gauche; sa tête est environnée d'une gloire. Des verges à la main, il poursuit des marchands et des bêtes qui, en précipitant leur fuite, renversent un bureau de changeurs et font tomber des rouleaux de monnaie sur le pavé du temple. Parmi les fuyards, on remarque une femme qui porte sur sa tête un panier de pigeons, et un homme qui est culbuté par un bœuf et traîné par terre. Au fond, sur la droite, tout n'est que désordre et confusion; mais derrière cette mêlée s'élève une espèce de tribune où est tranquillement assis le grand-prêtre, entouré de ses acolytes dont un porte la crosse; il semble prononcer une sentence contre un pénitent qui est à genoux devant lui. Au bas de la droite, on lit : *Rembrandt f.* 1635.

Les états de ce morceau ont été décrits par tous nos prédécesseurs comme il suit :

Premier état. L'homme renversé, traîné par un bœuf, a la bouche relativement petite et le haut du visage clair.

Deuxième état. L'homme renversé a le haut du visage plus ombré; la bouche est plus grande, et l'on n'en voit plus la lèvre inférieure. Sur la semelle de son soulier on remarque des taches d'oxyde, ainsi qu'au-dessus de la tête d'une vache qui est à quelque distance sur la droite.

Les amateurs disent souvent, pour désigner le premier état, une épreuve à *la petite bouche,* et pour désigner le second, une épreuve à *la grande bouche.*

Nota. Cette planche se trouvait, en 1824, dans la collection de

M. Malaspina di Sannazaro, à Milan; car on lit à la page 198 du tome III de son catalogue : *la piastra originale di questa stampa fa parte degli accessorj della raccolta;* elle a fait ensuite partie du fonds de la veuve Jean. Il s'en rencontre quelquefois des épreuves sophistiquées : dans les unes, on a supprimé le lustre suspendu sous l'arcade, en le couvrant d'un morceau de papier blanc au moment de l'impression ; dans les autres, on a substitué à l'arcade le fragment de paysage qui termine la petite *Résurrection de Lazare* (n° 47 du présent Catalogue).

Hauteur, 0,135; largeur, 0,169.

BARTSCH, 69. CLAUSSIN, 73. WILSON, 73.

Nous avions cru longtemps que Bartsch, Claussin et Wilson avaient commis une méprise au sujet de l'estampe que nous venons de décrire, et qu'ils avaient pris le second état pour le premier et le premier pour le second. En regardant les épreuves à la loupe, nous avions cru reconnaître que l'agrandissement de la bouche était causé, non par un nouveau contour, mais par un peu de manière noire, si bien que sous la salissure nous retrouvions encore le contour des lèvres, le trait du maître. Il nous avait semblé que la semelle des souliers n'était pas ombrée par des travaux additionnels, comme le dit Wilson, *more shaded,* mais qu'elle était tout simplement tachée de rouille[1]. Enfin

---

1. Cet auteur ajoute que le ventre de la vache (celle qui traîne l'homme renversé) est plus travaillé : *the belly also of the cow is more worked on;* mais en examinant les épreuves à la loupe, nous ne voyons aucune diffé-

il nous avait paru invraisemblable que Rembrandt ou
tout autre eût songé à agrandir une bouche déjà si
grande.

Mais toutes ces observations, que les iconographes
les plus distingués trouvaient justes, sont tombées devant ce fait : la planche de Rembrandt, qui existe encore dans le commerce, ne donne que des épreuves à
la grande bouche, et prouve que la grande bouche constitue bien le second état, comme l'avaient dit nos devanciers, et non pas le premier, comme nous le pen-
sions par erreur.

Maintenant, pour en revenir à l'invention du
peintre, il est très-rare qu'il ait imité d'autres maîtres ou même qu'il leur ait fait quelques emprunts.
Ici, pourtant, la figure principale, celle de Jésus-
Christ, est prise tout entière dans une des gravures
en bois de l'œuvre d'Albert Durer (n° 23 du catalogue de Bartsch). Le mouvement de la tête, le geste
énergique de la main qui tient les verges, et jusqu'aux
plis du manteau du Christ, dont un pan retombe sur
son dos, tout est semblable; et si la figure se dirige
vers la gauche, dans l'estampe de Rembrandt, c'est
justement parce qu'il l'a dessinée, sur le cuivre, se
dirigeant vers la droite, comme dans la gravure de

rence réelle dans les travaux, et dans le reste de la planche, nous n'aper-
cevons que des taches d'oxyde là où l'on avait vu des tailles addition-
nelles.

Durer. Mais ce qui n'est imité de personne, c'est ce beau tumulte de marchands en fuite, de femmes effarées, de changeurs traînés par les bœufs sur le pavé du temple et de Juifs qui ramassent leur argent, au risque d'être écrasés par la foule..., tandis que sur le tabernacle, absorbés par les cérémonies du culte, les pontifes, les prêtres et les lévites de l'ancienne loi ne font aucune attention au tapage de ce troupeau mugissant d'hommes et de bêtes, que chasse devant lui le Dieu indigné de la loi nouvelle.

45. *La Samaritaine.*

Morceau en largeur, cintré par le haut. Jésus-Christ est debout derrière le puits de Jacob, dans la partie gauche de l'estampe; il se penche et s'appuie sur un petit mur. Il a une main posée sur une draperie, et non pas sur son genou, comme l'ont dit Bartsch et les autres. La Samaritaine est debout en face du Seigneur, vers le milieu de la planche. Elle a les bras croisés et appuyés sur le seau qui est placé sur la margelle du puits. Le fond à droite présente un pays montagneux et boisé, accidenté de fabriques. On y voit cinq figures d'hommes à demi cachées par un pli de terrain, et plus loin, sur une éminence, paraissent trois autres figures, dont une est à cheval. Sur le petit mur, auquel s'appuie Jésus-Christ: on lit : *Rembrandt f.* 1658.

Il existe trois états de ce morceau :

Premier état. Extrêmement rare. La planche porte une marge de 81 millimètres au-dessus du cintre. La figure du Christ a un autre caractère que dans les états suivants. Le nom de Rembrandt et l'année 1658 ne sont pas encore gravés.

Deuxième état. La marge du haut est coupée ; mais on ne voit encore ni le nom ni l'année. Rare.

Troisième état. La pierre sur laquelle Jésus appuie son bras droit porte le nom de Rembrandt et l'année 1658. L'ombre que la Samaritaine projetait sur le mur a été effacée, ainsi qu'un espace entre deux piliers, qui était chargé de travaux, au-dessus de la tête du Christ, un peu sur la droite. La chevelure de la Samaritaine a été allongée et descend jusqu'au coude du bras droit. Cette addition ne paraît pas être de la main de Rembrandt. Le tertre couvert de végétation, à gauche du puits, a été teinté par des hachures fines données en divers sens.

Hauteur de la planche coupée, 0,123; largeur, 0,158.

BARTSCH, 70. CLAUSSIN, 74. WILSON, 74.

Quelques coups de burin donnés trop rudement sur la joue de la Samaritaine, peut-être pour réparer un défaut de la morsure, ont gâté la principale figure de cette composition, ou du moins la plus apparente. En revanche, le reste de la planche est d'un pittoresque charmant, accusé à peu de frais, d'une pointe vive, libre et sûre. Arrivé à l'âge de cinquante-deux ans, le peintre savait tout exprimer sans peine, par des travaux sommaires ; il savait choisir dans une figure les lignes essentielles, caractéristiques; c'est ainsi que l'on voit dans cette petite estampe des têtes qui ne sont encore qu'ébauchées et qui déjà sont parlantes. Mais quel beau paysage! comme il est agreste et riant, égayé par le soleil et fouillé d'ombres qu'adoucit la perspective de l'air ! La petite ville qu'on aperçoit parmi les arbres, à mi-côte d'une montagne qui en termine l'horizon, est celle de Sychar, en Samarie, dont il est parlé dans l'Écriture.

46. *La Samaritaine* dite *aux ruines.*

La gauche de cette estampe est occupée par une ruine en perspective; à cette ruine ont été adaptés deux morceaux de charpente qui supportent une poulie, d'où pend une chaîne de fer accrochée à un seau. La Samaritaine tient la chaîne de la main droite, pendant qu'elle s'appuie de la gauche sur la margelle du puits. Jésus-Christ, assis de l'autre côté du puits vers la gauche de l'estampe, parle à la Samaritaine. A quelque distance, on aperçoit quatre figures, et dans le lointain de la droite, les bâtiments d'une ville. Au haut de la planche du même côté, on lit: *Rembrandt f.* 1634.

Les états de cette estampe ont été fort mal définis; mais on les connaît aujourd'hui très-exactement par les différentes épreuves qui ont paru dans les ventes Verstolk et Weber.

Premier état. On remarque dans le haut de l'estampe, près du trait carré, deux lignes parallèles formant bordure. L'ombre qui est au-dessus du pied gauche de Jésus-Christ, au lieu d'être plus légère (comme le dit Claussin), présente au contraire des travaux fins imitant la manière noire, qui fortifient cette ombre et donnent du relief à la jambe. Des travaux semblables se voient sur le bord du puits entre la main gauche de Jésus et son corps, ainsi que dans plusieurs autres parties de la planche, notamment au-dessus de la fenêtre qui est proche du bord supérieur.

Deuxième état. Toutes les fines tailles dont nous venons de parler ont disparu. L'ombre au-dessus du pied gauche de Jésus-Christ est devenue légère, ayant perdu les petits travaux qui la fortifiaient; les deux lignes parallèles, dont l'une était formée par la saleté du témoin supérieur de la planche, ne se distingue plus du

11

tout. Il en est de même des autres travaux serrés , imitant la manière noire.

Troisième état. Pour rendre à l'estampe son effet primitif, on a repris les travaux que nous venons de décrire dans tous les endroits où ils avaient disparu par le fait du tirage ; en même temps quelques parties qui, dans le premier état, étaient restées blanches, ont été ombrées : par exemple, le bord supérieur du puits à droite, et le bas du seau. Le graveur, en faisant les retouches , a laissé échapper un trait de burin sur la place blanche du terrain. C'est là que les amateurs devront regarder, pour ne pas confondre les épreuves du troisième état avec celles du premier.

Hauteur, 0,119 ; largeur, 0,103 en haut et 0,108 en bas.

BARTSCH, 71. CLAUSSIN, 75. WILSON, 75.

C'est feu M. Weber de Bonn, un des plus grands connaisseurs de l'Europe en fait d'estampes, qui a rectifié la description de *la Samaritaine aux ruines*. Il était arrivé pour cette estampe, ainsi que pour beaucoup d'autres, qu'on avait indiqué à contre-sens l'antériorité des épreuves. Certains menus travaux ayant peu à peu disparu, on avait regardé comme *premières* les épreuves qui ne les contenaient point, tandis que ces épreuves témoignaient au contraire d'un assez long tirage. En y regardant de plus près, M. Weber a redressé les erreurs commises par Claussin, et nous trouvons dans le catalogue de sa vente faite à Leipzig, en 1856, la note suivante :

« La définition des états , donnée jusqu'à présent,

est à refaire. Rembrandt, en commençant son travail, à tiré près des bords de la planche des lignes très-fines à la pointe comme bordure ou encadrement. Dans les premières épreuves, la ligne du haut est accompagnée d'une autre, formée par la saleté du bord supérieur. C'est l'état mentionné aussi au n° 195 du catalogue Verstolk. Dans ces épreuves, on voit les travaux au-dessus de la partie gauche de la fenêtre en haut, ceux sur la partie du puits, au-dessus du pied gauche de Jésus-Christ, travaux par lesquels la jambe est mise en relief, ceux sur le bord du puits, entre le corps et la main gauche de Jésus-Christ, ceux au-dessus de sa main droite, enfin les travaux qui touchent le bord de l'estampe, à gauche. Tous ces travaux disparaissent peu à peu dans les épreuves postérieures; d'abord on ne voit en haut qu'une seule ligne, celle formée par la saleté du bord ayant disparu; ensuite on n'en trouve plus du tout; les parties indiquées tout à l'heure au-dessus de la fenêtre, sur la margelle du puits, au-dessus de la main droite de Jésus-Christ et le long du bord gauche, deviennent blanches, et les travaux au-dessus du pied gauche de Jésus-Christ pâlissent de plus en plus. Pour remédier à ces défauts, et restituer la force des ombres, on a eu recours à de petits travaux semblables à la manière noire. C'est aussi par ces travaux que quelques parties, laissées blanches primitivement, ont été ombrées, par exemple le bord supérieur du puits à droite, le seau en bas, et la place à droite du visage de Jésus-Christ. »

A cette note, précieuse pour les amateurs, nous ajouterons que la planche étant encore dans le commerce, et n'ayant pas cessé de fournir des épreuves, les travaux qu'on y avait refaits et qui constituent le *troisième état*, ont dû s'effacer de nouveau et ont dû être de nouveau restitués. D'où il résulte qu'il n'y a guère que les premières épreuves (celles où l'on distingue les deux lignes parallèles) qui aient de la valeur pour un curieux. A la vente Weber, le premièr état s'est vendu 16 rixdales, soit environ 80 francs.

47. *La petite Résurrection de Lazare.*

Ce morceau n'est qu'un croquis gravé d'une teinte légère. Le sépulcre de Lazare est au bas de la droite, au pied d'un rocher qui forme caverne, et dont l'ouverture laisse apercevoir au loin une montagne et une tour. Lazare se soulève, et l'on voit son buste sortir du tombeau. Jésus-Christ, debout vers la gauche, a une main posée sur sa poitrine, l'autre dirigée vers Lazare, auquel il semble parler. A ses côtés et derrière lui, se pressent des spectateurs étonnés. Sur le devant de la scène, à gauche, une des sœurs de Lazare, qui est à genoux et vue de profil, regarde avec admiration et frayeur le ressuscité. On lit, aux pieds de cette figure : *Rembrandt, f.* 1642. Le dernier chiffre est retourné.

Hauteur, 0,150; largeur, 0,114.

BARTSCH, 72. CLAUSSIN, 76. WILSON, 76.

Il me souvient qu'à l'Exposition universelle de Paris, en 1855, on remarquait, parmi les tableaux envoyés par Eugène Delacroix, une *Résurrection de Lazare* qui était pour ainsi dire calquée sur la petite gravure que nous venons de décrire. Le tableau, quoique vingt fois plus grand que l'estampe, n'avait cependant pas plus de grandeur : il était seulement revêtu de cette poésie dont Delacroix colore toutes ses peintures. L'effet, si légèrement indiqué dans la composition de Rembrandt, était poussé dans le tableau à sa plus grande intensité, et l'éloquence du clair-obscur s'ajoutait ainsi à l'expression déjà si frappante de l'ébauche de Rembrandt, où Jésus-Christ ressuscitant Lazare par un miracle de sa tendresse, semble non pas lui ordonner de vivre, mais l'en supplier. Cependant, à l'inverse de tant d'autres peintres qui prennent bien soin de masquer leurs emprunts, Eugène Delacroix ne s'était donné aucune peine pour dissimuler le sien, et il n'avait pas même usé de ce stratagème, si commun, qui consiste à présenter les figures imitées dans un autre sens que celui des figures originales. Les vrais maîtres n'ont jamais peur qu'on les accuse d'indigence, et ils considèrent les belles choses trouvées avant eux comme faisant partie en quelque sorte du patrimoine de leur génie.

48. *La grande Résurrection de Lazare.*

Jésus-Christ est debout vers le milieu de l'estampe un peu sur
a gauche et dirigé vers la droite; il est sur une pierre qui paraît
avoir couvert le sépulcre de Lazare. Il a le bras gauche élevé et le
bras droit posé sur la hanche. Derrière lui, tout à fait à la gauche,
est un groupe de six hommes, dont le plus élevé, qui a les mains
jointes, semble prêt à s'enfuir de peur. Aux pieds de Jésus-Christ,
on voit Lazare à moitié levé dans son tombeau, les bras encore
enveloppés du linceul, et vis-à-vis de lui sur la droite sont plusieurs figures parmi lesquelles on distingue une jeune femme qui
s'avance les bras étendus, la bouche ouverte, et derrière elle un
homme qui recule épouvanté. Au-dessus de Jésus-Christ sont ten-
dus deux rideaux qui forment une espèce de dais mortuaire, au
fond duquel on voit suspendus un turban et des armes, telles qu'un
sabre et un arc auprès d'un carquois. Toute la partie droite, d'où
vient le jour, est éclairée. Ce morceau, cintré par le haut et gravé
avec fermeté, présente un grand effet de lumière. On lit au milieu
de la planche, sur le roc, à côté de la poitrine de Jésus-Christ:
Rt v. Ryn f. sans année.

En vérifiant avec attention l'œuvre du Cabinet des estampes de
Paris, celui du Musée d'Amsterdam et celui du British-Museum,
j'ai distingué jusqu'à onze états différents de ce morceau.

Premier état. Les travaux délicats qui, dans la seconde épreuve,
couvrent le fond, derrière la tête de l'homme épouvanté, c'est-à-
dire de celui qui étend les bras à droite, ne sont pas encore tracés.
L'homme dont je viens de parler a une petite lumière sur la joue
ombrée. Les bords de la planche sont irréguliers. Il n'y a pas de
clair sur le front de l'homme qui a les mains ouvertes, derrière le
Christ, en bas du groupe. Cet état est presque unique.

Deuxième état. Derrière l'homme épouvanté, on remarque de

légères hachures qui descendent autour de sa main et autour de son épaule. La joue ombrée de cet homme ne présente plus de clair. Le cadre cintré est plus étroit et il offre beaucoup de parties claires entre les tailles écartées qui en suivent la forme. Une seconde hachure en zigzag est donnée sur les tailles verticales, mais ne les recouvre pas entièrement. C'est l'état décrit par Claussin, comme étant le premier, et c'est la première épreuve du Musée d'Amsterdam. Presque unique.

Troisième état. On remarque sur le front de l'homme aux mains ouvertes, derrière le Christ, un clair vif qui détache la tête. — *Nota.* Sur l'épreuve que j'avais sous les yeux au British-Museum, Rembrandt a indiqué une figure à la pierre noire, au-dessous de l'homme épouvanté, à droite. Extrêmement rare.

Quatrième état. La femme qui occupe le bas de la droite est vue de profil, au lieu qu'elle était vue de dos dans les trois premiers états. On distingue sous la main de Lazare enveloppée du suaire une ombre portée.

Entre le quatrième et le cinquième état, se place une des épreuves du Musée d'Amsterdam dans laquelle Rembrandt a indiqué à la plume, sur la tête de l'homme épouvanté, une chevelure ébouriffée qui ressemble à un bonnet de fourrure.

Cinquième état. La tête de la femme effrayée qui ouvre les bras a un tout autre caractère : au lieu d'un masque court, d'une grande bouche et d'un front bombé, sans coiffure, elle a une figure longue, entièrement claire sur la joue gauche, et la tête couverte d'une coiffure très-légère sur le chignon. La bordure de l'estampe offre dans le bas et à gauche une épaisseur éclairée, comme serait le rebord d'une fenêtre. Cette épreuve est très-rare ainsi que la précédente.

Sixième état. Les deux petites figures qui se trouvent à la droite de l'homme épouvanté et sous son bras, sont retouchées très-durement.

Septième état. L'homme épouvanté, qui était nu-tête dans les épreuves antérieures, porte ici un bonnet.

Huitième état. Le vieillard à barbe, dont la tête se voit dans le fond à droite, auprès de la main de l'homme épouvanté, est coiffé d'un turban, tandis que, dans l'état qui précède, il n'avait qu'une simple calotte très-plate. La tête la plus proche de ce vieillard à barbe est aussi coiffée d'un bonnet.

Neuvième état. Les deux figures durement retouchées, qui étaient entièrement dans l'ombre, sont éclaircies, ce qui les fait reculer, et elles semblent esquissées seulement à la plume.

Dixième état. La planche est retouchée. Par exemple, la figure de la femme effrayée est entièrement reprise; des travaux au burin très-serrés et très-réguliers ont refait la partie ombrée de ses deux bras. De plus, l'ombre qui est au-dessous du vieillard à barbe s'étend jusqu'au contour de la tête la plus rapprochée de ce vieillard, tandis que, dans l'épreuve antérieure, cette ombre était séparée de la tête en question par un clair.

Onzième état. On le reconnaît à l'effacement des travaux légers qui sont derrière l'homme épouvanté, dans le fond et derrière le vieillard à turban, dont le bonnet paraît raccourci, bien que l'on reconnaisse encore les traces de l'ancien costume.

On distingue les anciennes épreuves *avec le bonnet*, c'est-à-dire à partir du septième état, à une tache noirâtre qui paraît sous le nez de la femme effrayée et y forme comme une moustache; plus cette marque est forte, plus l'épreuve est ancienne et vigoureuse.

Il existe de ce magnifique morceau deux belles copies : l'une est gravée par Cumano en sens inverse, et par cela même facile à distinguer; l'autre est de la main de M. Denon, amateur célèbre et graveur plein d'esprit, qui était membre de l'ancienne Académie de peinture, et qui fut directeur des musées sous l'Empire. Cette copie est dans le même sens que l'original et reproduit une épreuve de notre 6ᵉ état, lequel correspond en partie au 4ᵉ de Bartsch. Denon la fit en 1785 à Venise, où il demeurait alors. Au dire de Bartsch, on la confond aisément avec l'original, et on ne peut guère la reconnaître qu'à un trait perpendiculaire ajouté après la lettre *f*, qui est à la suite du nom de Rembrandt, lequel trait ne se trouve pas dans l'estampe originale. Mais, pour nous, c'est surtout dans le caractère des têtes, particulièrement dans celle de Lazare, que le copiste s'est trahi.

Hauteur, 0,367; largeur, 0,257.

BARTSCH, 73. CLAUSSIN, 77. WILSON, 77.

Je suis persuadé que la rareté de cette estampe, en ne parlant, bien entendu, que des anciennes épreuves, (car la planche existe encore dans le commerce et donne d'affreux tirages), tient à ce qu'elle a été recherchée par tout le monde, même par des personnes qui n'ont aucune prétention à s'y connaître. La puissance ou plutôt la fantasmagorie de l'effet de lumière, la grandeur de l'ordonnance, l'auguste fierté du geste de Jésus-Christ, l'étonnante expression des autres figures, sont ici des beautés tellement saillantes, qu'il me semble que le plus ignorant doit en être touché au premier coup d'œil. A ses qualités originales, Rembrandt ajoute cette fois une intention de style, quelque chose de la désinvolture des maîtres italiens, et des tournures aussi grandes que les leurs, mais plus profondément naturelles et moins convenues. Cependant c'est encore le clair-obscur qui est, dans ce morceau, le plus grand moyen d'expression. Pour Rembrandt, la vie c'est la lumière, la mort c'est la nuit. Et si l'on venait à dire que c'est là une pensée toute simple à concevoir, que le réveil du trépassé a dû s'exprimer en peinture par la subite apparition du

jour au sein des ténèbres, je pourrais montrer que
d'autres fameux peintres n'ont pas rencontré si juste :
que le *Lazare* de notre Jouvenet, par exemple, ne présente pas cette magique entente de la lumière et de
l'ombre, bien que la scène se passe également aux
flambeaux, ni ce repos qui empêche toute distraction
et ramène forcément le regard à la grande figure du
Christ, ni cette heureuse modération dans le nombre
des assistants qui, à la place qu'ils occupent, laissent
bien tout l'intérêt du drame se porter sur l'auteur du
prodige et sur le fantôme du ressuscité. Quant à l'autre
expression, celle qui résulte du mouvement des personnages, de leur attitude, de la contraction de leur
visage, et même de leurs mains, il serait difficile, je
crois, de la rencontrer plus naïve et plus frappante.
Quelle variété de gestes! Et comme le même sentiment
se trouve modifié par des tempéraments divers! La foi,
la tendresse, l'incrédulité, l'épouvante, chacune de ces
nuances peut se lire dans l'étonnement des témoins du
miracle. Les uns reculent d'effroi, les autres s'avancent
poussés par une curiosité tragique, ou bien ils demeurent saisis de stupeur, quand, au signal de Jésus,
le cadavre se soulève, respire par une bouche livide,
regarde par des yeux éteints, remue des membres que
la mort avait roidis.

Quelqu'un a remarqué que le Christ paraissait
dans cette estampe de Rembrandt comme un enchan-

teur[1]. Cela est un peu vrai. Du reste, il convient de se reporter au texte même de l'Évangile de saint Jean, où il est dit, au sujet de Marie, sœur de Lazare : « Et quand Jésus la vit pleurer, de même que les Juifs qui étaient venus avec elle, il *frémit* en son esprit, et s'émut... Et quelques-uns d'entre eux disaient : Celui-ci, qui a ouvert les yeux de l'aveugle, ne pouvait-il pas faire aussi que cet homme ne mourût point? Alors Jésus, *frémissant* encore en soi-même, vint au sépulcre... » Il me semble qu'après la lecture de ce morceau, Rembrandt a pu se représenter le miracle du Christ comme le merveilleux effet d'un magnétisme surhumain, d'une incantation sublime.

49. *Jésus-Christ guérissant les Malades*, autrement la *Pièce de Cent florins*.

Jésus-Christ est vu debout et de face vers le milieu de l'estampe. Il a le coude gauche appuyé sur un pan de mur, et sa main est élevée. Il parle au peuple, la main droite en avant. Devant lui, sur la gauche, se tient une femme qui lui présente son enfant malade, sur lequel un vieillard chauve pose la main, comme pour inviter Jésus à le guérir. Aux pieds du Sauveur est une femme malade et languissante, couchée par terre sur une natte et sur de la paille, et qui paraît assistée de deux femmes dont l'une est vue de dos et agenouillée; l'autre, très-vieille, implore, les mains jointes, le secours de Jésus-Christ. Parmi plusieurs autres malades groupés

1. *La foi nouvelle cherchée dans l'art, de Rembrandt à Beethoven.* Cet opuscule sans nom d'auteur est de M. Dumesnil-Michelet. Il s'y trouve quelques pages belles et touchantes.

sur la droite, on en remarque un qui est couché en travers sur une brouette. Le jour entre par une grande porte voûtée qui se voit au coin de la droite, et sous laquelle on aperçoit un chameau et son conducteur. Sur le devant du même côté, dans l'ombre, se tient un malade qui a un bandage sur les yeux, et auprès duquel est un âne. La gauche est occupée par une quantité de figures, la plupart dessinées seulement au trait, qui paraissent observer les miracles de Jésus-Christ et en faire l'objet de leurs entretiens. Une de ces figures, posée sur le premier plan, représente un pharisien chargé d'embonpoint, vêtu d'une robe à brandebourgs et coiffé d'un large bonnet, qui a les mains derrière le dos et tient une canne. Tout près de cet homme, on distingue une femme que tire par ses habits un petit garçon, aux pieds duquel est un chien. Toute la partie gauche de l'estampe est claire en opposition à la droite qui est fort ombrée. Très-rare.

On compte trois états bien distincts de ce morceau, avant la retouche du capitaine Baillie.

Premier état. Il est avant les contre-tailles sur le cou de l'âne qui est vu dans le coin à droite. Les barbes qui se trouvent aux figures ébauchées sur la gauche, principalement aux deux mains de l'homme vu de dos qui tient une canne, sont très-chargées de noir. Il y a quelques parties claires qui font briller l'auréole du Christ. Cette épreuve, extrêmement rare, est d'un ton vigoureux, et la gauche de l'estampe, qui n'est qu'ébauchée, se trouve soute-nue par les barbes, de façon que l'opposition entre la partie om-brée et la partie claire est moins tranchée.

Deuxième état. Le cou de l'âne est couvert de contre-tailles données obliquement de gauche à droite. Les lumières vives de l'auréole sont amorties. Au dos de la superbe épreuve sur papier du Japon, à toutes marges, qui est au musée d'Amsterdam, on lit ces mots écrits à la pierre noire de la main de J. P. Zoomer : *Ver-eering van myn speciale vriend Rembrand, tegens de Pest van M. Antony*, c'est-à-dire : *Offert par mon intime ami Rembrandt, en échange de la Peste de Marc-Antoine.* Les mains de l'homme qui tient la canne sont éclaircies ainsi que les figures qui, dans la première épreuve, étaient chargées de barbes. Pourvu qu'il y reste un peu du noir de ces barbes, cette seconde épreuve est peut-être supérieure pour l'effet à la première, surtout si elle est tirée sur papier de soie du Japon, ce qui se rencontre fort rarement.

Troisième état. Le fond est retouché de façon qu'on ne voit plus l'espèce de voûte noire qui, dans les autres états, paraît au-dessus de la tête de Jésus-Christ. Toutes les figures de la partie gauche étant ébarbées, le travail en devient sec, et contraste dure-ment avec la partie ombrée, qui, à son tour, est d'un noir boueux, sans transparence.

Quatrième état. On voit en divers endroits des taches d'oxyde, notamment sur la main de l'homme le plus à gauche qui s'appuie contre le mur, et sur celle du pharisien, en bonnet de mezzetin, qui l'écoute.

Cinquième état. La planche est entièrement retouchée par le capitaine Baillie.

Bartsch nous apprend que Guillaume Baillie acheta cette planche de M. Greenwood, graveur anglais, qui l'avait trouvée en Hollande. Je n'ajouterai pas avec Bartsch que Baillie « la retoucha ou plutôt la rétablit avec tant de soin et d'intelligence, qu'il faut l'œil d'un connaisseur exercé pour ne pas confondre les épreuves de la re-touche avec celles de la planche intacte. » Je dirai, au contraire, que Baillie a défiguré l'œuvre de Rembrandt; qu'il a complétement changé le caractère des têtes; que, par exemple, la tête principale, celle du Christ, ne présente plus qu'un nez épais, des yeux gros-sièrement accusés, ainsi que les contours du nez et de la bouche. Baillie néanmoins vendit cinq guinées les épreuves· ordinaires et cinq guinées et demie les épreuves sur papier de Chine. En Hol-lande, on paie encore cette retouche cinquante à soixante florins, uniquement parce qu'elle est rare.

En effet, pour conserver à sa planche sa qualité de rareté, Baillie la coupa après en avoir tiré seulement cent épreuves, et il en fit quatre morceaux de différentes grandeurs.

Le premier de ces morceaux contient la figure du Christ au milieu de quelques-uns des malades ; et ce fragment forme à lui seul un tableau entier. Il porte 0,276 de haut sur 0,192 de large.

Le second est la partie droite de l'estampe, où l'on voit le malade sur une brouette. Ce morceau a 0,192 de haut sur 0,122 de large.

Le troisième est la partie inférieure de la gauche, où est un homme vu par le dos qui tient une canne de ses deux mains croisées derrière lui. La hauteur est de 0,142, la largeur de 0,077.

La quatrième est la partie supérieure de la gauche avec sept spectateurs juifs représentés à mi-corps. Il porte 0,054 de hauteur sur 0,075 de large.

On trouve des épreuves du premier morceau, où le haut de la planche est cintré, le chien entièrement effacé, et le pied du malade couché en travers sur une brouette, couvert de hachures. Ce pied se trouve tout au bord droit de la planche ainsi coupée.

Hauteur de la planche entière, 0,281; largeur, 0,397.

BARTSCH, 74. CLAUSSIN, 78. WILSON, 78.

« L'esprit du Seigneur est sur moi, parce qu'il m'a oint; il m'a envoyé pour évangéliser aux pauvres, pour guérir ceux qui ont le cœur froissé, pour annoncer aux captifs leur délivrance, et aux aveugles le recouvrement de la vue; pour mettre en liberté ceux qui sont foulés, et pour publier l'an agréable du Seigneur.

« ... Et sa renommée se répandait de plus en plus, tellement que de grandes troupes s'assemblaient pour l'entendre, et pour être guéries par lui de leurs maladies. »

Ce n'est pas pour rien que ce morceau est si célèbre dans le monde, sous le nom de *la Pièce de Cent flo-*

rins[1], car vraiment tout y est sublime, la mise en scène, la combinaison des lignes, la vérité et la variété des expressions, les prestiges de la lumière et de l'ombre, et enfin l'exécution, dont la finesse ne le cède point ici à la profondeur même du sentiment. Et d'abord le théâtre de l'action miraculeuse est justement ce qu'il devait être. Au commencement, le christianisme se cache, il est errant, les troupes qui suivent Jésus-Christ pour entendre sa parole sont composées de pauvres, de malheureux, de malades, d'affligés ; tantôt elles se réunissent sur les bords de la mer de Galilée, tantôt elles cherchent un abri dans quelque masure : elles entrent avec leur Maître dans des grottes ou sous les voûtes des monuments en ruines. Cette religion qui, un jour,

1. On sait que le nom de *Pièce de Cent florins* a été donné à l'estampe, parce qu'elle se vendait cent florins en Hollande, du vivant même de Rembrandt. « Voici ce que j'en ai appris dans ce pays, dit Gersaint : On prétend qu'un jour un marchand de Rome proposa à Rembrandt quelques estampes de Marc-Antoine, auxquelles il mit un prix de cent florins, et que Rembrandt offrit pour prix de ces estampes ce morceau que le marchand accepta, soit qu'il voulût obliger par là Rembrandt, soit que réellement il se contentât de cet échange. J'ai vu du reste au musée d'Amsterdam une magnifique et première épreuve de la Pièce de Cent florins, qui porte écrit au dos, en vieux hollandais : *Donné par mon estimable ami Rembrandt, en échange d'une épreuve de Marc-Antoine :* signé *Z. P. Zoomer.* » Gersaint parle ici de l'épreuve du second état décrite plus haut.

« Sur le pied que se vendent les estampes de Rembrandt, ajoute Gersaint, il y a tout lieu de croire que par la suite le nom de Cent florins sera justifié. » Cette prédiction ne s'est que trop bien accompli, je dis *trop bien* pour la bourse des amateurs. Déjà en 1754, peu de temps après la mort de Gersaint, à la vente Tonneman, la Pièce de Cent florins figurait pour 151 florins dans un compte que Bartsch a donné dans son catalogue. Ce

après s'être cachée encore dans les catacombes de
Rome, occupera le Panthéon d'Agrippa et se bâtira le
Vatican, elle est maintenant sans temple et sans asile.
Cependant quelques pharisiens se sont mêlés à la multitude. Des docteurs de la loi sont venus des bourgades
voisines et même de Jérusalem, les uns à moitié con-
vertis déjà, les autres afin de dresser des piéges au
Nazaréen, et de recueillir captieusement quelque chose
de sa bouche pour avoir de quoi l'accuser. Mais Jésus,
au milieu de cette foule qui lui exprime des sentiments
si divers, conserve la sérénité d'un juste, la douceur
et la majesté involontaire d'un Dieu. Sa figure est au
centre de la composition et la domine; toutes les lignes
y conduisent, tous les regards et tous les gestes la
montrent. Elle s'enlève avec force sur le fond noir de

---

prix, depuis lors, a été en augmentant toujours, à travers quelques in-
termittences. Je me contenterai de citer les ventes de ce siècle. En 1809,
à la vente Hibbert, le premier état de Bartsch, qui n'est à vrai dire que
le second, fut adjugé au prix de 41 livres. Une pareille estampe sur papier
du Japon comme la précédente (*India paper*) à la vente Pole Carew,
en 1835, monta jusqu'à 163 livres sterling, soit 4,075 francs. A la vente
William Esdaile, en juin 1840, l'épreuve de M. Hibbert, dont nous venons
de parler, fut poussée par M. Colnaghi au chiffre énorme de 231 livres
sterling, soit 5,775 francs. L'épreuve de la vente Debois, vente qui eut
lieu à Paris en 1843, ne s'éleva, il est vrai, qu'au prix de 2,800 francs;
mais on voit que le nom de Pièce de Cent florins est aujourd'hui bien au-
dessous de la valeur vénale de cette estampe célèbre. Du reste, à la vente
Verstolk de Soelen, en 1847, une épreuve du premier état de Claussin,
c'est-à-dire *avant les contre-tailles* sur le cou de l'âne, fut achetée 1,600 florins sans compter les frais, 3,600 francs.

A la vente Weber, 1856, une très-belle épreuve avec les contre-tailles a
été adjugée à 320 rixdales, soit environ 1,600 francs.

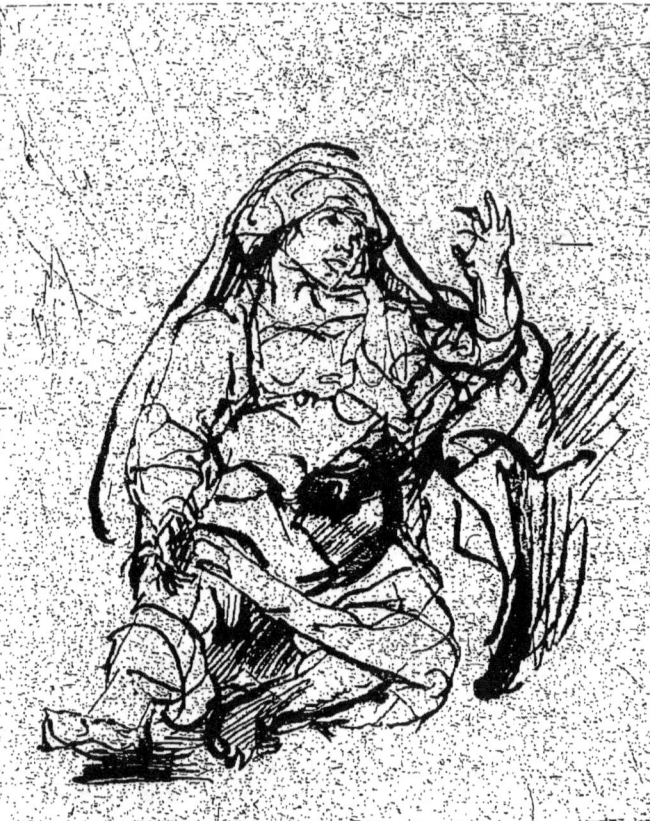

La femme malade de la pièce aux
cent florins

fac-simile d'un croquis à la plume de Rembrandt

(Cabinet P. Deschamps)

12

la voûte; la tête rayonne d'une lumière qui en dessine
les contours arrondis, mais qui n'a rien d'éblouissant;
lumière, pour ainsi dire toute morale, auréole de bonté
et de vertu. Ne vous étonnez pas que le Fils de l'Homme
soit plus beau que ceux qui l'entourent; car s'il est
sorti des rangs du peuple, il tient aussi à la race de David; ses traits ont à la fois de la réalité et de la noblesse.
Son doux visage, son regard triste et tendre, ses mains
amaigries, sa chevelure tombante sont d'un homme
qui souffre et qui aime. Sa robe longue, que n'inter-
rompt aucun pli, prête de la grandeur à sa taille, tout
en lui donnant l'air d'un modeste et simple lévite de
la religion nouvelle. A côté du Christ apparaît une figure étrange, qui rappelle, à ne pas s'y méprendre, le
masque de Socrate. La sagesse antique se trouve ainsi
comme prise à témoin des miracles de la charité évangélique. Par un rapprochement admirable, Rembrandt
fait assister le monde païen, dans la personne de son
plus grand philosophe, à l'enfantement du christianisme. L'homme en qui Rembrandt a évoqué l'image
de Socrate, pose la main sur un enfant malade que sa
mère présente au Sauveur, et dont on ne voit que la
tête et les petits pieds nus, et il semble interroger le
Christ avec une légère intention d'ironie; mais lui, il
montre du doigt le ciel « qui l'a envoyé pour évangéliser aux pauvres et pour guérir ceux qui ont le cœur
froissé. »

Autour de Jésus-Christ, cependant, se pressent tous les déshérités de ce monde : les boiteux, les lépreux, les aveugles, les paralytiques ; et l'on croit entendre s'élever du sein de la foule un lugubre concert de lamentations et de plaintes. Les uns implorent en gémissant, les autres prient avec espoir. Une femme étendue sur une natte fait effort pour toucher seulement du bout de ses doigts les pieds de Jésus, tandis que sa mère et sa sœur intercèdent pour elle, la première avec passion, la seconde avec une piété résignée. Couché sur sa brouette, un paralytique attend le regard du Dieu qui doit le rendre au mouvement et à la vie. Un homme robuste s'adresse au Seigneur en lui désignant du doigt son père infirme, vieillard qui peut se traîner à peine, soutenu par sa femme, et qui n'a plus ni la force de se mouvoir, ni la force d'espérer. Les plus croyants, les plus fervents sont ceux qui approchent le plus de la personne du Christ ; à mesure que les groupes s'éloignent du centre de la composition, les manifestations de la foi deviennent moins vives. Mais que de délicatesse et de vérité dans ces nuances ! le discours peut à peine les rendre : la pointe de Rembrandt les fait sentir. Jamais la peinture a-t-elle rencontré, je le demande, des physionomies plus profondément humaines que celle de cette vieille femme, aux bras décharnés, aux mains sillonnées de rides, qui crie la douleur, et supplie avec tant d'âme pour la guérison de sa fille couchée à ses

pieds? Et dans ces divers degrés de la tendresse et de
la foi, la finesse des expressions n'est pas moins remarquable que leur énergie. Les femmes ont une manière de demander qui n'est pas celle des hommes ; la
vieillesse ne manifeste pas ses sentiments comme l'enfance ; voyez cette mère qui porte un nouveau-né dans
ses bras, et qui s'avance avec l'allure du doute : c'est
son fils, un petit garçon de dix ans, qui la conduit par
le pan de sa robe, et lui montrant lè Christ, semble
dire : « Celui-là guérit. »

Parmi les malades qu'on aperçoit sous la voûte, il
en est qui sont venus des contrées lointaines pour écouter la parole qui doit les guérir. Ceux-ci ont fait le
voyage sur un âne, d'autres arrivent sur des chameaux
et sont partis sans doute de ce même pays d'Égypte
qui vit l'enfance du Seigneur. J'aperçois dans l'ombre
un personnage basané, aux lèvres épaisses, que ses
gens ont amené du fond de l'Éthiopie. Il a un bandage
sur les yeux, et porte sa tête comme un aveugle qui
attend le bienfait du jour. Ainsi se vérifie cette parole
de l'Écriture : *Et sa renommée se répandait de plus en
plus...* » Dans cette page merveilleuse et si justement
célèbre, il n'est pas jusqu'à l'inachevé de certaines parties qui ne soit un calcul heureux du peintre. Pour
caractériser les ennemis de Jésus, il a suffi à Rembrandt de quelques traits ; il ne s'est point donné la
peine de modeler avec soin ces figures, comme s'il

eût craint de leur prêter, dans son tableau, une importance égale à celle des chrétiens auxquels s'intéresse son génie. Pour qu'il ne manquât rien aux saisissants contrastes dont se compose cette belle œuvre, l'artiste a placé sur le premier plan un pharisien repu et replet, un mauvais riche, qui, les mains derrière le dos, semble regarder avec indifférence, avec mépris, le troupeau de croyants et de misérables que le Christ traîne à sa suite. Enfin, dans une espèce de tribune formée par les restes d'une muraille, un groupe de Juifs paraissent discuter entre eux la divinité du Fils de l'Homme; et tandis que l'un d'eux montre du doigt le ciel d'où est descendu le consolateur, un docteur étonné sourit d'un air incrédule et personnifie à lui seul tout le judaïsme. Mais ce côté de la composition est sacrifié dans l'estampe, comme il l'est dans la pensée du peintre-graveur. Ici, la teinte est plate, le jour est uniforme, tandis que les suavités du clair-obscur, toutes les variétés du ton, tout le charme d'une clarté souterraine qui passe par les transitions les plus douces, sont réservés au groupe de pauvres. Rembrandt distribue les trésors de sa lumière en proportion de l'intérêt que ses figures lui inspirent et de l'intérêt qu'elles doivent nous inspirer.

Faut-il parler maintenant de l'exécution magique de cette gravure? Mais à quoi bon faire ressortir ce qui est de nature à frapper si vivement tous les yeux? L'esprit de Rembrandt est dans chaque trait; il se révèle dans les moindres nuances d'un travail, tantôt précieux, tantôt vif et rapide. Le procédé ne fait qu'obéir ici aux délicatesses du sentiment. La pointe est conduite, non par la main, mais par le cœur.

50. *Jésus au jardin des Oliviers.*

Jésus-Christ est vu de face vers la droite de l'estampe, priant à genoux sur un tertre, et soutenu par un ange. Plus loin, vers le bas de la gauche, on voit les apôtres qui dorment, assis ou couchés par terre, et dans le fond, du même côté, on aperçoit la porte du jardin, par laquelle entrent les satellites qui viennent se saisir de Jésus-Christ. Le fond est très-sombre. De grands édifices assez peu distincts, se détachent en vigueur sur un ciel en partie éclairé par la lune, en partie couvert de nuages noirs.

On lit avec beaucoup de peine, dans le coin du bas de la droite : *Rembrandt f.* 165. Le chiffre 5 est si près du bord de la planche, qu'il ne s'est point trouvé assez de place pour le quatrième chiffre.

Il n'y a qu'un seul état de cette planche ; mais on en distingue les premières épreuves à la présence des barbes qui y produisent un bel effet de manière noire.

Hauteur, 0,110; largeur, 0,084.

BARTSCH, 75. CLAUSSIN, 79. WILSON, 79.

« Alors Jésus s'en vint avec eux dans un lieu appelé le Jardin de Gethsémani; et il dit à ses disciples : Asseyez-vous ici jusqu'à ce que j'aie prié dans le lieu où je vais.

« Et il prit avec lui Pierre et les deux fils de Zébédée, et il commença à être attristé. Alors il leur dit :

Mon âme est triste jusqu'à la mort; demeurez ici et veillez avec moi.

« Puis s'étant éloigné d'eux environ d'un jet de pierre, et s'étant mis à genoux, il priait, disant : Père, si tu voulais transporter cette coupe loin de moi ; toutefois que ta volonté soit faite et non la mienne.

« Et un ange lui apparut du ciel, le fortifiant. Et lui étant en agonie, priait plus instamment, et sa sueur devint comme des grumeaux de sang... »

Il n'est pas dans l'Évangile de passage plus touchant que celui de l'agonie de Jésus dans le jardin des Oliviers. C'est le moment le plus pathétique de la vie du Nazaréen. Dans sa passion, les tourments se succéderont les uns aux autres ; il ne sera pas en même temps moqué, flagellé, couronné d'épines, percé, crucifié : Ici, tout se passe en même temps, toutes les douleurs se réunissent pour accabler son âme et la plonger dans un océan d'amertume. La nuit du prétoire, les soufflets, les verges, les dérisions, le bois du supplice, ces images le crucifient par avance, sans parler de la plus affreuse de toutes, la trahison d'un ami. Pour qu'il ne manque rien à cette agonie, Jésus se voit abandonné de ses disciples. Ils n'ont pu veiller une heure avec lui, ils se sont endormis lâchement et l'ont laissé en proie aux angoisses de son âme défaillante et *triste jusqu'à la mort*. Il est seul, entre ceux qui doivent le renier, et celui qui va le trahir. Sur le Cal-

vairé, toute la nature s'intéressera pour lui, et ses ennemis même le reconnaîtront Fils de Dieu ; mais ici, il
souffre dans le silence, il agonise dans la solitude et les
ténèbres...

Est-il un peintre, je le demande, qui ait compris
comme Rembrandt la sublimité de l'Évangile? Quelle
profondeur de sentiment! quelle poésie dans la mise
en scène de ce drame auguste, et quelle grandeur dans
un si petit cadre! La nature entière est en deuil, le
ciel va se couvrir de nuées sinistres. Au loin, appa-
raissent les murs de Jérusalem perdus dans l'ombre.
La lune, au moment de se voiler, jette les mélancolies
de sa lumière sur le jardin de Gethsémani, et tandis
que ce dernier rayon éclaire la douleur de Jésus-
Christ et la blanche figure de l'Ange qui le soutient,
on aperçoit, dans l'obscurité du fond, les soldats des
sacrificateurs, qui viennent, conduits par Judas, avec
des armes et des flambeaux... Non, il n'est pas un
peintre, même parmi les plus grands, qui ait lu l'Évangile comme Rembrandt l'a su lire. Lui seul a vu le côté
humain des Écritures, et ce côté humain est vraiment
d'une beauté divine.

51. *Jésus-Christ présenté au peuple.*

Grande estampe en largeur et gravée à la pointe sèche, où l'on
voit la façade d'un prétoire devant laquelle est un corps avancé tout
uni, comme un perron sans balustrade. Cette façade est ornée de
deux statues qui se terminent en gaîne et qui représentent la Jus-

tice, tenant une balance, et la Force, tenant une massue. Sur le
perron paraît Jésus-Christ debout, les mains liées, à côté de Pilate
qui le montre au peuple assemblé, et qui est lui-même accompagné d'assesseurs et de soldats. De chaque côté de la façade sont
deux bâtiments en retraite. Celui de droite présente une croisée à
vitraux avec deux figures et une porte donnant sur un escalier où
l'on distingue, entre autres personnages, une femme ayant un enfant dans ses bras. Au bas de l'escalier s'avance un juif à grande
barbe dont l'ombre portée se dessine fortement sur le perron. Le
peuple assemblé se compose d'une trentaine de figures indiquées
au trait et, çà et là, très-légèrement ombrées. Le bâtiment de gauche,
sur lequel la façade principale porte son ombre, présente une croisée ornée de pilastres, à laquelle on aperçoit une femme qui regarde
et un soldat de profil. Au-dessus de la porte du bâtiment de droite,
on lit : *Rembrandt f.* 1655.

Il n'existe pas moins de sept états de ce morceau, qui est rare.

Premier état. La planche est plus haute de 27 millimètres. Il
n'y a pas de balustrade indiquée sur le haut de la droite, et l'ombre
portée de ce bâtiment de droite sur celui de face, où se voit une
croisée avec deux figures, dont l'une est penchée, n'est pas encore
exprimée. Il n'y a pas de contre-tailles sur la cuisse de l'homme
placé à l'extrémité gauche du perron, et séparé de Pilate par un
socle. Il n'y a pas non plus de contre-tailles horizontales à côté
des colonnes, au-dessous de la croisée du bâtiment de gauche. La
femme qui regarde à cette croisée a le visage clair. Cette épreuve,
extrêmement rare, est sans nom ni année. Rembrandt, pour la
tirer, a dû agrandir son papier en y ajoutant dans le haut et dans
le bas des bandes de la largeur d'un pouce environ.

Nota. Une épreuve de ce premier état, sur papier de Chine, fut
vendue 950 florins à la vente Verstolk de Soelen, en 1847. Claussin
décrit comme unique celle qu'il possédait, et qu'il céda au notaire
Robert; mais Wilson nous apprend qu'il existait une épreuve semblable dans la collection Denon.

Deuxième état. Même dimension. On y voit des contre-tailles au-dessous de la croisée de gauche et sur la cuisse de l'homme placé à l'extrémité gauche du perron. Sans nom ni année comme le précédent. Très-rare.

Troisième état. La planche est rognée par le haut de 27 millimètres. Au haut de la droite, sur le bâtiment en retour, on voit une balustrade qui projette une ombre sur le bâtiment de face; cette ombre descend jusqu'à la porte donnant sur l'escalier. La figure de la femme qui regarde à la fenêtre du bâtiment de gauche, est ombrée d'une légère taille diagonale; l'homme au bonnet noir qui sort de la porte, à droite, a été allongé de la hauteur d'une marche, de sorte que ses pieds portent sur la huitième marche au lieu de porter sur la neuvième. La croisée du bâtiment de droite, où l'on voit deux figures, dont l'une est penchée, présente des contre-tailles seulement sur l'une de ses ouvertures. Sans nom ni année. Très-rare.

Quatrième état. La fenêtre du bâtiment de droite, dont nous venons de parler, présente sur ses deux ouvertures des contre-tailles verticales au-dessus des figures. Sans nom ni année.

Cinquième état. Les figures du peuple assemblé au bas du perron, sont effacées de telle façon qu'on voit les traces du grattoir. On remarque au haut de la façade, entre les deux statues, des espèces de mâchicoulis légèrement indiqués. Sur la porte devant laquelle sont Pilate et le Christ, est dessinée une seconde arcade ombrée de tailles verticales, et qui s'élève à la hauteur des pieds des deux statues. La figure de femme qui regarde à la croisée du bâtiment de gauche, est reprise à la pointe sèche, et sa coiffure, plus étroite, est dessinée plus carrément. Sans nom ni année.

Sixième état. C'est ici seulement — et non pas au troisième état, comme le dit Claussin, ni au quatrième comme le dit Wilson — que paraît le nom de Rembrandt avec l'année, sur l'architrave de la porte de droite. Au bas du perron, à la place où était la foule, on voit deux voûtes, et entre ces deux voûtes un mascaron, ou plutôt un buste à grande barbe. La croisée du bâtiment de droite a changé de forme : les ouvertures en sont plus hautes, et l'arc supérieur, au contraire, est surbaissé. La statue de la Force est grossièrement retouchée. La figure entière du Christ est plus ombrée; les yeux, le nez et la bouche sont repris lourdement. On aperçoit sur le pas de la porte du bâtiment de gauche, trois hommes à turban ou à bonnet qui ne se voyaient point dans les épreuves antérieures. Tout au bas de l'estampe, à droite, est indiqué un enfoncement. Extrêmement rare.

Septième état. Le buste à grande barbe, placé entre les deux voûtes, est couvert de tailles presque horizontales et ne paraît plus distinctement. Cette épreuve est poussée au noir. Fort rare [1].

Hauteur de la planche réduite, 0,359; largeur, 0,456.

BARTSCH, 76. CLAUSSIN, 80. WILSON, 80.

« Il est difficile de concevoir, dit Bartsch, ce qui « peut avoir déterminé Rembrandt à effacer les figures « qui étaient devant le grand socle; car ce qu'il a mis « à leur place est fort mauvais. Il est vraisemblable que « ce changement a déplu à Rembrandt lui-même, et « qu'il a brisé la planche sans en avoir tiré beaucoup « d'épreuves. Ce n'est qu'en cela qu'on peut trouver « la raison pourquoi ces dernières épreuves, qui de-« vaient être les plus communes, sont beaucoup plus « rares que les trois premières. »

Il est possible que le changement opéré par Rembrandt à sa planche lui ait déplu, mais ce qui est certain, c'est que la première pensée de la composition

---

1 Nous avons relevé tous ces états de la grande planche de *Jésus présenté au peuple*, avec un jeune amateur plein de goût et de sagacité, M. Galichon, qui a bien voulu nous aider, dans le cours de cet ouvrage, à établir sur les magnifiques pièces qu'il possède et sur l'œuvre du Cabinet des Estampes, la comparaison des épreuves que nous avons décrites.

présentait un défaut que Rembrandt devait sentir mieux
que personne, un défaut d'unité. La foule assemblée
autour du perron était sans doute bien intéressante par
la variété et le naïf des figures, par le pittoresque des
costumes et par la présence de toutes les conditions,
de tous les tempéraments, de tous les âges; mais il
faut convenir que l'intérêt même qui s'attachait à ces
groupes animés devait nuire au groupe principal, celui
du Christ. Rembrandt, qui connaissait si bien la loi du
sacrifice dans les œuvres d'art, y a courageusement
obéi en effaçant les figures du peuple assemblé, afin
de ne pas diviser l'attention du spectateur et de la porter tout entière sur l'unique et sublime héros de ce
grand drame. Il est heureux pour les amateurs que le
peintre-graveur ait tiré quelques rares épreuves du
premier état de sa planche, avant de faire disparaître
cette foule vivante et remuante, qu'on regretterait de
n'avoir point vue et qu'il a supprimée peut-être aussi
parce qu'elle rappelait trop une estampe fameuse de
Lucas de Leyde; mais, encore une fois, ce n'était pas
là que devait être le tableau; et, en grattant cette partie, Rembrandt a voulu donner à sa composition ce qui
lui manquait, du repos; mais il faut avouer que la manière brutale dont il l'a changée a tellement nui à son
estampe que lui-même en a dès lors brisé la planche,
ce qui explique pourquoi les épreuves au mascaron
sont encore plus rares que les autres.

Tout est profit dans la contemplation des ouvrages des grands maîtres, et leurs fautes nous instruisent presque autant que leurs beautés. Rembrandt est, du reste, tout entier dans la belle ordonnance de ce morceau, si imposant par l'ensemble, si curieux par le détail. On se croit transporté tout à coup en pleine Judée, au milieu de ce peuple d'Israël qui, depuis deux mille ans, n'a pas encore changé de physionomie. Race étrange, dont tant de siècles n'ont pu altérer les traits! Rembrandt, qui vivait dans le quartier des juifs à Amsterdam, observa une à une les individualités les plus singulières de cette forte race, mais à travers mille nuances diverses et accidentelles, il sut démêler le caractère général de la nation juive, de sorte que, de tant de figures dont pas une ne ressemble à une autre, il a composé un seul et même peuple. A l'exception du Romain Ponce Pilate, qui conserve, en dépit de son turban, un air italien, tout est juif dans le tableau. L'architecture seule est d'un style bâtard; elle n'est pas romaine, comme il semble que devait l'être celle d'un prétoire bâti pour les lieutenants de Tibère... Mais quelle grandeur dans ces deux statues de la Justice et de la Force, indiquées du premier coup, au bout de la pointe! On dirait que Rembrandt a eu pour modèles, dans sa pensée, deux cariatides de Michel-Ange.

52. *Ecce Homo.*

Grand morceau en hauteur. On y voit Jésus-Christ de face et
debout, exposé aux regards du peuple, et entouré de soldats. Il a
les yeux levés au ciel et les mains liées devant lui. Sa tête est couronnée d'épines, et son corps est couvert d'un simple manteau
attaché par le milieu avec une corde. Pilate, placé à droite sous
un dais, le bras gauche étendu, parle à plusieurs Juifs, dont un, à
genoux, tient le roseau qu'il doit présenter à Jésus-Christ. Au bas
du trône de Pilate, un Juif étend la main droite vers la multitude
qui occupe tout le bas de la gauche. Ce Juif, par son geste, semble
vouloir apaiser le peuple qui demande la mort du patient, en lui
promettant que l'on va crucifier Jésus-Christ. Le fond est riche en
architecture. On y distingue vers la gauche une grande horloge.
Le ciel est sombre. On lit dans la marge à gauche : *Rembrandt,
f.* 1636, *cum privile..* Ce morceau est fort recherché et se trouve
difficilement, surtout beau d'épreuve.

Il y en a quatre états différents :

Premier état. Le groupe composé de Pilate, de quatre autres
figures et du Juif qui étend la main vers le peuple, n'existe pas
encore. Cette partie de la gravure n'est pas même dessinée au
trait; elle est toute blanche. Le reste est cependant fort travaillé,
même la partie inférieure de l'escalier, dans laquelle paraissent les
figures de Juifs que l'on voit seulement en buste. Le ciel présente
des parties claires, et la grande horloge que l'on distingue dans le
fond, à gauche, et dont le cadran est très-visible, n'est pas couverte de contre-tailles. Cet état est presque unique. On ne le trouve,
à notre connaissance, qu'au British Museum qui en possède deux
épreuves infiniment curieuses, dont l'une, provenant du cabinet
de Barnard, a été retouchée par Rembrandt et porte des macula-
tures de bistre, évidemment faites dans l'atelier du peintre graveur.

Second état. Il est extrêmement rare. La planche est terminée,
mais le visage du Juif placé au-dessus de celui qui tient le roseau,

n'est pas encore ombré de contre-tailles. On connaît les premières épreuves de cet état à quelques traits échappés dans la marge du bas, qui ne sont pas ébarbés. On lit dans cette marge, ces mots tracés à la pointe : *Rembrandt cum privilegio.*

Nota. Une très-belle épreuve de cet état, provenant de la collection Michel de Marseille, fut adjugée à la vente Debois, pour 1,095 fr. Mais depuis la vente Debois, qui eut lieu en 1843, les choses ont bien changé, et le prix des pièces rares s'est accru de beaucoup. Nous avons vu cette année même un amateur de Paris, M. Dreux, payer une superbe épreuve de ce même état 1,400 francs.

Troisième état. Il est avec les contre-tailles sur le visage du Juif dont nous venons de parler. On ne peut nier que la planche ne soit plus parfaite dans cet état que dans le précédent, puisque la figure du Juif avançait beaucoup trop, et n'a été remise à son plan que par les contre-tailles dont le peintre l'a si hardiment sabrée.

Quatrième état. On lit dans la marge du bas à gauche : *Rembrandt pinxit, Malbouse excudit, rue Saint-Jacques.* Et à droite : *Au-dessus de Saint-Benoît, à l'imprimerie de taille douce.*

Hauteur, 0,550 ; largeur, 0,446.

BARTSCH, 77. CLAUSSIN, 82. WILSON, 82.

Rembrandt, on l'a vu, a traité une autre fois et tout différemment ce pathétique sujet de la présentation de Jésus-Christ au peuple. Dans le morceau précédent, il s'est figuré la scène vue de loin et s'est plus occupé de l'ordonnance et de l'expression par l'ensemble que du modelé des figures et de l'expression par le détail. Ici, le peintre s'est rapproché de la foule et semble avoir regardé de près les héros de son drame, depuis le plus vil jusqu'au plus noble. Il a vu et observé une à une ces physionomies d'Israélites et de Romains, et y a démêlé, dans toutes leurs nuances, les sentiments qu'un tel spectacle devait éveiller en eux. Cruauté, bassesse, curiosité barbare, ironie grossière, et la lâcheté de Pilate et la brutalité de ses soldats, parmi lesquels cependant il en est un de compatissant et qui paraît secrètement averti de la grandeur du Fils de l'Homme, rien de tout cela n'a échappé à l'esprit de Rembrandt, à son regard de philosophe, à sa pointe de graveur.

Les nombreux dessins de ce grand peintre qui sont répandus dans les collections de l'Europe, et que nous connaissons par des fac-simile ou des gravures, peuvent nous faire juger que Rembrandt se prépara par des études sérieuses à l'exécution de cette belle planche, la plus considérable de son œuvre. Il n'est pas une seule des figures de premier plan, de celles qui composent le groupe placé dans la lumière, qui n'ait été l'objet d'une étude à part. Rembrandt en a cherché les modèles, non pas dans son imagination, mais dans la nature. Le quartier des Juifs, qu'il habitait à Amsterdam, lui a fourni cette variété de types dans une même race, qu'il n'aurait pu rencontrer nulle autre part, ces têtes marquées à l'empreinte du fanatisme, ces jeunes hommes à la barbe fine et frisée, à la peau luisante, ces vieillards enfumés, squalides et rances, qui affichent à la fois de la misère et du luxe, qui sont revêtus de fourrures précieuses et d'habits troués, de linge sale et de pierreries. Et quelle foule ! Comme elle est épaisse, remuante

et ondoyante! Les archers la rudoient, les soldats la
contiennent ou la menacent; les femmes s'y étouffent,
les enfants se cramponnent aux angles des maisons
pour échapper à la presse; on croit entendre rugir
toute la populace de Jérusalem. Rembrandt, dans ce
tableau, a représenté la foule en masse, telle qu'elle se
montre à nos regards; mais en la tenant tout entière
dans l'ombre, il n'a pas manqué de faire tomber un
rayon de lumière sur quelques têtes remarquables du
premier plan, et de les mettre en relief, comme nous
les voyons en pareil cas dans la réalité même. Parmi
tous ces hommes échauffés par le spectacle d'un condamné et par la promesse d'un supplice, on peut en
distinguer un dont les cheveux sont collés sur son front
par la sueur, et dont le geste violent et le visage ignoble
expriment avec la dernière énergie la dureté dans
l'abrutissement. C'est une de ces figures qu'on se souvient d'avoir vues quelque part, aux jours du danger,
et qui restent gravées pour la vie dans le souvenir. Mais
afin de lier la masse obscure avec le groupe le plus
lumineux du tableau, Rembrandt a placé sur les degrés
du perron, où les soldats exposent Jésus-Christ, un
jeune homme au visage efféminé, oblong et mielleuse-
ment féroce, qui, étendant le bras sur la multitude
émue, semble l'apaiser en l'assurant que la victime at-
tendue lui sera bientôt livrée. Enfin, après nous avoir
montré tout exprès tant de physionomies où se peignent

la barbarie, la lâcheté et la bassesse, le peintre nous
fait revenir à cette belle figure du Christ, qu'illumine
un rayon d'en haut ; figure empreinte de toutes les souf-
frances humaines, et qui, ainsi comprise dans son expression de dévouement, de douce ironie et de douleur,
est bien plus touchante, plus sublime que ne la comprirent jamais les peintres italiens, à l'exception du grand
Léonard.

53. *Les Trois Croix.*

Ce morceau, qu'on appelle ainsi pour le distinguer de la pièce,
plus petite, intitulée : *Jésus en croix entre deux larrons,* fait pendant au n° 52 qui représente Jésus-Christ montré au peuple. On
voit ici, comme dans la petite estampe, Notre-Seigneur crucifié
entre les deux larrons : il est vu de face vers le milieu de la composition. Les deux larrons, placés à égale distance, de chaque côté,
sont presque de profil. Un des disciples, saint Jean, embrasse le
pied de la croix sur laquelle Jésus est cloué. Au bas de cette même
croix, on distingue la Vierge évanouie dans les bras des saintes
femmes. Entre le Christ et le bon larron, qui est à sa droite, sont
deux cavaliers armés de lances. Auprès d'eux est un troisième
cheval qu'on amène vers la gauche de l'estampe, tandis que le
cavalier qui le montait, met un genou en terre et regarde vers
Notre-Seigneur, les bras étendus. Au milieu, sur le devant, deux
vieux Juifs descendent le Calvaire et paraissent fuir en dirigeant
leurs pas vers la droite. Ces figures sont ébauchées, et seulement
dessinées au trait. Sur la gauche, un peu vers le bas de la planche,
on remarque un groupe composé d'un vieillard affligé et de quelques personnes qui l'emmènent. On lit au milieu du bas, un peu
vers la gauche : *Rembrandt f.* 1653. Fort rare.

Bartsch et Claussin n'ont connu que trois états de ce morceau;
j'en trouve cinq.

Premier état. Il est de la plus grande rareté. La tête du vieillard affligé que quelques personnes emmènent vers la gauche, n'est qu'au trait. La figure qui est près du bord droit de la planche, derrière un buisson, et dont on ne voit qu'une partie, n'est couverte que d'une simple taille. Il n'y a ni nom ni année.

Deuxième état. La figure qui est près du bord droit de la planche est couverte de contre-tailles. Sans nom ni année, comme le précédent. État non décrit.

Troisième état. Le nom de Rembrandt et la date de 1653 sont ajoutés vers le milieu du bas. La tête du vieillard affligé que l'on emmène sur la gauche, est finie et très-ombrée, au lieu de n'être qu'au simple trait, comme dans les épreuves antérieures. Cette épreuve est aussi extrêmement rare.

Quatrième état. Il diffère presque entièrement des trois autres. Toutes les figures sont changées, et groupées presque différemment, à l'exception du Christ en croix, et du bon larron qui est sur la gauche. Les trois crucifiés sont ombrés, et le mauvais larron, qui est sur la droite de l'estampe, se perd dans l'obscurité. Le groupe des chevaux est aussi plus chargé de noir, et présente de notables changements. Celui qui est à gauche se cabre. La tête du cheval qui est le plus près de la croix du Christ, est tournée vers la droite. A la place du cheval qu'un valet conduisait vers la gauche, il y en a un autre dirigé vers la droite, et qui porte un cavalier. Le groupe du vieillard affligé et des personnes qui l'emmènent est entièrement effacé, ainsi que l'un des deux Juifs qui descendent le Calvaire. Celle de ces deux figures qui est à droite, reste la même, mais plus noire ; le nom du peintre et la date sont devenus invisibles. La planche est couverte de hachures rudement données en sens divers, et qui répandent sur tout le sujet la confusion et les ténèbres, principalement aux deux côtés et au bas de l'estampe. Rembrandt n'ayant pas ébarbé ces nouvelles hachures, les épreuves de ce quatrième état sont fort poussées en noir, surtout celles qui ont été tirées les premières. Encore fort rare.

Cinquième état. Il se distingue du précédent par l'adresse *Frans*

Carelse excudit, qu'on lit vers le milieu du bas. Je n'en ai vu qu'une seule épreuve : elle est au *British Museum*. Non décrit.

Hauteur, 0,387; largeur, 0,451.

BARTSCH, 78. CLAUSSIN, 81. WILSON, 81.

Qui expliquera ce mystère? la sublimité, la poésie de l'Évangile n'ont jamais été mieux comprises que de notre temps, et Rembrandt, qui les a si profondément senties, n'a paru lui-même un grand poëte qu'aux générations présentes, à la jeunesse romantique du xixᵉ siècle. Chose étonnante! c'est quand la foi s'est affaiblie, c'est quand la religion s'efface et va disparaître, que tout à coup le sens des Écritures nous touche, et, comme dit Rousseau, que la sainteté de l'Évangile parle à nos cœurs. Révélation tardive! Faut-il donc que la rédemption n'arrive que deux mille ans après le rédempteur?... Pourquoi le texte si longtemps incompris brille-t-il tout à coup en lettres de flammes? Nous voilà, sur la fin du christianisme, aussi attendris par les récits de l'apôtre, que si nous étions au commencement, au temps des martyrs. Il me semble en effet qu'à l'aspect de ces compositions de Rembrandt, nous rentrons dans le crépuscule du moyen âge, que les clartés païennes de la Renaissance se sont obscurcies, et qu'un voile de mélancolie s'étend sur toutes les nations de la vieille Europe. Et pourtant, c'est au xviiᵉ siècle au moment où s'ouvre l'époque gréco-romaine de

Louis XIV, qu'il se trouve dans un coin de la ville
d'Amsterdam, ville à moitié juive, un homme, un grand
peintre, qui, pour la première fois, saisit le côté humain du christianisme, pénètre le sens des paroles de
Jésus, et découvre cette ineffable poésie, cette tendresse
qui avaient échappé aux plus grands maîtres de la catholique Italie. Encore une fois, Rembrandt est le seul
artiste, peut-être, qu'ait visité l'inspiration chrétienne.
Voyez ses contemporains : Poussin traite les sujets de
la religion en philosophe; les peintres italiens s'occupent de mythologie; le Dominiquin, le Guide, cherchant avant tout la beauté, peignent *l'Aurore* et les
Jeux de Diane; Ribera et Zurbaran ne songent qu'à
faire frémir le spectateur par la représentation de sup-
plices les plus atroces ou de la grossière terreur des
moines; Murillo s'abandonne aux douces visions d'un
pieux enthousiasme, d'une dévotion exaltée... mais
personne ne fait entrer dans l'art le véritable génie du
christianisme; personne ne paraît comprendre l'humaine divinité de Jésus-Christ. Rembrandt seul remonte
à l'interprétation des grandes hérésies du moyen âge,
en même temps que, par un pressentiment héroïque,
il vient rejoindre la pensée moderne. Et il se trouve
que cette manière de sentir est bien autrement poétique
que la poésie consacrée.

Par un de ces jeux de clair-obscur familiers à son
génie, Rembrandt va idéaliser ce spectacle ignominieux

du gibet, en y faisant tomber une lumière surnaturelle.
D'abord, c'est un jour blafard qui éclaire les victimes
et les bourreaux. Il n'y a d'achevé, ou du moins, il n'y
a de travaillé encore, que la foule de peuple qui se
presse derrière les cavaliers romains, et le groupe du
vieillard affligé que l'on emmène : ce vieillard est sans
doute Simon le Cyrénéen, qui aida Jésus à porter sa
croix sur le Calvaire. Le reste n'est qu'une indication
toute de génie, dans laquelle la pointe du peintre, allant
droit à l'expression des plus intimes sentiments de
l'âme, la rencontre en quelques traits et du premier
coup. Sans modelé, sans ombres, avec un simple contour, rapide comme les battements de son cœur, Rembrandt exprime les émotions diverses de tous les acteurs
de ce grand drame, l'évanouissement de Marie, la
douleur des disciples, la tendresse de saint Jean qui
embrasse la croix, prêt à recevoir le dernier soupir de
son Maître, la frayeur des pharisiens qui s'enfuient les
jambes vacillantes, la conversion du centenier, l'éternelle brutalité des soldats, et peut-être les remords du
traître Judas, qui se prosterne à terre, repentant et
désespéré. Mais, voulant suivre la sublime agonie du
Nazaréen jusqu'à l'accomplissement du sacrifice, Rembrandt va représenter, sur la même planche de cuivre,
le dernier acte de cette tragédie, je veux dire le moment où Jésus ayant poussé un grand cri, le cri de la
mort, et dit : *Tout est consommé*, le soleil s'éclipse, la

terre se couvre de confusion et d'obscurité, le voile
du temple se déchire, les rochers se fendent, les sé-
pulcres s'entr'ouvrent. Et, en effet, dans le dernier état
de sa planche peinte à l'eau-forte, le peintre a boule-
versé presque toutes ses figures ; la plupart ont changé
de place, le groupe du vieillard qu'on emmène a disparu ; des chevaux se cabrent, qui ont renversé leur
cavalier ; le mauvais larron se couvre d'une ombre
sinistre, une pluie de ténèbres tombe du haut des cieux
sur cette scène d'iniquité, *nubes pluant justum*, et l'œil
ne distingue plus que l'image confuse d'un des pharisiens frappés d'épouvante, la silhouette des bourreaux,
l'heureux scélérat qui a recueilli les prémices du sang
de Jésus-Christ, et enfin la grande figure du Juste qui
se dévoue pour l'humanité...

> Sur la croix que son sang inonde,
> Un fou qui meurt nous lègue un Dieu.

« Rembrandt, qui vivait au milieu d'une population
nourrie de la Bible, dit un écrivain de nos jours, s'est
inspiré, non pas tant des livres saints que de l'interprétation légendaire qu'en avait faite l'imagination du
peuple, et c'est par là qu'il les a rajeunis. On ne sait
pas combien tout sera nouveau quand nous aurons des
artistes populaires... Quelle chose touchante de voir
dans tous les artistes du Nord et du Midi, comment

chaque peuple veut être le peuple de Dieu, participer à
la bonne nouvelle de l'Évangile, avoir le Christ de sa
nation, de sa race, de son temps ! Que par nous ce miracle du cœur se renouvelle, qu'il se rajeunisse, quand
partout il a vieilli [1]. »

54. *Jésus en croix entre deux larrons.*

Petite pièce de forme ovale. La croix du Christ y est tournée un
peu vers la droite; celle du bon larron s'élève de ce même côté,
sur un plan plus éloigné; l'autre croix, vue par derrière, est à la
gauche de l'estampe, et sur cette croix est posé le bâton au bout
duquel est fixée l'éponge. Les trois Maries sont aux pieds de Jésus-
Christ, et plusieurs autres figures sont rassemblées autour des trois
croix. Sur la droite on remarque un cheval qui baisse la tête et
qui n'est vu que jusqu'au poitrail. Le nombre des figures est de
dix-huit.

Cette planche est gravée légèrement et d'une pointe très-fine.
Les premières épreuves sont remplies de manière noire et d'un
effet piquant. Mais celles qu'on rencontre le plus souvent sont dé-
pouillées, grises et d'un ton cru; aussi proviennent-elles d'un
tirage moderne, car il n'est pas douteux que le cuivre existe
encore.

Hauteur, 0,135; largeur, 0,099.

BARTSCH, 79. CLAUSSIN, 84. WILSON, 85.

55. *Jésus en Croix.*

La croix, sur laquelle Jésus-Christ est attaché, est placée de côté
vers la partie gauche de l'estampe. La Vierge est par terre, renver-

1. *La Foi nouvelle cherchée dans l'art, de Rembrandt à Beethoven.*

sée et comme évanouie entre les bras d'une des saintes femmes et de saint Jean qui semblent la secourir et la consoler. Il y a sur le devant un personnage vêtu d'une longue robe et coiffé d'un turban qui est vu par le dos et qui est fort ombré. Au milieu du haut de la planche est gravé *Rembrandt f.*

On trouve, mais très-rarement, des épreuves de cette planche où le fond est teinté en manière noire et qui font un très-bel effet. Wilson pense que ces épreuves constituent le *premier état;* nous pensons, au contraire, qu'elles caractérisent le *second.* Il n'est pas probable, en effet, qu'une teinte en manière noire ait été passée sur la planche par Rembrandt lui-même, puisqu'il n'a jamais employé ce procédé de gravure, bien qu'il eût été inventé de son vivant. Du reste, dans les plus anciennes collections, on ne voit figurer aucune épreuve de ce genre, et celle qui existe au musée d'Amsterdam ne faisait point partie de la collection Van Leyden, qui provenait des dons faits par Rembrandt à son ami Six; cette épreuve a été achetée à la vente du cabinet Einsiedel, à Berlin. Nous avons donc tout lieu de croire que la planche n'a été teintée que longtemps après la mort de Rembrandt, et probablement dans ce siècle, et que les possesseurs du cuivre, pour donner du prix à leurs épreuves, n'en ont tiré qu'un très-petit nombre. Les rédacteurs hollandais du catalogue Verstolk ont pensé de même, puisqu'en mentionnant l'épreuve teintée qui était mise en vente, ils l'ont décrite ainsi : « Idem avec le fond couvert, *retouchée* à la manière noire. » En conséquence, nous établissons comme il suit les états de cette estampe :

Premier état. Avant que le fond de la planche n'ait été teinté en manière noire, les premières épreuves de cet état ont le fond sale. Rare.

Deuxième état. Avec la teinte en manière noire sur laquelle la figure du crucifié se détache en clair.

Troisième état. La teinte est effacée et l'estampe, rendue à son état primitif, est devenue faible.

Nota. Il est évident que si la teinte en manière noire n'avait

pas été effacée après un très-petit nombre d'épreuves, on trouverait fréquemment, dans le commerce, des épreuves teintées, ce qui
n'a pas lieu.

Hauteur, 0,094; largeur, 0,067.

BARTSCH, 80. CLAUSSIN, 85. WILSON, 86.

Prudhon a fait une de ses plus belles œuvres, le
Christ en Croix, qui est au Louvre, en s'inspirant de
cette petite eau-forte qui n'est pas plus grande que la
paume de la main. Il en a même reproduit tout simplement la composition en se bornant à la retourner et
à retrancher le personnage qui, dans l'estampe, est vu
de dos, ainsi que les figures du fond. Au moyen de
cette suppression intelligente, il a obtenu en grand,
l'admirable effet que produit en petit la gravure lorsqu'elle est teintée en manière noire. Le *Christ* de Prudhon est exactement posé comme celui de Rembrandt,
et présente le même raccourci. Mais sa tête sublime se
perd dans des ombres d'une tristesse infinie, et tout le
tableau est éclairé d'une lueur étrange qui laisse dans
la mélancolie des demi-teintes la Madeleine en pleurs
et la Vierge évanouie. Il n'a fallu à Prudhon qu'un
coup d'œil jeté sur le croquis de Rembrandt, pour
voir aussitôt se peindre dans son esprit une scène remplie d'émotion et de poésie. Les grands peintres se
comprennent à demi-mot.

56. *La grande Descente de Croix.*

Grand morceau en hauteur, faisant pendant à l'*Ecce Homo*. Le sujet est éclairé par des rayons qui tombent du ciel directement sur le groupe de ceux qui sont occupés à descendre Jésus-Christ de la croix. On voit dans le haut un homme appuyé sur une des traverses de la croix, qui se penche et tient de la main droite le linceul dans lequel on doit poser le corps du crucifié. Il y a de chaque côté un homme sur une échelle ; l'un d'eux soutient le bras gauche du Sauveur, l'autre lui soulève le bras droit. Au-dessous sont deux hommes vêtus de noir qui reçoivent le corps. A côté, vers la gauche, est un Juif debout, vu de profil, coiffé d'un turban dont les bouts pendent par derrière, et couvert d'un manteau brodé et doublé de fourrure ; il a la main droite posée sur son bâton. On suppose que ce Juif représente Joseph d'Arimathie. Du même côté, dans le lointain, on voit la ville de Jérusalem. Au bas de la droite, sont un homme à genoux et deux des saintes femmes qui étendent un tapis pour y déposer le corps de Jésus-Christ, et derrière elles on remarque plusieurs spectateurs qui paraissent émus de cette triste scène. Dans la marge du bas, on lit : *Rembrandt f. cum privil.*, 1633, et vers la droite : *Amstelodami Hendricus Vlenburgensis excudebat.*

Rembrandt a gravé deux fois ce sujet, et sur deux planches différentes, ainsi que l'a fait observer Wilson. La première fois, ayant trop chauffé sa planche, il en brûla le vernis ; mais il grava son sujet sans se douter de cet accident, dont il n'aperçut les suites fâcheuses qu'au moment où il versa l'eau-forte sur la planche. Il fut alors obligé d'ôter l'eau-forte précipitamment, mais il était déjà trop tard, et la gravure, mordue à travers ce vernis écrasé, présentait une saleté générale sans aucun ménagement de clair : il fallut la recommencer.

De cette première gravure ainsi manquée, et qui était cintrée

par le haut, on ne connaît que trois épreuves : une qui est au Cabinet
des Estampes, à Paris, une autre qui est au British Museum, et une
troisième qui est au musée d'Amsterdam. Celle-ci provient de la
vente Verstolk, où elle fut adjugée pour 250 florins. M. Verstolk
l'avait achetée à la vente de M. Robert Dumesnil, qui la tenait de
Claussin, lequel l'avait obtenue comme double, du Cabinet des
Estampes de Paris, par voie d'échange.

La seconde planche sur laquelle Rembrandt reproduisit son sujet, était plus grande d'un pouce environ et de forme carrée par le
haut, au lieu d'être cintrée, comme l'était la première. Il fit quelques changements à sa composition, notamment dans les deux
figures du fond qui s'aperçoivent sur la droite, entre le vieillard
nu-tête qui a les mains jointes, et le vieillard en bonnet qui avance
la main gauche. L'une de ces figures, ou plutôt de ces têtes, qui
était de face dans la première planche, est de profil dans celle-ci :
l'autre, qui a un mouchoir sur les yeux, dans la seconde planche,
ne l'avait pas dans la première.

Il existe quatre états de cette seconde planche :

Premier état. Les deux hommes vêtus de noir qui reçoivent
dans leurs bras le corps de Jésus-Christ, ont les jambes ombrées
d'une seule taille. Fort rare.

Deuxième état. On remarque des contre-tailles sur les jambes
des deux hommes vêtus de noir qui reçoivent le corps.

« Cette épreuve, dit Claussin avec raison, n'a pas la finesse et le
« brillant de la précédente, quoique plus forte de ton, ce qui me
« fait présumer que Rembrandt aurait pu la remordre, surtout
« dans les parties les plus ombrées, où l'on trouve une dureté qui
« n'est point dans l'autre. Elle est également avant l'adresse et ne
« se trouve pas communément. »

Troisième état. On lit en bas l'adresse de Hendricus Vlenburgensis, d'Amsterdam.

Quatrième état. Avec l'adresse de Justus Danckerts.

Hauteur, 0,541; largeur, 0,410.

BARTSCH, 81. CLAUSSIN, 83. WILSON, 83-84.

En écrivant la vie de Rembrandt dans l'*Histoire des Peintres,* nous avons déjà parlé de cette composition. Qu'il nous soit permis de reproduire ici le jugement qne nous en avons porté dans cet ouvrage [1] : « Combien de fois la peinture n'a-t-elle pas représenté la tragédie du Calvaire? Depuis Daniel de Volterre jusqu'à Rubens, combien de peintres n'ont-ils pas choisi surtout le moment où le Christ mort descend du gibet? Eh bien! dès que Rembrandt aborde le même sujet que ces grands maîtres, il le met en scène avec une sublimité imprévue. A la considérer du haut de ces convenances qu'on appelle le style, le *costume,* les nobles traditions, *la Descente de Croix* serait sans doute un tableau insoutenable : la tête et le corps du crucifié sont d'une affreuse laideur. Les hommes qui l'ont décloué, ceux qui tiennent le linceul ou qui supportent dans leurs bras le cadavre tombant, les spectateurs de la scène, les trois Maries, appartiennent par leur accoutrement bizarre et déchiré, par leurs coiffures et leurs formes, aux espèces les moins nobles, les plus déchues. Debout, sur le premier plan, dans une attitude d'indifférence, se pose une sorte de bourgmestre coiffé d'un turban et couvert d'un manteau brodé, doublé de fourrures. Il appuie sa main sur une canne

---

1. *Histoire des Peintres de toutes les écoles, depuis la renaissance jusqu'à nos jours.* Paris, veuve Renouard, rue de Tournon, 6.

de commandement, et ressemble si bien à un commis-
saire qu'aurait envoyé la justice pour assister à l'enlè-
vement du cadavre, qu'on pourrait se croire à la
morgue de Jérusalem. Mais Rembrandt, par un coup
de maître, va prêter à cette scène de deuil une étonnante poésie. Voici qu'une lumière tombe d'en haut,
comme un regard de Dieu, sur le corps de la victime.
Une pluie de rayons perce l'obscurité du ciel et inonde
le tableau, tandis que la triste Jérusalem paraît noyée
là-bas dans les demi-teintes, une clarté glorieuse fait
vivre et resplendir l'image de la mort. Ces serviteurs
en guenilles n'ont plus rien de vulgaire : on ne remarque plus que leur geste expressif, leurs précautions
délicates et passionnées, leur douleur. Et comme elle
est sentie ! comme elle est profonde ! Quel contraste
entre l'impassibilité de l'homme à turban et la tendresse
des pauvres, entre ce Juif brillant d'hermine, de pail-
lettes et d'or, et ces misérables qui sont si pleins
d'âme sous leurs haillons ; véritable troupeau du
Christ, dont un supplicié sera le dieu. Voilà comment
il est prouvé que la noblesse ne tient pas seulement
aux formes, mais au sentiment qui les anime. La
représentation de quelques chrétiens émus ou pleurant
aux funérailles de leur Dieu, pouvait bien se passer
de la beauté antique, de la beauté païenne. Il suffisait
de souffler une âme au tableau, et c'est ce qu'a fait
Rembrandt en y jetant la lumière de son génie. Com-

ment ne pas s'intéresser à une telle scène, quand le
ciel même s'y intéresse! »

Rembrandt a fait un tableau de cette composition,
et ce tableau, qui est dans la Pinacothèque de Munich,
est cintré comme la première des deux planches que
nous venons de décrire; la composition est la même,
sauf quelques accessoires : seulement le parti de lumière est différent. Dans la peinture, le rayon principal ne tombe que sur le Christ, mais Rembrandt, sen-
tant bien qu'une estampe doit avoir une plus grande
somme de clair qu'un tableau, a changé son effet dans
la gravure, en élargissant sa lumière, et il a trouvé
ainsi une autre façon d'étonner le spectateur et de
l'émouvoir.

57. *Descente de Croix.*

Ce morceau n'est gravé qu'au trait. La figure du Christ, qui est
au milieu de la planche, est vue presque de face. Son bras gauche
est déjà détaché de la croix, et de l'autre côté on voit un homme
monté sur une échelle double qui, avec des tenailles, arrache le clou
enfoncé dans la main droite. A gauche est la Vierge évanouie dans
les bras d'une des saintes femmes. Devant elles sont des os, un
crâne, et sur la droite une couronne d'épines. Auprès de la croix,
on remarque une des trois Marie échevelée et en pleurs. De l'autre
côté, saint Jean lève un linceul pour recevoir le corps de Jésus-
Christ. Au bas de la droite, on lit : *Rembrandt f.* 1642.

Dans les premières épreuves le fond est sale, et il y a un peu de manière noire en plusieurs endroits, notamment au groupe de gauche.

Hauteur, 0,148, largeur, 0,117.

BARTSCH, 82. CLAUSSIN, 86. WILSON, 87.

Si cette pièce n'est pas commune, cela tient peut-être à ce que Rembrandt l'aurait esquissée à l'imitation d'une *Descente de Croix*, gravée en bois, sur le dessin d'un maître allemand de l'époque d'Albert Durer. Je tiens cette remarque d'un amateur fort compétent.

58. *Descente de Croix au flambeau.*

Le sujet est placé sur une colline à la gauche de l'estampe. Au bas est un brancard sur lequel Joseph d'Arimathie étend un linceul pour recevoir le corps de Jésus-Christ que les disciples descendent de la croix. Un d'eux tient le corps dans ses bras; un autre éclaire la scène avec un flambeau. Le haut de la gravure et la partie droite sont plongés dans l'obscurité. On y aperçoit les murs de Jérusalem, quelques figures indistinctes et une main qui sort de l'ombre. Au bord de la droite est la figure d'un homme coiffé d'un haut bonnet qui paraît richement vêtu. L'estampe est signée sur les bords du linceul : *Rembrandt* 1635.

On ne connaît qu'un seul état de cette planche, c'est celui que nous venons de décrire. Les épreuves ne diffèrent donc entre elles que par la présence ou l'absence des barbes, et par le plus ou moins de vigueur dans les parties noires.

Hauteur, 0,210; largeur, 0,162.

BARTSCH, 83. CLAUSSIN, 87. WILSON, 88.

On dirait que le grand goût de l'Italie se mêle ici à la poésie du Nord, car le génie de l'effet se marie, dans ce morceau à un sentiment de noblesse tout à fait inattendu. Le Christ mort n'est point laid cette fois, et Rembrandt a pu donner une expression profonde à ses figures sans leur imprimer un caractère de vulgarité. On peut voir, cependant, que le meilleur de son tableau est encore ce qu'il y a mis de son propre fonds. Je parle de cette lumière magique qui prête tant de poésie à la scène, de cette main blanche qui sort de l'ombre noire, et qui éveille la même impression que ferait un grand cri poussé dans les ténèbres.

Quelle différence de la grande Descente de Croix à celle-ci! et quelle variété de moyens pour arriver à des effets également pathétiques! Là c'est une scène vraiment chrétienne où le Dieu des pauvres tombe expiré dans les bras de quelques fidèles, émus jusqu'aux entrailles. Ici c'est un Dieu qui n'a d'humain que la forme et dont la divinité rayonne jusqu'au sein de la mort. Il est remarquable que la laideur et la trivialité des figures dans la grande Descente de Croix, sont relevées par un miraculeux coup de lumière, par un rayon d'en haut qui perce l'obscurité d'un ciel sinistre, tandis que la scène, éclairée ici à la lueur naturelle d'un flambeau nocturne, emprunte un autre genre de beauté du caractère même des figures et de la sensation produite par ce froid linceul qui attend le cadavre au pied du Calvaire, sous un ciel noir.

59. *La Vierge de douleur*.

La sainte Vierge, vue à mi-corps, dirigée vers la droite de l'estampe, au-devant d'un appui de pierre sur lequel sont placés la couronne d'épines et les clous du crucifiement. Elle paraît méditer sur les instruments de la Passion. Ce morceau est de la plus grande rareté.

Il en existe deux états :

Premier état. On voit plusieurs tailles durement gravées sous le menton de la Vierge et au-dessous de ses deux bras. Dans ces trois endroits, sont de grosses taches qui semblent provenir de ce que les tailles dont nous parlons n'auraient pas été ébarbées.

Second état. Les tailles durement gravées sont éclaircies.

Hauteur, 0,090; largeur, 0,110.

BARTSCH, 85; CLAUSSIN, 89; WILSON, 90.

Il est probable que l'extrême rareté de cette estampe provient de ce que Rembrandt n'en aura tiré qu'un petit nombre d'épreuves, n'en étant point satisfait. Du reste, nous n'y trouvons rien de bien remarquable, et au premier abord, nous serions tenté de croire qu'elle n'est pas même de Rembrandt. Le geste est *ponsif* comme celui d'une vierge bolonaise ; la draperie n'offre que des plis sans caractère et sans modelé. L'expression est froide, ce qui n'arrive jamais à Rembrandt. Enfin, le travail lui-même manque d'esprit. Je ne serais donc pas surpris que la *Vierge de douleur* fût l'ouvrage de Ferdinand Bol ou de quelque autre peintre

de la même école, s'inspirant d'une gravure italienne;
et bien que Rembrandt n'ait pas signé toutes ses planches, on peut considérer ici l'absence de son monogramme comme un indice de plus que cette eau-forte
n'est pas de lui, ou du moins n'est qu'un de ces essais
de pointe auxquels on n'attache aucune importance,
et que le peintre abandonne quand il n'y a pas entrevu
la chance d'une figure heureuse ou d'un sujet bien
senti.

60. *Jésus-Christ porté au tombeau.*

Morceau gravé légèrement. On voit à la droite de l'estampe le
corps de Jésus-Christ étendu sur un brancard porté par quatre
personnes, autour desquelles marchent des disciples et des femmes
qui pleurent. Le brancard se dirige vers une caverne que l'on
aperçoit à la gauche, au pied d'une haute montagne. Au loin, sur
un plateau, sont dessinées quelques figures; au milieu du bas est
écrit *Rembrant* sans *d*.

Les premières épreuves ont un peu de barbes.

Hauteur, 0,032; largeur, 0,108.

BARTSCH, 84. CLAUSSIN, 88. WILSON, 89.

Le ciel est gris, le temps paraît froid; on croit sentir dans l'air une humidité pénétrante. Les disciples
portent sur un brancard le cadavre de leur Maître, et
Marie les suit en sanglotant. Ici pas d'effet, pas de
clair-obscur; les enterreurs passent comme des fan-

tômes légers ; la pointe du graveur les a dessinés d'un
trait qui a seulement effleuré le cuivre. Un simple
nuage d'eau-forte a glissé sur eux, et l'on ne voit un
peu d'ombre qu'à l'entrée de la caverne où le Dieu sera
tout à l'heure enseveli. Mais bientôt le peintre va nous
faire entrer avec les saintes femmes dans les grottes
profondes du sépulcre, et les solennités de la mort
seront alors exprimées par le triomphe des plus épaisses
ténèbres, et pour ainsi dire, par le silence de la lumière.

61. *Jésus mis au tombeau.*

Ce morceau fait pendant au n° 58, *la Descente de croix au
flambeau.* Il se compose de douze figures. On voit au bas de la
droite les disciples qui ensevelissent le corps de Jésus-Christ enveloppé d'un linceul. Sur le devant, à gauche, sont les trois Maries
qui pleurent sa mort. Au-dessus paraissent trois personnages debout, dont le plus remarquable est un vieillard à barbe blanche,
Joseph d'Arimathie, sans doute, qui appuie ses deux mains sur un
bâton et regarde le cadavre. Dans le fond se dessine une voûte
cintrée, au bas de laquelle s'avance un appui de pierre où sont
placées deux têtes de mort. Au-dessus de cette voûte se distingue
une grande arcade qui touche à l'extrémité supérieure de la
planche. Cette pièce est rare. Elle est sans nom et sans date. Les
épreuves qu'on en trouve sont variées d'effet, mais elles diffèrent
entre elles plutôt par la manière dont elles sont imprimées, que
par des changements véritables. Il n'y a que trois sortes d'états
essentiellement distincts, c'est-à-dire produits sur le cuivre même
par le travail de la pointe ou de l'eau-forte.

Premier état. Il est à l'eau-forte pure : il y a beaucoup de parties claires ; la paroi du caveau, entre la Vierge et le disciple vu de dos, est toute blanche. Les ombres ne sont qu'ébauchées ; le haut du fond est gravé d'une simple taille. Très-rare.

Il y a une épreuve de ce premier état avec une teinte imitant un lavis à l'encre de Chine. Cette teinte qui couvre les ombres et la figure vue de dos, et qui, dans le fond, descend jusqu'aux têtes de mort, est obtenue avec du noir d'imprimeur légèrement étendu sur le cuivre au moment de l'impression.

A la fameuse vente du ministre d'État, Verstolk de Soelen, qui eut lieu à Amsterdam, en 1847, on vit une épreuve teintée de ce premier état, qui présentait dans le fond des fenêtres gothiques. Cette épreuve, qui passait pour unique, fut vendue 90 florins. Elle est aujourd'hui au musée d'Amsterdam.

Deuxième état. La planche est partout couverte de doubles et triples hachures, notamment sur toute la paroi du caveau entre la Vierge et le disciple vu de dos ; des tailles sont ajoutées horizontalement sur la partie droite du linceul.

On connaît plusieurs épreuves de cet état. La première est imprimée de la façon ordinaire. La seconde est teintée partout à l'impression, comme nous l'avons dit plus haut. On remarque une partie claire auprès des têtes de mort, sur le bord droit de la planche. La troisième, également teintée, ne présente de clair que sur le linceul du Christ. On y distingue mieux les détails. On aperçoit au-dessus des têtes de mort un reflet sur lequel elles se détachent en noir. La quatrième est toute noire. Les figures sont teintées ; on ne reconnaît que celles qui sont autour du corps. La petite voûte au-dessus des têtes de mort se dessine en demi-teinte sur l'obscurité du fond.

Ces quatre épreuves, qui ne constituent pas des états, mais seulement des différences obtenues par l'imprimeur, ont été décrites sommairement dans la *Revue universelle des Arts*, par M. Kleinkhamer, conservateur au musée d'Amsterdam.

Troisième état, non décrit. Des tailles horizontales sont ajoutées au haut de la droite, sans remplir la totalité de l'angle; ces tailles dépassent le cintre de la voûte, et sont destinées à en perdre le contour. Il s'en trouve des épreuves où quelques clairs vifs sont ménagés sur le linceul, sur les têtes des deux disciples qui soutiennent le corps, sur la joue et la main de la Vierge, sur les mains et le visage de Joseph d'Arimathie.

Hauteur, 0,162; largeur, 0,180.

BARTSCH, 86; CLAUSSIN, 90; WILSON, 91.

C'est uniquement par son extrême rareté que les amateurs recherchent le premier état de cette estampe, qui n'est, à vrai dire, qu'une préparation brutale pour arriver à un effet prémédité. Si Rembrandt s'est contenté ici d'indiquer le geste de chaque personnage et son attitude par quelques traits grossiers, sans s'occuper des contours ni du détail, c'est qu'il avait l'intention de plonger toute cette scène dans l'obscurité, de noyer dans l'ombre ces contours. Quand on veut obtenir des teintes sourdes et des noirs profonds, il importe de préparer largement son eau-forte, afin qu'il reste une certaine transparence dans la gravure, en dépit des travaux additionnels de la pointe sèche. C'est ce qu'a fait Rembrandt.

Les amateurs qui possèdent ou qui ont vu les états postérieurs de cette planche, et qui savent quel admirable parti en a tiré le peintre, seront satisfaits sans doute que nous en ayons reproduit l'ébauche, non-seulement parce qu'elle est rare, mais parce qu'elle montre

par quelles variations a dû passer ce tableau funèbre,
avant de produire l'impression que Rembrandt lui-
même avait ressentie en la composant. Car cette histoire de la passion de Jésus-Christ, Rembrandt l'a
suivie pas à pas avec le sentiment religieux d'un chrétien, avec l'émotion d'un poëte, et c'est comme moyen
d'exprimer cette émotion, qu'il a choisi un effet si mystérieux de clair-obscur. Dans le morceau qui précède,
nous avons vu passer à la clarté du jour le brancard
sur lequel les disciples portaient le corps de leur Dieu.
Ici nous sommes entrés avec les saintes femmes dans
la grotte du sépulcre. L'inhumation se fait sous une
voûte éclairée par un flambeau qu'on ne voit point, et
une vive lumière frappe d'abord les parois du caveau;
mais bientôt, par une suite d'estampes qui ne seront
que des épreuves variées d'une même gravure, Rembrandt va exprimer tout ce qui se passe dans son imagination émue. Il semble qu'à mesure que le corps
descend dans la tombe, la lumière descend aussi,
qu'elle diminue et s'affaiblit insensiblement; tout se
confond peu à peu, tout s'efface; et à la quatrième
épreuve les figures et le cadavre paraissent enveloppés
comme d'un suaire d'obscurité sinistre; les lumières
sont éteintes, la nuit du tombeau a commencé. Il ne
reste plus sur cette gravure inimitable qu'une réverbé-
ration des flambeaux disparus, un reflet lointain,
sourd, presque invisible de quelque chose qui fut la

lumière, un vague souvenir de quelque chose qui fut la vie...

62. *Les Pèlerins d'Emmaüs* (en petite dimension).

Pièce nommée : *Les petits Pèlerins d'Emmaüs.*

Jésus-Christ est assis à table avec deux disciples, devant lesquels il rompt le pain. Sa tête est environnée d'une auréole lumineuse. Il est placé sur la droite de l'estampe, ayant un chien à ses pieds, sur le devant. Le disciple qui est à sa droite, et qui est nu-tête et vu de face, coupe un gigot qu'il tient de la main gauche. Le second disciple, coiffé d'un haut bonnet, est assis dans un fauteuil, tout à fait sur la gauche, vis-à-vis de Jésus-Christ. Ses mains sont jointes et élevées comme celles d'un homme qui prie. En regardant avec beaucoup d'attention la partie noire du fond de l'estampe, on distingue avec peine une quatrième figure perdue dans l'ombre, et qui semble être celle d'un serviteur. Sur le devant de la gauche, aux pieds du disciple assis dans un fauteuil, on remarque un bâton et un havresac. Au milieu d'une petite bande claire, qui est dans le bas, on lit : *Rembrandt f.* 1634.

Premier état. Ayant des tailles horizontales au-dessous de celles qui existaient déjà sur le pied de la table.

Second état. Le pied de la table a été couvert de contre-tailles, dans toute sa longueur, jusqu'à la lumière.

Hauteur, y compris la bande claire du bas, 0,161 ; largeur, 0,072

BARTSCH, 88. CLAUSSIN, 92. WILSON, 93.

« Et comme ils furent près de la bourgade où ils allaient, il faisait semblant d'aller plus loin ; mais ils le forcèrent, en lui disant : Demeure avec nous, car le soir approche et le jour commence à baisser. Il entra donc pour demeurer avec eux.

« Et il arriva que, comme il était à table avec eux,
il prit le pain et il le bénit, et l'ayant rompu, il le leur
distribua. Alors leurs yeux furent ouverts, en sorte
qu'ils le reconnurent, mais il disparut de devant
eux. »

Rembrandt a lu plus d'une fois ce texte de l'Écriture, et plus d'une fois il a vu s'éclairer dans son imagination le drame héroïque et humain que l'Évangé-
liste avait su peindre en si peu de mots. Des deux
estampes qu'il a inventées et gravées sur ce sujet,
celle-ci me semble la meilleure. Comme toute la scène
est bien renfermée dans ce petit espace! On ne saurait
y rien ajouter ni en retrancher rien. Jésus-Christ est
Dieu, et l'auréole qui environne sa tête, émanation
rayonnante de sa pensée, lui donne un caractère divin;
mais il est homme aussi, et dans l'intimité de ce repas
frugal avec ses deux disciples, il rompt le pain comme
ferait un ami, il partage avec eux comme un frère.
Ainsi, le grand symbole de la fraternité, qui est au
fond même de la doctrine du Christ, est exprimé ici
de deux manières, dans la simplicité d'une action
réelle et dans le sens idéal d'un emblème. Tandis que
la présence du chien du logis donne à la composition
un aspect familier et touchant, comme si le peintre
eût voulu dire que les races inférieures de la création
doivent obtenir leur part du pain rompu et être ad-
mises au banquet de la charité universelle, le nimbe

rayonnant, qui éclaire le tableau, élève à la hauteur
d'un précepte divin, d'une religion, l'acte d'un maître
qui se met en communion avec ses disciples, d'un ami
qui fraternise avec ses amis.

Rembrandt, disons-nous, a plus d'une fois traité ce
sujet. Non-seulement il en a composé deux estampes
différentes, mais il l'a dessiné de plusieurs manières.
Ainsi, Houbraken, dans son *Grand Théâtre des Peintres*, a inséré une gravure faite d'après un dessin de
Rembrandt, qui représente également le Christ avec
les disciples d'Emmaüs [1]. Mais cette fois le peintre s'est
attaché à rendre le passage de l'Écriture qui dit :
« Alors leurs yeux furent ouverts, et ils le reconnurent;
mais il disparut de devant eux. » La figure du Christ
est absente, en effet, dans le dessin sublime dont je
parle, et sur le siége d'où elle vient de disparaître, on
ne voit plus qu'une lueur mystérieuse, fantastique,
très-bien expliquée cependant par le geste d'étonnement et de frayeur que font les deux disciples, en
voyant les derniers rayons d'une impalpable lumière,
à la place où tout à l'heure ils ont touché la main
d'un ami et entendu sa voix. Je ne sache pas que
l'art italien se soit élevé jamais à une telle poésie. Elle
ne peut être trouvée que par ces rares grands hommes
dont le génie se développe en silence, au sein du

---

1. On trouve un pareil dessin à l'état d'ébauche dans les *Imitations
de dessins* de Ploos Van Amstel.

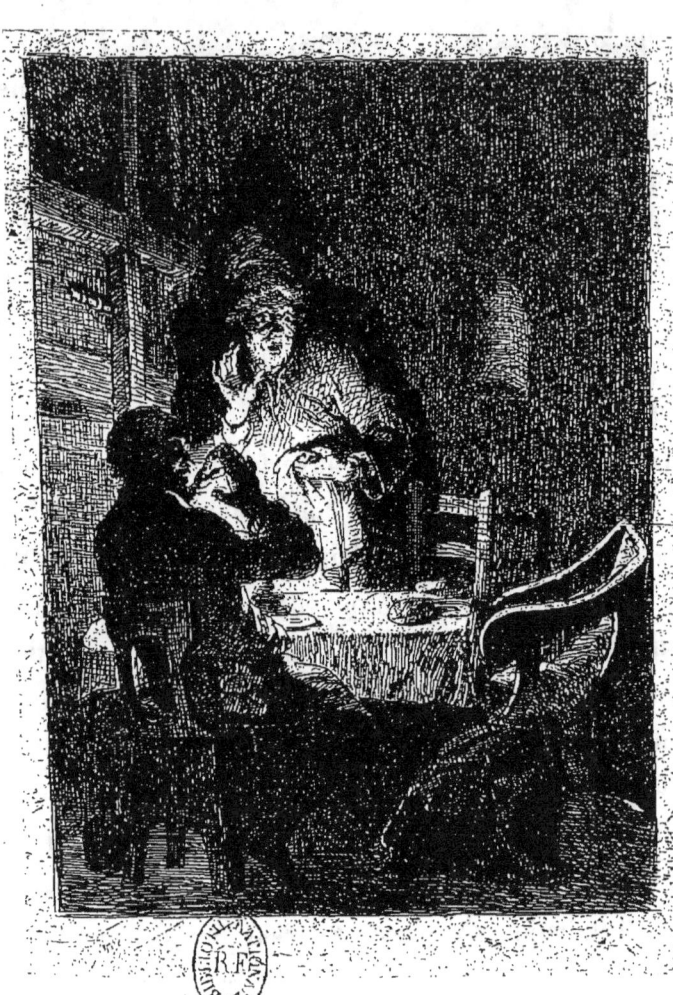

recueillement que procurent les pâles journées d'hiver, dans les brumeuses contrées du septentrion.

63. *Les Pèlerins d'Emmaüs.*

Jésus, vu de face, est à table entre ses deux disciples. Il est représenté au moment où il vient de rompre le pain, dont il tient un morceau dans chaque main. Il a devant lui un plat de viande et un gobelet. Le disciple, placé à sa droite, c'est-à-dire à la gauche de l'estampe, est debout, les mains jointes et élevées; l'autre est assis du côté opposé, et il ouvre les bras dans une attitude de surprise. De ce même côté, sur le devant, un serviteur appuie sa main gauche sur la rampe d'un escalier qu'il descend, mais dont les marches ne se voient point. Il est suivi d'un chien. Au bas de la gauche, on lit *Rembrandt f.* 1634.

Cette pièce est gravée librement et à grosses tailles. On en connaît deux états. Dans le premier, les rayons qui émanent de la tête du Christ ainsi que le chapeau du disciple qui est à sa gauche, ont manqué à l'eau-forte sur plusieurs points. Cet état est fort rare.

Dans le *second état*, les rayons et le chapeau sont mieux exprimés. Il en est de même de l'ombre du rideau sur lequel se détache la tête du disciple placé à la gauche de l'estampe; cette ombre reprise ne présente plus d'interruption.

Hauteur, 0,210; largeur, 0,100.

BARTSCH, 87. CLAUSSIN, 91. WILSON, 92.

Rembrandt a été fortement préoccupé de ce sujet pathétique, un des plus beaux que fournisse l'Écriture. Il en a fait plusieurs dessins, deux eaux-fortes et différents tableaux. Celui qui est au Louvre est tout imprégné de la poésie chrétienne, et enveloppé de mystère. Les disciples reconnaissent Jésus aux paroles sorties de son âme. « Le jeune serviteur qui apporte le poisson est en rapport, par son ingénuité, avec cette scène qu'il ne peut pas comprendre. Sur la table bénie, si splendide par la lumière, il n'y a rien. Combien ces trois hommes sont pauvres! Quel bon goût du cœur de leur avoir donné des vêtements misérables! Mais la lumière de justice et de miséricorde n'est-elle pas là pour tout parer, pour tout enrichir? Rembrandt, à qui l'on reproche d'avoir affectionné les choses bizarres, n'a pas mis un accessoire qui diminuât l'effet d'une telle scène. Qui aurait eu ce tact? Le Titien lui-même, dans ses *Pèlerins d'Emmaüs*, n'a pas su s'en garder, car, sous la table, il a mis un chien en querelle avec un chat... Flamme humaine ou divine dont Rembrandt a éclairé ses œuvres, qui vous aura maintenant? Mozart l'a eue aussi dans sa musique... Les œuvres de cet homme sont des foyers qui gardent l'étincelle où peuvent s'allumer d'autres âmes. [1] »

64. *Jésus apparaissant à ses disciples.*

Morceau en travers, très-légèrement griffonné. On y voit Jésus-Christ apparaissant à ses disciples après sa mort. Il est debout, presque de profil, et dirigé vers la gauche, à peu près au milieu de l'estampe. Un personnage que l'on peut prendre pour Thomas, l'incrédule, est à genoux devant lui. Les autres disciples, l'un age-nouillé à la gauche du Christ, les autres assis ou debout, expri-

1. *La Foi nouvelle cherchée dans l'art*, de *Rembrandt à Beethoven* (par Dumesnil Michelet). Paris, 1850.

ment l'étonnement que leur causent l'incrédulité de Thomas et ces paroles que Jésus semble lui dire : *Mets ta main dans mon côté, et ne sois point incrédule, mais fidèle.* A la gauche, sur le devant, on remarque une espèce d'hydropique assis dans un fauteuil. On lit au milieu du bas : *Rembrandt, f.* 1650. Ce morceau est rare.

Nota. Gersaint a décrit cette pièce au n° 68 de son catalogue, sous le titre évidemment erroné de *Jésus guérissant les malades*, et Daulby a renouvelé l'erreur de Gersaint, bien qu'il ait fait assez d'attention à l'estampe, pour remarquer que la description de Gersaint était inexacte. Pierre Yver, dans son *Supplément*, fait observer avec raison que la pièce décrite par Gersaint au n° 64 de son catalogue, est la même que celle décrite par le même auteur sous le n° 76.

Hauteur, 0,212; largeur, 0,162.

BARTSCH, 89. CLAUSSIN, 93. WILSON, 94.

Il est, je crois, impossible d'exprimer plus de choses avec moins de travaux. Il n'y a pas dans cette admirable estampe, une seule hachure inutile, un seul trait de pointe qui ne porte coup. Celui qui connaît la manière habituelle de Rembrandt, peut déjà pressentir l'effet du tableau, et par les yeux de la pensée le voir s'éclairer de cette clarté miraculeuse dont les rayons sont déjà si vivement indiqués. Le Christ porte en lui sa lumière; partout où il se montre, il marche environné d'une auréole glorieuse, et sa présence illumine le théâtre de ses prédications, de même que sa parole éclaire, échauffe l'esprit de ceux qui l'entourent. Si cette belle estampe était finie, ou si Rembrandt en eût

fait le motif d'une grande peinture, on verrait le Christ
vêtu d'une lueur mystérieuse, comme un divin fantôme, accabler de ses rayons l'incrédule confondu et
agenouillé devant lui. Rangés autour de leur Maître,
les autres disciples seraient inégalement frappés de sa
lumière, et quelques figures s'enfonceraient et iraient
se perdre dans une ombre profonde. Têtes communes!
rudes visages de pêcheurs! mais comme le sentiment
les anime, comme l'expression les ennoblit et les
relève! Les uns, malgré leur foi, sont étonnés,
éblouis de cette apparition effrayante, et l'on en voit
qui se cachent la figure dans leurs mains; les autres,
surpris de l'incrédulité de Thomas, ou plutôt de sa
conversion tardive, joignent leurs mains dans l'attitude de la prière, se prosternent comme lui aux pieds
de Jésus, ou s'abîment dans la contemplation du miracle. « Et comme ils tenaient ces discours, Jésus se
présenta lui-même au milieu d'eux et leur dit : Que la
paix soit avec vous! Mais eux, tout troublés et épouvantés, croyaient voir un esprit.

« Et il leur dit : Pourquoi vous troublez-vous et
pourquoi monte-t-il des pensées dans vos cœurs?
Voyez mes mains et mes pieds, car c'est moi-même :
touchez-moi et me considérez bien; car un esprit n'a
ni chair ni os...

« Et huit jours après, ses disciples étant encore
dans la maison, et Thomas avec eux, Jésus vint, les

portes étant fermées, et fut là au milieu d'eux, et il leur dit : Que la paix soit avec vous!

« Puis il dit à Thomas : Mets ton doigt ici, et regarde mes mains; avance aussi ta main et la mets dans mon côté; et ne sois point incrédule, mais fidèle. Et Thomas répondit, et lui dit : Mon Seigneur et mon Dieu!... »

Encore une fois, si Rembrandt eût ajouté à cette scène magique le prestige de son clair-obscur, on verrait se remuer autour du Christ rayonnant, toutes ces belles figures d'apôtres, qui s'avanceraient à la lumière ou s'effaceraient dans l'ombre; mais je ne sais pourquoi l'inachevé de cette composition sublime la rend peut-être encore plus touchante, parce qu'elle sollicite et ravit l'imagination, en lui faisant apparaître la scène d'une manière ébauchée, légère et vague, comme elle nous apparaîtrait dans les visions d'un songe. [1]

65. *Saint Pierre guérissant le paralytique.*

Sur la droite de l'estampe, le paralytique, assis par terre, ayant deux béquilles à côté de lui, lève son bras droit vers les apôtres pour leur demander l'aumône, et leur montre en même temps sa main gauche estropiée. Saint Pierre, qui est debout, se penche vers

[1]. Quelques amateurs ont pensé que cette estampe se rapportait à un autre passage de l'Écriture; mais n'ayant rien trouvé dans l'Évangile qui nous parût s'accorder avec la composition de Rembrandt, nous avons respecté l'interprétation de Bartsch, qui est encore plus plausible que celle de Gersaint.

lui en étendant les deux bras, et saint Jean est auprès de lui, tout
à la droite de l'estampe, dans une attitude inclinée aussi, et couvert d'un manteau comme saint Pierre. Sur la gauche sont indiquées, à grands traits, la porte extérieure du temple et les voûtes
du vestibule. On aperçoit deux Juifs qui montent l'escalier et qui
sont vus à mi-corps. Cette pièce est de la plus grande rareté.

Hauteur, 0,227; largeur, 0,169.

BARTSCH, 95. CLAUSSIN, 98. WILSON, 99.

La rareté extrême de ce morceau est facile à comprendre, surtout s'il est bien de Rembrandt, car on
pourrait l'attribuer aussi à Lievens. Il est clair que le
peintre n'en a pas été satisfait, et qu'après en avoir
tiré deux ou trois épreuves, il a renoncé à le finir. A
vrai dire, ce n'est qu'une ébauche, d'un travail rapide
et grossier, dans laquelle on sent néanmoins la griffe
d'un maître. La tête de saint Pierre est d'un beau
caractère et son geste est plein d'onction; mais la
figure de saint Jean est sans dignité et sans noblesse,
et Rembrandt paraît en avoir jugé ainsi, car il a maculé son estampe, soit sur le cuivre au moment de
l'impression, soit sur l'épreuve même en y promenant
son doigt. Quant au paralytique, il est indiqué d'une
manière admirable en quelques coups de pointe, et il
rappelle, par l'énergie de sa laideur et le naturel de son
attitude, la belle figure de boiteux que Raphaël a dessinée dans une des fameuses tapisseries dont les cartons sont maintenant en Angleterre, au palais de

15

Hamptoncourt, et qui représente également Pierre
Jean à la porte du temple.

66. *Saint Pierre guérissant le paralytique.*

Une grande porte cintrée « la belle porte du temple » mesure
oute la largeur de l'estampe. Sur le devant est un pauvre estropié assis par terre et vu de dos. Il implore le secours de saint
Pierre qui est debout devant lui, enveloppé d'un manteau et les
bras étendus. Saint Jean, vu de profil, est aussi debout auprès de
saint Pierre, et, comme lui, enveloppé de son manteau. Ses bas
tombent sur ses chaussures ; à la gauche de l'estampe, au coin de
la porte, on voit deux juifs qui regardent le paralytique et les deux
apôtres. Le fond est rempli par une riche ordonnance d'architecture ; c'est le temple de Jérusalem ; les degrés d'un escalier magnifique conduisent à un autel où le grand prêtre des Juifs, placé
sous un dais, préside à un sacrifice. Sur la droite, autour des
degrés, s'élève un amphithéâtre occupé par une grande foule. On
lit au bas de l'estampe sur la dalle où est assis le paralytique :
Rembrandt f. 1659.

Il y a quatre états de ce morceau, dont le cuivre existe encore.

Premier état. Le manteau de saint Pierre a fort peu de plis et
paraît d'une étoffe roide ; les jambes de cette figure sont lourdement et mal dessinées, la planche ne semble pas terminée. Extrêmement rare.

Deuxième état. Le manteau est repris et mieux modelé ; les
têtes sont mieux caractérisées et avec plus d'esprit ; le dessin des
jambes est retouché.

Troisième état. L'ombre du bas de la droite a été reprise à la
roulette et occupe presque toute la largeur du pavé jusqu'à la dalle
où est assis le boiteux ; au lieu que dans les épreuves précédentes,
cette partie était moitié noire et moitié grise.

Quatrième état. La courbure de l'arche est travaillée dans son épaisseur au haut de la droite et présente de nouvelles hachures données librement et rapidement.

Hauteur, 0,180; largeur, 0,217.

BARTSCH, 94. CLAUSSIN, 97. WILSON, 98.

« Et comme Pierre et Jean montaient ensemble au temple, à l'heure de la prière qui était à neuf heures,

« Un homme boiteux dès sa naissance y était posté, lequel on mettait tous les jours à la porte du temple, nommée la Belle, pour demander l'aumône à ceux qui entraient au temple.

« Cet homme voyant Pierre et Jean qui allaient entrer au temple, les pria de lui donner l'aumône.

« Mais Pierre ayant, avec Jean, arrêté sa vue sur lui, Pierre lui dit : Regarde-nous.

« Et il regardait attentivement, espérant avoir quelque chose d'eux ;

« Mais Pierre lui dit : Je n'ai ni argent ni or, mais ce que j'ai, je te le donne : au nom de Jésus-Christ le Nazaréen, lève-toi et marche. »

On ne peut nier que les figures ne soient, dans cette estampe, bien grossièrement dessinées et taillées, pour ainsi dire, à coup de serpe ; mais il faut convenir que l'encadrement de la scène est plein de grandeur ; que l'architecture, conformément au texte du livre sacré, est d'une ordonnance magnifique, sortie tout entière

de l'imagination du peintre, et qu'elle donne une idée
merveilleuse du temple dont la porte, nommée « la
Belle » fut témoin du miracle enfanté par ces paroles
de la charité évangélique : « Ce que j'ai, je te le donne;
au nom de Jésus, lève-toi et marche. »

67. *Saint Pierre.*

Morceau très-légèrement gravé et presque au trait seul. Il représente saint Pierre à genoux et vu de face. Le saint est vêtu d'une
robe large et il tient une clef de chaque main. La droite est élevée et
appuyée sur un bâton, et la gauche est posée sur un rocher qui
est à côté de lui. Au bas vers la droite est gravé : *Rembrandt
f.* 1645. Cette pièce, rare, est toujours faible d'épreuve, l'eau-forte
n'ayant pas suffisamment mordu.

Hauteur, 0,133; largeur, 0,117.

BARTSCH, 96. CLAUSSIN, 99. WILSON, 101.

68. *Martyre de saint Étienne.*

Cette petite estampe est de forme presque carrée. La plus grande
partie du sujet est portée vers la gauche. Saint Étienne, à genoux,
occupe le milieu de la composition. Il est revêtu d'une tunique, et
l'un de ses pieds est nu. Au-dessus de sa tête, on voit un Juif qui,
les bras levés, tient dans ses mains une grosse pierre dont il va
assommer le saint diacre; un autre Juif, à côté duquel est un soldat
couvert d'un casque, tirant de la main droite la tunique du martyr,
lui jette une pierre. Sur le devant, tout à fait à la gauche, un troisième Juif ramasse une pierre. Au fond, sur la droite, se dessinent
des degrés en ruine. Au bas, du même côté, on lit sur une petite

bande blanche qui a été réservée dans le champ de la gravure : *Rembrandt f.* 1635.

Wilson, Claussin et Bartsch n'avaient connu qu'un seul état de cette estampe, qui est commune et qui a fait partie du fonds de la veuve Jean ; mais il en existe un second provenant de ce que la planche, s'étant usée à l'impression, a été retravaillée de nos jours. Ce *second état* se reconnaît à la reprise des travaux dans les ombres, principalement à la figure du soldat. (Voyez le catalogue de la vente Van den Zande, rédigé par M. Guichardot, Paris, 1855.)

Hauteur, 0,094 ; largeur, 0,085.

BARTSCH, 97. CLAUSSIN, 100. WILSON, 102.

69. *Le Baptême de l'Eunuque.*

L'Eunuque de la reine de Candace baptisé par saint Philippe. Il est placé sur le devant, un peu vers la droite, un genou en terre et les mains jointes. Il est vu de profil et dirigé vers la droite. Saint Philippe, debout et vu de face, lui administre le baptême. Un petit Maure qui porte le manteau et le bonnet du néophyte, se tient derrière lui. Vers la gauche, un homme à cheval armé d'une pique, la main droite sur la hanche, le coude en avant, semble regarder la cérémonie avec surprise. Entre son cheval et le petit Maure, il y a un chien. On aperçoit, dans le fond, le chariot de l'Eunuque attelé de trois chevaux, et gardé par deux conducteurs, dont l'un tient aussi une pique. Un parasol est attaché sur le haut du chariot. A la droite, s'élève une montagne boisée. Au bas de l'estampe, du même côté, est écrit : *Rembrandt*, et au-dessous *f.* 1641.

Ce morceau est aussi peu rare que le précédent, et il a fait parti du même fonds ; Claussin y a remarqué deux états, et c'est lui qui les a décrits le premier.

Premier état. La petite chute d'eau qu'on aperçoit dans le fond à droite (à la hauteur du genou de l'Eunuque), est presque blanche :

le fond lui-même est sale et présente en plusieurs endroits de légères barbes. Les épreuves de cet état sont brillantes et très-rares.

Deuxième état. Les parties blanches de la petite chute d'eau sont couvertes de hachures fines ; le fond de la planche est nettoyé, et les barbes ont disparu.

Hauteur, 0,114 ; largeur, 0,182.

BARTSCH, 98. CLAUSSIN, 101. WILSON, 103.

Rembrandt excelle surtout dans ces croquis rapides où il jette tout son feu et où il ne met que la fleur de sentiment qui l'anime. C'est du premier coup et presque sans repentir qu'il trace sa composition sous la dictée de l'apôtre. « Et comme ils continuaient leur chemin, ils arrivèrent à un lieu où il y avait de l'eau, et l'eunuque dit : « Voici de l'eau ; qui est-ce qui empêche que je ne sois baptisé ? » Et Philippe dit : « Si tu crois de tout ton cœur, cela t'est permis, » et l'eunuque répondant dit : « Je crois que Jésus-Christ est le fils de Dieu. »

« Et ayant commandé qu'on arrêtât le chariot, ils descendirent tous deux dans l'eau, Philippe et l'eunuque ; et Philippe le baptisa. »

La voilà donc exprimée en quelques traits, cette belle scène d'une couleur biblique, et cependant rien n'y laisse à désirer : ni le choix des types, ni la convenance des caractères et du geste, ni la vérité des costumes, ni l'indication des riches équipages de l'eunuque, qui était, dit l'Écriture, un des principaux seigneurs de la cour de Candace, reine des Éthiopiens, *commis sur toutes ses richesses.* Impossible de mieux caractériser la race nubienne que ne l'a fait Rembrandt dans la personne de cet eunuque aux lèvres épaisses et proéminentes, au nez épaté, aux cheveux crépus et courts, j'allais dire au teint basané, car tout blanc qu'il est dans la gravure, l'imagination le voit brûlé par le soleil. Et quelle différence entre le type africain et le type juif, entre l'apôtre et le néophyte! Le petit nègre lui-même se distingue de son maître par une physionomie fort bien nuancée. Mais je ne connais pas de figure mieux campée, mieux réussie que celle de l'écuyer de l'eunuque, qui regarde la cérémonie d'un air si étonné et en même temps si dédaigneux. En voyant ce barbare dont le casque est rehaussé d'une aigrette et couvert de plumes, si fier sur sa monture aux riches harnais, avec son arbalète, son sabre courbe, sa pique et ses flèches, nous nous reportons aux bords du Nil d'où vient la noire caravane; nous voyageons à côté de ce grand seigneur qui lisait gravement le livre du prophète Isaïe quand il a rencontré l'apôtre. Le parasol attaché au chariot dit assez que la scène se passe dans les contrées du soleil, et l'on sent bien que l'équipage en forme de trône d'où l'eunuque vient de descendre, doit être incrusté d'ivoire, doit porter de la myrrhe, du cinnamome et de la poudre d'or.

Nous voyons de quelle manière Rembrandt savait faire usage des armes arabes ou indiennes, des costumes orientaux, des cartes, des moulages, des estampes de toute espèce et des ustensiles de tout genre qui remplissaient, qui ornaient sa demeure. Tant d'objets n'avaient pas été rassemblés chez lui dans un but de vaine curiosité; c'était un arsenal où son génie allait puiser des accessoires expressifs ou pittoresques, des détails significatifs et quelquefois éloquents, ce que nous appelons enfin la couleur locale.

70. *La Mort de la Vierge.*

Grand morceau en hauteur qui est gravé avec légèreté, et d'une riche et belle ordonnance. Sur le devant, à la gauche de l'estampe, on voit par le dos une figure habillée à la juive qui est assise devant une table et qui lit dans un grand livre. Non loin de cette table est un grand prêtre debout, les mains l'une dans l'autre et pendantes devant lui ; il regarde la Vierge qui est couchée dans un lit à colonnes sculptées, et paraît rendre le dernier soupir. Auprès du grand prêtre se tient un acolyte qui porte une grande crosse. A côté du lit, dans le fond, on remarque plusieurs personnes qui pleurent, et parmi elles un homme, Joseph sans doute, qui relève par derrière l'oreiller sur lequel repose la tête de la Vierge, et lui met un mouchoir sous le nez. Un médecin tâte le pouls de la mourante. Sur la droite sont plusieurs femmes qui se lamentent, et dont l'une, placée au pied du lit, a les mains jointes et levées ; derrière elle, on reconnaît saint Jean qui exprime une vive douleur. Du même côté, près du bord de la planche, on distingue un homme en turban, qui entr'ouvre des rideaux ; plus bas, trois figures d'enfants, et plus en avant un fauteuil. Dans le haut est dessinée grossièrement et d'une main rapide une gloire d'anges. Au bas, vers la gauche, est écrit : *Rembrandt f.* 1639. En bas, est réservée une marge de quinze à seize millimètres.

Il existe trois états de cette planche.

Premier état. Le dessus du bras du fauteuil qui est au coin à droite, est légèrement ombré, et présente une place blanche; le dossier de ce même fauteuil n'est ombré que d'une seule taille chargée de barbes. L'épreuve de ce premier état qui est au musée d'Amsterdam, épreuve blonde, légère et brillante, porte au bas de la droite le monogramme de Rembrandt, tracé au crayon sans nul doute de sa main. Ce sont deux R reliées par un V. 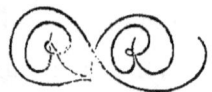 (Rembrandt Van Ryn). Il y a quelques barbes dans les parties claires, et il y en a beaucoup dans les parties ombrées. La marge du bas présente vers la droite quelques essais de pointe et quelques traits échappés.

Deuxième état. Le dessus du bras du fauteuil est noir; le dossier est plus travaillé, et l'épaisseur en est indiquée à la hauteur du bras; mais, dans les belles épreuves de ce deuxième état, se laissent voir encore les essais de pointe et les traits échappés dans la marge du bas.

Nota. On estime, dit Wilson, qu'il y a des épreuves dans lesquelles le fauteuil est ombré de tailles croisées, et la marge nettoyée, mais qui ont été tirées cependant avant quelques légers travaux additionnels au pied de la colonne du lit la plus rapprochée du spectateur, et à la chaise où est assis l'homme qui lit dans un grand livre. J'ai examiné trois de ces prétendues épreuves, et je n'ai pu y découvrir autre chose que le second état, plus usé [1].

---

1. It is considered that there is an impression in which the elbow chair is shaded with cross strokes, and the margin cleaned, but before trifling additions to the work at the foot of the nearest bed post, and the chair in which the reading figure is seated. I have examined three of the impressions so considered, in all of which I could only discover the second impression, more worn.

Troisième état. La planche, qui est encore dans le commerce, a été entièrement et assez adroitement retouchée ; on s'en aperçoit cependant à la pesanteur des parties noires et à l'absence de vigueur et de barbes dans les parties claires.

Hauteur, 0,397, non compris la marge; largeur, 0,316.

BARTSCH, 99. CLAUSSIN, 102. WILSON, 104.

Le génie de l'expression a été poussé dans ce morceau jusqu'à ses dernières limites. Désespérée ou grave, criante ou muette, la douleur y est rendue dans toutes ses nuances avec un sentiment incomparable, et qu'on ne retrouverait qu'une autre fois au même degré, dans l'œuvre de Rembrandt : je veux parler de la *Pièce de cent florins.* Toutefois ces belles expressions, si éloquentes et si humaines, elles sont obtenues au moyen d'une grande sobriété de travail ; mais le peintre graveur a su, avec une délicatesse infinie et avec fort peu de traits, faire paraître sur chaque visage une variante de la douleur. Celle des hommes est digne et contenue; celle des femmes s'exhale en gémissements que l'on croit entendre. Et quelle justesse d'observation ! Aux pieds du lit sont assis des enfants qui paraissent indifférents ou peu sensibles à cette scène de deuil : l'enfance ne comprend pas la mort. A côté des jeunes femmes qui poussent des sanglots, vous pouvez remarquer combien l'émotion est affaiblie dans les personnes plus âgées. Le grand prêtre ne montre qu'une affliction modérée par la dignité de son rôle. Le médecin demeure presque impassible et ne paraît occupé que d'interroger les derniers signes de la vie ou les premiers symptômes de la mort. Enfin le vieillard qui entr'ouvre les tentures de la porte, est une de ces figures de circonstance qu'on voit apparaître dans tous les notables événements de la vie.

Bien que les trois quarts de l'estampe soient gravés très-légèrement, et même, en quelques endroits, simplement indiqués, la scène est déjà éclairée comme elle le serait dans un tableau, et le clair-obscur, quoique ébauché seulement, se prononce déjà de manière à laisser aux principales figures toute leur importance, à leur réserver la lumière du jour et l'intérêt du spectateur .

71. *Saint Jérôme lisant au pied d'un arbre.*

Le saint, assis sur un tertre, au pied d'un grand arbre, est occupé à lire les Écritures ; il est placé au milieu de la planche et dirigé vers la droite. Au bas du tertre, le lion que l'on voit de profil dans toute sa longueur, marche et dirige ses pas vers la droite. Dans

1. Nous avons vu à Rome, dans la Via del Babuino, à l'étalage d'un marchand de curiosités, une épreuve de la *Mort de la Vierge* de Rembrandt, au bas de laquelle on avait écrit : la Mort de saint Louis , roi de France : *La Morte di San Luigi , re di Francia, incisa a l'aqua forte, da Rembrandt !* Le fait nous est demeuré dans l'esprit à cause de cette autre circonstance, qu'à la porte de ce marchand de curiosités, M. Étienne Durand se cassa la jambe. M. Étienne Durand est le célèbre amateur dont la collection, achetée par le gouvernement français, forme aujourd'hui le noyau de notre musée étrusque, au Louvre.

le coin du même côté, il y a une tête de mort, auprès de laquelle
est gravée la date de 1634, et dans l'autre coin, celui de gauche, on
lit, non sans difficulté, *Rembrandt f.*

Cette pièce est assez rare. Il en existe une bonne copie en sens
inverse. M. Robert Dumesnil, dans un de ses catalogues de vente,
indique un premier état qui serait reconnaissable à un reflet très-
distinct le long du dos du saint. Nous croyons que ce prétendu
reflet n'est qu'une tache blanche provenant de l'affaiblissement des
travaux par l'effet du tirage, et que cette tache, au lieu d'indiquer
un premier état, est au contraire la marque des épreuves postérieures.

Hauteur, 0,108 ; largeur, 0,090.

BARTSCH, 100. CLAUSSIN, 103. WILSON, 105.

Rembrandt a toujours eu de la prédilection pour
cette grande figure de saint Jérôme. Il l'a gravée jusqu'à sept fois, et c'est le seul docteur de l'Église dont
il se soit occupé. Le puissant et fier génie de cet anachorète l'avait frappé et lui imposait. Il aimait à reporter sa pensée vers ces thébaïdes où tant d'hommes
forts inaugurèrent l'ascétisme chrétien, où saint Jérôme,
en particulier, après avoir lutté contre les tentations
de la sensualité mondaine, finit par se rendre maître
de lui-même, et composa ses mâles écrits contre les
Ariens, ses lettres à sainte Paule et à Léta, sa traduction des Évangiles et ses polémiques contre Jovinien
et contre Pélage. Deux fois Jérôme, poussé par une
secrète inquiétude, se retira au désert ; la première
fois, ce fut en Syrie, dans le diocèse d'Antioche, en
une affreuse solitude appelée Chalcis. Il y passa quatre

ans, occupé des pratiques de la pénitence et de la plus pénible de toutes les études, celle de l'hébreu. La peinture qu'il fait lui-même de la vie qu'il y menait, est pleine d'énergie et de couleur, et je ne m'étonne pas que le caractère de ce héros du christianisme naissant ait séduit tant de grands artistes : Titien, Raphaël, Ribera, Rembrandt et bien d'autres.

« Lorsque j'étais jeune, dit-il, quoique enseveli dans le désert, j'étais si tourmenté par la violence de mes passions et par l'ardeur de la concupiscence que je ne me sentais pas assez de force pour résister. Je faisais ce que je pouvais pour éteindre ce feu par de grandes abstinences ; mais cela n'empêchait pas que mon esprit ne fût continuellement agité par de mauvaises pensées. Pour me vaincre, je me fis le disciple d'un moine, qui de juif s'était fait chrétien, et moi qui avais tant aimé les sages préceptes de Quintilien, l'éloquence majestueuse de Cicéron, le style grave de Fronton et la douceur de Pline, je me mis à apprendre l'alphabet et à étudier une langue dont les mots sont si rudes et si difficiles à prononcer. Je rends grâces à mon Dieu de ce que je recueille maintenant de cette étude des fruits d'autant plus doux que la semence en a été plus amère. »

Saint Jérôme continua cependant de lire les auteurs classiques avec un plaisir qui devint une passion. Mais à la fin, ce goût excessif pour la littérature profane lui

inspira des remords. Il rapporte que, dans un accès
de fièvre brûlante qu'il eut au désert, il tomba en
syncope et crut être cité devant le tribunal de Jésus-
Christ; que là on lui demanda quelle était sa profession, et qu'ayant répondu qu'il était chrétien, le juge
lui avait dit : « Vous mentez, vous êtes cicéronien,
car les ouvrages de Cicéron possèdent tout votre
cœur; » qu'en conséquence il avait été condamné à
recevoir une rude flagellation de la main des anges,
et que le souvenir de ce châtiment avait fait sur son
âme une impression si profonde qu'il lui en était resté,
après sa maladie, un vif sentiment de sa faute. Il pro-
mit au juge de ne plus lire d'auteurs profanes. « Depuis ce temps-là, dit-il, je me suis appliqué à lire les
divines Écritures avec plus d'ardeur et d'attention que
je n'en avais mis dans la lecture des écrivains pour
lesquels j'avais été jusque-là si passionné. »

Voilà sans doute le passage que Rembrandt avait
sous les yeux quand il grava son estampe.

72. *Saint Jérôme en prière,* pièce cintrée.

Petit morceau en hauteur et cintré. Saint Jérôme est au milieu
de l'estampe, à genoux, tourné vers la gauche. Il a les mains jointes
et la tête levée. Au devant de lui est un grand livre ouvert. Dans
le fond, on aperçoit des rochers, et sur la droite le lion. Au bas,
du même côté, on lit *Rembrandt f.* 1632. L'eau-forte n'ayant pas
assez mordu, le fond est très-peu marqué.

Le cintre, qui était gravé d'une pointe très-légère, s'étant bien vite usé au tirage, ainsi que les travaux qui entourent le lion, il a fallu reprendre ces travaux et marquer de nouveau le cintre et les rochers. Cette retouche constitue une différence notable, une remarque, et il faut reconnaître ici deux états.

Premier état. Le cintre n'est pas fini sur la droite.

Second état. Le cintre est achevé; les travaux du fond sont repris et présentent quelques traits durs.

Hauteur, 0,110; largeur, 0,081.

BARTSCH, 101. CLAUSSIN, 104. WILSON, 106.

Non content de graver dans toutes les dimensions la figure de saint Jérôme, Rembrandt l'a dessinée bien des fois à la plume et au bistre, suivant sa manière accoutumée. Et nous pouvons dire pour notre compte que nous avons vu dix ou quinze dessins du maître, représentant saint Jérôme, tantôt à genoux et priant, tantôt la tête renversée dans l'attitude de l'extase, tantôt méditant sur la Bible ou écrivant ses livres. Parmi ces dessins non gravés, il en est qui sont encore supérieurs, comme sentiment et comme effet, à ceux que Rembrandt a reportés lui-même sur le cuivre. Quant à ses études de lions d'après nature, elles sont innombrables (il y en avait jusqu'à quinze dans le cabinet Ploos van Amstel), mais plusieurs compositions de *Saint Jérôme* étaient faites avant ces études.

73. *Saint Jérôme à genoux.*

Le saint est à genoux, tourné vers la droite et vu de trois quarts; il a les mains jointes et élevées. Le lion est derrière lui, dirigé du même côté, et occupant la largeur de la planche; dans le fond, à la gauche de l'estampe, on voit un livre fermé, et sur ce livre un pot à l'eau; le fond est peu travaillé de ce côté; sur la droite, il est entièrement blanc, à l'exception du nom de *Rembrandt* qu'on lit vers le haut et dont les dernières lettres sont mal exprimées, et même dans la plupart des épreuves, presque invisibles. Au-dessous est gravé si faiblement qu'on le distingue à peine : *f.* 1635.

Dans les premières épreuves, le nom et la date 1635 sont assez lisibles; mais le chiffre qui était gravé plus légèrement encore que le nom, s'étant bientôt effacé au tirage, on peut reconnaître par là les épreuves postérieures. Dans les dernières, le nom de *Rembrandt* a entièrement disparu, ainsi que le léger feuillage qui était indiqué au haut de la planche.

Hauteur, 0,114 ; largeur, 0,081

BARTSCH, 102. CLAUSSIN, 105. WILSON, 107.

Rembrandt, nous l'avons dit, avait du goût pour cette grande et forte nature de saint Jérôme. Après l'avoir représenté lisant, écrivant, méditant, il semble avoir voulu le peindre, dans ce morceau, tel qu'il s'est peint lui-même lorsqu'il a raconté les angoisses où le plongeaient la tentation et les violents efforts qu'il faisait pour y résister. « Combien de fois, dit-il, depuis que j'habite le désert, me suis-je imaginé que j'étais encore au milieu des délices de Rome ! Le jeûne avait rendu mon visage tout pâle, et cependant mon âme brûlait des ardeurs de la concupiscence dans un corps qui n'avait plus de chaleur. Ma chair n'ayant pas attendu la destruction de l'homme entier, était déjà morte, et mes passions étaient encore toutes brûlantes. Ne sachant donc plus où trouver du secours, j'allais me jeter aux pieds de Jésus, que je baignais de mes larmes, et je tâchais de réduire cette chair rebelle, en restant des semaines entières sans manger. Je me souviens d'avoir souvent passé la nuit et le jour à crier et à me frapper la poitrine, jusqu'à ce que Dieu, commandant à la tempête, rendît le calme à mon âme. Je n'approchais de ma cellule même qu'avec peine, comme si elle eût connu mes pensées; puis, prenant contre moi-même des sentiments de rigueur et d'indignation, je m'enfonçais seul dans le désert. Si j'apercevais quelque vallée sombre, quelques rochers escarpés, c'est le lieu que je choisissais pour aller prier; et Dieu m'est témoin qu'après avoir ainsi répandu beaucoup de larmes, je croyais me voir quelquefois au milieu des chœurs des anges. Alors, plein d'allégresse, je chantais au Seigneur : « Nous courrons après vous à l'odeur de vos parfums. »

À voir ce vénérable ermite prier avec tant de ferveur et en fermant les yeux, ne dirait-on pas qu'il veut échapper en effet aux apparitions mondaines qui l'obsèdent, et aux dangereux souvenirs de ce qu'il nommait les délices de Rome?...

74. *Saint Jérôme écrivant.*

Pièce dite : *Saint Jérôme au Tronc d'arbre.*

Morceau gravé d'un très-bon goût et dont le fond n'est point achevé. On remarque, au milieu, un grand et gros tronc d'arbre qui se sépare en deux par le haut. Il en sort une seule branche qui s'étend vers la droite de l'estampe. Au bas de ce tronc, de l'autre côté, se voit la tête d'un lion. Saint Jérôme est assis sur la droite, ayant son chapeau à terre, à côté de lui ; il porte des lunettes et il écrit dans un livre placé sur une planche, au bout de laquelle est posée une tête de mort. On lit au-dessous du tronc d'arbre, dans une bande formée par deux traits en dedans de la planche : *Rembrandt f.* 1648.

Il y a deux épreuves différentes de ce morceau

Premier état. Avant le nom de Rembrandt et avant le second trait qui forme la bande. Très-rare. Cette épreuve a beaucoup de barbes.

Second état. Avec le nom de Rembrandt et avec le trait qui l'encadre. Les joncs que l'on voit au-dessous de la tête de mort sont plus nombreux, et plusieurs larges feuilles ont été ombrées par une simple taille. La tête du lion a été reprise à la pointe sèche. Des tailles diagonales nouvelles se voient sur le terrain aux pieds du saint, sur les joncs et sur l'eau, près du bord de la planche, vers le milieu. Quand elles sont des premières tirées, les épreuves de cet état sont aussi brillantes que celles du premier, et présentent également beaucoup de manière noire, ce qui prouverait que Rembrandt en a fort peu tiré avant le nom.

Hauteur, 0,178; largeur, 0,131.

BARTSCH, 103. CLAUSSIN, 106. WILSON, 108.

Terminer avec soin certaines parties, laisser les autres à l'état de pure indication, tel est le procédé de

Rembrandt dans beaucoup de ses eaux-fortes. Il aime à faire valoir tel morceau par le sacrifice de tel autre ; il se plaît à opposer l'ébauche au fini, non-seulement pour le contraste qu'il en tire, mais encore afin de nous ménager le plaisir de compléter nous-même par la pensée ce qu'il y aura d'inachevé dans son œuvre, ou d'imparfait. S'il n'avait donné tant de fois des preuves d'une patience inouïe, on pourrait croire que l'inconstance ou la paresse du graveur sont les causes de ces lacunes apparentes ; mais quand on voit de pareilles inégalités de travail se reproduire si souvent, quand on retrouve dans cinquante autres ouvrages du maître ces négligences répétées, on est forcé de reconnaître que l'imperfection de quelques parties de la planche est, non pas une faiblesse, mais un calcul. Homme d'imagination, Rembrandt s'adresse à la nôtre et veut qu'elle travaille aussi ; il veut que nous devinions ses pensées et que notre esprit le suive dans les régions de la fantaisie. Or, il n'est rien de plus propre à captiver l'attention qu'un tableau inachevé, lorsqu'il s'y trouve des morceaux finis avec le plus grand soin. En nous montrant le degré de perfection auquel il pouvait conduire son œuvre, l'artiste pique vivement notre curiosité et nous inspire ce genre d'intérêt qui s'attache à l'inconnu. Comment aurait-il achevé cet ouvrage commencé avec tant d'ardeur, caressé d'abord avec tant d'amour ? Quelle raison lui a fait abandonner sa gra-

vure en si beau chemin ? Voilà ce qu'on se demande,
et quand on est en présence d'un homme tel que Rembrandt, on ne peut attribuer la résolution du peintre à
son impuissance. On sent bien que cet humoriste de
génie a voulu seulement intriguer notre admiration.

75. *Saint Jérôme.*

Pièce dite : *Saint Jérôme dans le goût d'Albert Durer.*

Morceau en hauteur, non fini. Le saint, coiffé d'un grand chapeau, est assis au bas de la gauche, lisant dans un livre qu'il tient
de ses deux mains. Le corps n'est qu'ébauché ; la tête seule est un
peu travaillée. Le lion, vu par derrière, est placé sur une butte qui
sert d'appui à saint Jérôme. Tout le haut de la gauche est occupé
par un bouquet de bois sombre sur lequel se détachent un tronc
d'arbre plus clair et un oiseau blanc. A droite, dans le haut du
lointain, on aperçoit un village, et un bâtiment qui ressemble
à un monastère. Au bas de ce village est une chute d'eau sur
laquelle est jeté un pont de bois que deux moines vont passer.
Cette partie de l'estampe est délicatement travaillée et à peu près
finie. La pièce est rare.

Premier état. Les piliers verticaux du pont de bois sont faiblement marqués ; celui de gauche n'est formé que de trois traits
principaux. Il y a beaucoup de manière noire en plusieurs endroits,
particulièrement à la crinière du lion et aux figures des deux
moines qui sont à l'entrée du pont. Très-rare.

Vente Pole Carow, 1835, une épreuve de ce premier état : 4 guinées, soit 105 francs.

Second état. Les piliers du pont sont repris à la pointe sèche
et fortifiés. Celui de gauche est formé de cinq traits principaux au
lieu de trois ; celui de droite présente dans sa longueur deux
tailles nouvelles qui en figurent l'épaisseur. Les épreuves de cet

état, quand elles sont des premières tirées, ont encore beaucoup de barbes. C'est au brillant et au velouté de ces barbes qu'on les distingue, et à la saleté du fond.

Hauteur, 0,259; largeur, 0,207.

BARTSCH, 104. CLAUSSIN, 107. WILSON, 109.

Rembrandt a traité bien des fois ce sujet de saint Jérôme, mais jamais avec plus de grandeur ni d'une façon plus heureuse. Ce n'est pas ici le saint Jérôme en prière, obsédé dans la solitude par l'apparition des dames romaines, et implorant Dieu contre les mondaines tentations du souvenir; c'est le grave docteur de l'Église, lorsque, retiré à Bethléem, il s'occupait de la conduite des monastères que sainte Paule y avait fait bâtir, et s'appliquait à traduire les Écritures ou à réfuter les hérétiques. Il semble que le peintre-graveur ait voulu faire allusion à ces deux circonstances de la vieillesse de saint Jérôme, en le peignant ainsi plongé dans la lecture, et en représentant la tour d'une église monacale dans le lointain de sa composition. Ce monastère bâti au sommet d'une colline escarpée, et auquel s'est adossé un petit village, est la seule partie de l'estampe qui soit finie, mais elle l'est avec une complaisance, une délicatesse admirables. En dépit de leur éloignement, les fabriques sont traitées aussi finement que si elles étaient placées tout près de l'œil. Rembrandt a pris plaisir à caractériser chaque objet du bout de sa pointe : les cloisons en planches des

maisons du village, la surface inégale des murs de la
tour, les tuiles régulières de la toiture et ces fenêtres
jumelles dont le double cintre est inscrit si gracieusement dans un plus grand arc. Je remarque aussi que
Rembrandt, si capricieux d'ordinaire et si fantastique
dans ses créations d'architecture, semble s'être attaché
cette fois à construire un édifice du style roman, style
qui justement prit naissance au commencement du
v⁰ siècle, au temps même de saint Jérôme.

Souvent nous avons entendu des amateurs exprimer, après Bartsch, et sans doute d'après lui, le regret
que Rembrandt n'eût pas entièrement terminé une
aussi belle planche. Mais les artistes, en général, ne
sont pas de cet avis. L'inachevé de ce morceau leur
plaît. Ils aiment ce qu'il y a de fruste dans l'exécution,
et d'agreste dans le paysage. Leur pensée d'ailleurs
finit l'œuvre du peintre, et leur imagination s'égare à
plaisir dans ces lieux sauvages qui inspirent cependant,
non pas l'horreur, mais au contraire le goût de la solitude, et feraient venir l'envie de se retirer en un cloître
semblable à celui que l'on voit ici gravé avec tant
d'amour, et d'où les pieux cénobites doivent entendre,
pendant la nuit, les plaintes du vent dans le bocage et
le bruit de la chute du torrent.

76. *Saint Jérôme en méditation.*

Un homme dans une chambre très-obscure, vis-à-vis d'une table au devant d'une fenêtre, qui est placée sur la droite de l'estampe, mais qui répand très-peu de lumière. Il est coiffé d'une espèce de toque, ce qui ferait douter que ce fût un saint Jérôme, si l'on ne démêlait, quoique avec bien de la peine, au pied de la table, les formes d'un lion couché. Sur cette table est un crucifix dont on ne voit distinctement que la partie supérieure qui se dessine sur la fenêtre. Au côté gauche de l'estampe, on aperçoit un escalier qui est tout à fait dans l'ombre. On lit au bas de l'estampe : *Rembrandt f.* 1642, dans une petite marge d'environ deux centimètres, et qui est blanche.

Il y a trois états de ce morceau, dont la planche existe encore, et a fait partie du fonds de la veuve Jean.

Premier état. La partie de la croisée qui est le plus à droite de l'estampe, paraît moins grande, étant à moitié cachée par un rideau qui descend presque en ligne droite. Cette épreuve est tellement chargée de manière noire, qu'on ne peut pas y distinguer le lion.

Deuxième état. Le rideau, qui tombait presque en ligne droite dans le premier état, est ondulé dans le deuxième et fait une courbe rentrante vers le milieu de la hauteur de la fenêtre.

Troisième état. La petite marge est salie comme avec la pierre ponce ; mais elle est moins noire que le reste de l'estampe. Le rideau a été repris ; il est entièrement noir, et sur la croisée, au-dessus d'une vitre ovale, on remarque quelques nouveaux traits à la pointe sèche. Des degrés qu'on apercevait au bas de la gauche ne sont plus distincts.

Hauteur, 0,150; largeur, 0,173

BARTSCH, 105. CLAUSSIN, 108, WILSON, 110

Rembrandt a gravé ce morceau dans le goût des deux peintures que nous possédons au Louvre sous le nom de *Philosophes en méditation*, et dont l'une est datée de 1633. On peut même croire qu'il avait devant les yeux une de ces deux compositions, lorsqu'il a gravé son eau-forte, car la fenêtre, qui est placée à gauche dans l'un des tableaux, est à droite dans l'estampe, ce qui arrive toujours quand le graveur ne reproduit pas en sens inverse la peinture qu'il copie. Toutefois nous ne retrouvons plus ici les deux servantes qui se voient dans l'original. Le philosophe est seul, et le lion que l'on croit apercevoir à ses pieds nous dit assez que le peintre pensait à saint Jérôme. L'isolement du personnage et les ténèbres au sein desquelles il médite, prêtent je ne sais quelle solennité à sa rêverie. Un rayon de jour, amorti par des vitres poudreuses, aux châssis de plomb, visite la demeure du solitaire; cependant ce rayon est trop pâle pour dissiper l'obscurité profonde qui enveloppe l'anachorète. Devant lui sont des livres ouverts, mais le penseur ne les regarde plus; il songe. Les tranquilles atomes de la lumière glissent le long du mur, rampent sur le sol, indiquent à peine les marches de l'escalier tournant et se perdent insensiblement dans la maison pour aller se confondre avec la nuit. Comme le tableau du Louvre, l'estampe, si on la regarde longtemps, produit une impression de solitude, de recueillement et de silence.

77. Saint Jérôme en méditation.

Pièce improprement dite : *Vieillard homme de lettres.*

Un vieillard, vu de face jusqu'aux genoux; il a une grande barbe
blanche et les cheveux en partie hérissés. Il est assis dans un fauteuil, et son corps est dirigé vers la droite, d'où vient le jour. Son
bras droit est appuyé sur un grand livre ouvert, qui est placé avec
d'autres livres sur une table, à gauche. Il tient une plume de la
main droite, et appuie sa main gauche sur le bras d'un fauteuil.
La robe dont il est vêtu n'est qu'au trait. A l'exception de la table
et des livres qui sont couverts de tailles en différents sens, cette
estampe paraît seulement ébauchée. Cependant il y a aussi quelques hachures dans le fond, à gauche. Cette pièce est de la dernière rareté.

Hauteur, 0,237 ; largeur, 0,200.

BARTSCH, 149. CLAUSSIN, 146. WILSON, 147.

Cette belle pièce avait échappé à Gersaint. C'est
Pierre Yver qui, le premier, la signala dans son *Supplément*, imprimé à Amsterdam en 1756. Bartsch n'a
fait que transcrire la description d'Yver, en donnant à
l'estampe le titre barbare de *Vieillard, homme de lettres.*
A sa description il ajoute la remarque de Pierre Yver,
que ce morceau est gravé dans le même goût que le
grand *Saint Jérôme*, presque unique, décrit par Gersaint au n° 99 de son catalogue, et qui, dans celui de
Bartsch, porte le n° 106. Or, cette remarque, fort
juste, aurait dû le conduire, ainsi qu'elle nous a conduit nous-même, à considérer le personnage représenté

comme un Père de l'Église. Nous l'avons appelé saint Jérôme, parce qu'il ressemble à celui que Rembrandt a gravé plusieurs fois, et qu'il en a tout le caractère. Si l'on n'y voit point le lion, qui est l'indispensable compagnon du solitaire, et pour ainsi dire son attribut, c'est que le saint est représenté seulement jusqu'aux genoux.

Mais quel que soit le mérite de ce rapide croquis, si remarquable dans la tête et les mains du vieillard, nous devons dire en toute franchise que le reste de la planche semble trahir une autre main que celle de Rembrandt. Toutefois, nous n'exprimons ici qu'un simple doute. Quant au grand *Saint Jérôme*, presque unique, dont nous avons donné une photographie dans l'édition de cent planches in-folio, un examen très-attentif et l'avis des personnes les plus compétentes nous ont décidé à retrancher cette estampe de l'œuvre de Rembrandt, le doute que nous avons déjà exprimé dans notre premier ouvrage, s'étant changé en une conviction parfaite.

78. *Saint François à genoux.*

Le sujet de ce morceau, qui est un des plus rares de l'œuvre de Rembrandt, est Saint François à genoux, priant les mains jointes sur un livre qui est placé sous un arbre.

Saint François est représenté à genoux, dans le bas et vers le milieu de l'estampe, au pied d'un gros arbre. Ses mains jointes sont posées sur un livre ouvert. Il adresse ses prières à un grand

crucifix élevé parmi les arbres d'un bois, et dont la tête se perd
dans l'ombre. Ce crucifix et les arbres occupent toute la gauche
de l'estampe. La partie droite n'est qu'ébauchée. On y découvre
un religieux, vu par le dos, qui prie aussi dans un livre, et dont
le corps, appuyé sur une traverse de bois, est dirigé vers la droite.
Il est placé sous une espèce de cahute couverte de chaume, un de
ses bras passé sur la traverse. Tout au haut de la droite, on
remarque un bâtiment élevé en forme de chapelle, et surmonté
d'une petite croix. On lit au bas du même côté, en petits caractères, dans une petite bande formée d'un trait et renfermée dans
l'estampe : *Rembrandt f.* 1657; et un peu plus bas, la même
signature et la même date, en gros caractères. Il se trouve beaucoup de manière noire aux anciennes épreuves.

On distingue deux états de cette pièce :

Premier état. La figure de saint François n'est point ombrée. Le
travail entre le saint et le gros arbre, au pied duquel il prie, ne
s'y trouve pas encore, et toute la partie droite de l'estampe est
presque en blanc. Ce premier état existe au British-Museum. Il
est presque unique.

A la vente Verstolk de Soelen, en 1847, une épreuve superbe de
ce premier état, sur parchemin, atteignit le prix de 248 florins.

Second état. On le reconnaît à la présence des travaux dont
nous venons de parler, et notamment à ce que le nom de Rembrandt, qui n'est gravé qu'une fois dans la première épreuve, est
écrit ici une seconde fois, en caractères fortement marqués et
d'une grosse pointe.

Hauteur, 0,189; largeur, 0,241.

BARTSCH, 107. CLAUSSIN, 110. WILSON, 112.

Partout où Rembrandt a mis sa griffe, il révèle sa
personnalité avec tant de force, qu'on le prendrait
souvent pour un homme plein de caprices. Sa réputa-
tion est même celle d'un peintre fantasque, tout entier

à son humeur. Cependant, quand on y regarde de bien
près, on s'aperçoit que Rembrandt n'a mis de la fantaisie que dans le cadre de son drame, et en a toujours
respecté le fond, quand il était historique. Par exemple,
lorsqu'il tire son sujet de la Bible ou de l'Évangile, ou
de la Vie des Saints, il a toujours l'œil sur le texte du
livre, et il ne s'en écarte point. Ici, on reconnaît saint
François à cette adoration extatique du crucifix dans
laquelle il consuma sa vie entière. Car le saint François que l'on voit dans cette estampe, est saint François d'Assise, celui qui fonda l'ordre des Frères mineurs,
et que l'on nommait le *Séraphique*. On sait qu'en 1224,
il se retira dans le lieu le plus solitaire du Mont-
Alverne, près de Borgo San Sepolcro, en Toscane. Ses
compagnons lui préparèrent là une petite cellule, où
il s'imposait les mortifications les plus dures, couchant
sur la terre nue, la tête appuyée contre une pierre.
Dans cette retraite, il ne retint auprès de lui qu'un
seul de ses frères, voulant se livrer aux douceurs de
la contemplation, depuis la fête de l'Assomption de la
Vierge jusqu'au jour de Saint-Michel, c'est-à-dire pendant six semaines. Il dit à ce frère, nommé Léon, de
lui apporter tous les jours un peu de pain et d'eau,
qu'il laisserait à l'entrée de la cellule. Quand vous
viendrez pour matines, ajouta-t-il, dites seulement à
haute voix : « *Domine, labia mea aperies.* » Si je
réponds : « *et os meum annuntiabit laudem tuam* »,

vous entrerez; sinon, vous vous retirerez. Le pieux
disciple exécuta ponctuellement ce qui lui était prescrit.
Souvent il s'en retourna, voyant le saint plongé dans
l'extase. Un jour il le trouva prosterné à terre, et crut
le voir environné d'une lumière éclatante. Le saint
avouait lui-même qu'il n'avait jamais été plus favorisé
des visions du Saint-Esprit que dans cette solitude du
Mont-Alverne.

Saint Bonaventure raconte que vers la fête de l'Exal-
tation de la Croix, François d'Assise étant en prière
au pied de la montagne, s'élevait à Dieu par l'ardeur
de ses désirs, quand tout à coup un séraphin descendit
à lui d'un vol rapide, ouvrant six ailes de feu au milieu desquelles apparut la figure de Jésus crucifié. Ce
merveilleux et douloureux spectacle le pénétra si vivement qu'il en eut l'âme transpercée comme d'un glaive.
A la suite de cette vision, le saint fut extérieurement
marqué d'une image semblable à celle d'un crucifix,
comme si sa chair, amollie et fondue par le feu, avait
reçu l'impression d'un cachet. En même temps des
marques de clous commencèrent à paraître à ses mains
et à ses pieds, telles qu'il les avait vues dans l'apparition miraculeuse. A son côté droit, se dessina une
plaie rouge, comme s'il eût été percé d'une lance, et
souvent sa tunique était trempée du sang qui coulait
de cette plaie.

Tel est, en abrégé, le récit de ce miracle des stig-

mates qui a été le sujet de tant de peintures, depuis six
cents ans. Rembrandt, qui n'était pas un illuminé, a
vu dans saint François ce qu'il fallait y voir : un croyant
exalté, un grand cœur de chrétien, un exemple de cette
foi qui soulève, dit-on, les montagnes, et dont le saint
donna un jour des marques si éclatantes, lorsque
ayant pénétré dans le camp des Sarrasins, devant Da-
miette, il dit au soudan : « Si vous balancez entre
Jésus-Christ et Mahomet, faites allumer un grand feu
dans lequel j'entrerai avec vos prêtres, afin que vous
jugiez quelle est la vraie religion. » Rembrandt a donc
représenté le saint dans sa solitude sauvage avec son
unique compagnon, au pied d'une croix grossièrement
sculptée, mais enveloppée d'ombres et de lumières
fantastiques. Et si dans cette estampe, qui semble gravée à coups de pinceau, il a indiqué les murs d'un
couvent et le campanile d'une église romane, c'est
qu'en effet l'histoire rapporte que le comte Catanio,
admirateur du saint, lui fit bâtir en cet endroit un monastère et une chapelle.

DEUXIÈME CLASSE.

ALLÉGORIES ET FANTAISIES.

79. *La Jeunesse surprise par la Mort.*

Un jeune homme élégamment coiffé d'une toque à plume, placé à la gauche de l'estampe et vu de profil, conduit par la main une jeune fille vue par derrière. Celle-ci est vêtue de soie, elle tient à la main une fleur, et elle porte un chapeau orné de plumes qui, posé au sommet de sa tête, laisse voir l'arrangement de ses cheveux. Ces deux jeunes gens sont surpris par la Mort, dont le squelette sortant d'un lieu souterrain, à la droite de l'estampe, leur présente un sablier. On lit dans une marge au bas de la gauche : *Rembrandt*, et au-dessous *f. 1639*. Cette planche est gravée finement et légèrement à la pointe sèche. Elle est rare.

On n'en connaît qu'un seul état; il paraîtrait cependant qu'il a existé une épreuve avant le nom de Rembrandt. Le catalogue des estampes de Basan, dressé par Regnault Delalande, en l'an vii de la République, mentionne en effet une épreuve avant le nom, qui constituait un *premier état*, à moins que l'épreuve ne fût sophistiquée. Nous ne savons dans quel cabinet se trouve aujourd'hui cette épreuve, et nous n'avons pu par conséquent la vérifier. Ce qui est certain, c'est que les belles épreuves se reconnaissent à la présence d'un peu de manière noire en quelques endroits, notamment sur la robe de la jeune fille.

Hauteur, 0,108, y compris la marge du bas qui est de 8 à 9 millimètres, largeur, 0,078.

BARTSCH, 109. CLAUSSIN, 111. WILSON, 113.

Nous voyons dans l'inventaire des objets d'art
ayant appartenu à Rembrandt, qu'il possédait un
portefeuille rempli d'estampes de Martin Schongauer,
d'Israël Van Meckenen, de Brosamer et d'Holbein. Il
n'est donc pas étonnant qu'il se soit inspiré parfois
de ces maîtres. Ainsi la *Jeunesse surprise par la Mort*
est évidemment, non pas une imitation, mais une
réminiscence d'Holbein; on y retrouve une élégance
inaccoutumée dans les ajustements et dans les coiffures, et cette jolie toque à plume qu'un de nos illustres peintres, Eugène Delacroix, a posée si gracieusement sur la tête de son Hamlet. Il me semble, du
reste, que si Rembrandt s'est souvenu d'Holbein, Eugène Delacroix s'est, à son tour, souvenu de Rembrandt, quand il a peint son tableau d'*Hamlet au
cimetière*, avec cette différence, entre autres, qu'au
lieu de la Mort qui montre un sablier, Delacroix a
dessiné un fossoyeur qui montre un crâne vide. Au
surplus, rien n'est plus charmant ni mieux senti que
ce croquis de Rembrandt, et si on y reconnaît comme
toujours l'art unique avec lequel il savait indiquer en
quatre coups de pointe le mouvement, le costume,
l'expression d'une figure, on y trouve quelque chose
qui n'est pas ordinaire dans ses œuvres peintes ou
gravées, je veux dire une grâce, une distinction, une
noblesse que rend d'autant plus précieuses ce caractère
même d'inusité et d'imprévu.

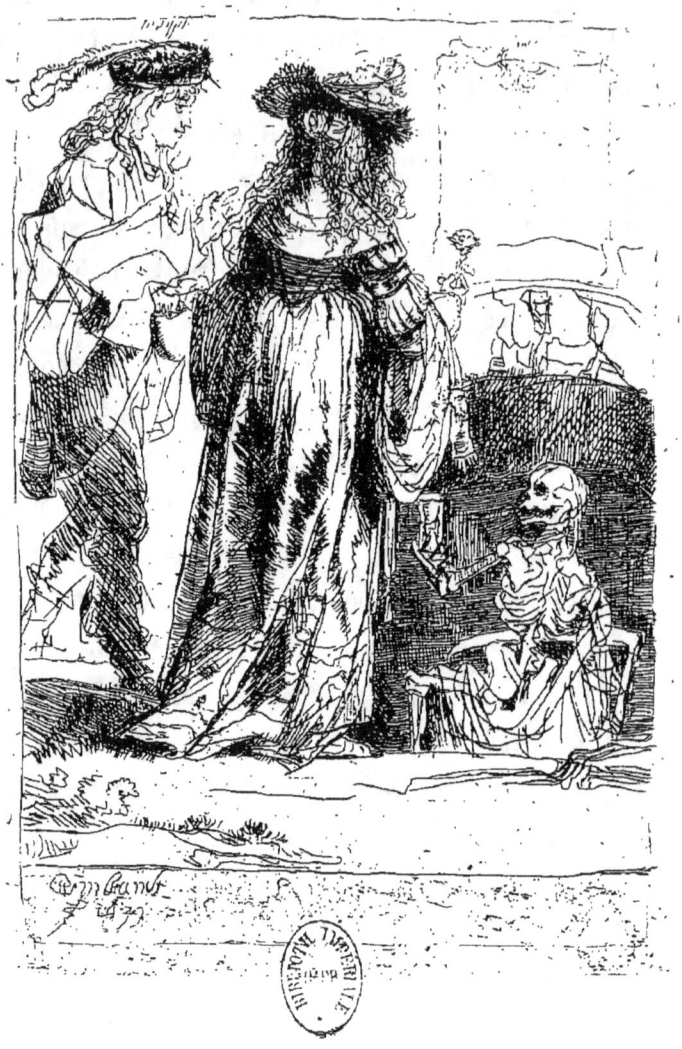

17

80. *Le Tombeau allégorique.*

Cette planche représente un tombeau d'où s'échappent des jets de flammes. Le tombeau est placé sur une espèce de piédestal et orné d'un écusson d'armes surmonté d'une couronne ducale. Au-dessus du tombeau, à droite et à gauche, sont deux génies ailés qui planent en l'air et sonnent de la trompette. Ils tiennent d'une main deux javelles de blé liées ensemble autour de la tige, et sur cette gerbe s'élève une cigogne aux ailes déployées, dont la tête touche au bord supérieur de l'estampe et se trouve au centre d'une gloire lumineuse qui jette des rayons en tous sens, et couronne tout le sujet. Au bas du piédestal, sur le devant de l'estampe, on remarque la figure d'un homme renversé, vue en raccourci, la tête en avant, et dont les pieds élevés au-dessus du corps, atteignent le bas de la tablette du piédestal ; cette figure a des cheveux en forme de serpents, comme ceux qui symbolisent l'Envie. Aux angles du piédestal sont des masques qui ressemblent à des têtes de mort. A la droite de l'estampe se dessinent des arbres au bas desquels on aperçoit une figure qui lève un bras en recevant sur sa tête un des rayons de la gloire. A la gauche sont trois autres figures dont on ne voit que le buste, et dont une tient élevé un enfant au maillot, sur qui tombent pareillement plusieurs rayons. Dans le fond, de ce côté, il y a quelques maisons en perspective. On lit au bas de la droite, tout près du bord de la planche : *Rembrandt f.* 1648. Mais une large hachure qui couvre ce nom, ne permet pas de le lire bien distinctement, et la date non plus n'est pas très-lisible.

Ce morceau est de la plus grande rareté. Le dessin en est aussi incorrect que la gravure en est négligée. Il est en effet gravé d'une pointe rapide, grossière et brutale. Les premières épreuves sont sur papier de Chine et couvertes de barbes.

Hauteur, 0,178 ; largeur, 0,180

BARTSCH, 110. CLAUSSIN, 112. WILSON, 114.

En Hollande on appelle cette estampe le *Phénix*,
et c'est ainsi qu'elle est désignée dans le vieux catalogue d'Amadé de Burgy, publié en 1755. On n'a
jamais su d'une manière certaine ce qu'elle représentait; mais, selon toute apparence, c'est une allusion
à la délivrance des Pays-Bas et au renversement de
la statue du duc d'Albe.

Vers 1568, lorsque le duc, ayant chassé le prince
d'Orange des Pays-Bas, fut complimenté par le pape
Pie V comme le plus glorieux champion de la religion
catholique, il ordonna que sa propre statue serait élevée dans la citadelle d'Anvers, et fondue avec le
bronze des canons pris sur l'ennemi. Il était représenté foulant aux pieds la noblesse et le peuple, et sur
le piédestal, le duc d'Albe fit graver un emphatique
éloge de lui-même, figuré par une hydre à deux têtes.
Cette insolence avait tellement irrité les habitants des
Pays-Bas, que lors de l'expulsion des Espagnols en
1577, la statue fut renversée, et le métal dont elle
était formée fut rendu à sa première destination : on
l'employa à faire des canons.

Il est probable que l'estampe de Rembrandt se rapporte à cet événement, si mémorable pour les Hollandais. L'oiseau qui étend ses ailes au-dessus d'un
tombeau en flammes, peut être regardé sans doute
comme le phénix qui renaît de ses cendres; mais cet
oiseau, symbole de la résurrection et de l'immortalité,

ressemble ici à une cigogne. Or, on sait que la cigogne est un oiseau révéré en Hollande, de même qu'il
l'était autrefois parmi les Romains. Non-seulement on
le tient en grande vénération parce qu'il tue les rep-
tiles, mais il est considéré encore comme l'emblème
de la démocratie. La cigogne figure, du reste, dans
les armes de la ville de La Haye, et dans la circonstance présente, elle peut se rapporter aussi au prince
d'Orange qui délivra son pays du joug espagnol et
fonda la république des Provinces-Unies.

Rembrandt composa vraisemblablement cette estampe pour l'ornement d'un ouvrage historique où
étaient mentionnés les événements dont nous venons
de parler. Mais il est certain qu'on ne s'en servit point,
soit que le livre n'ait point paru, soit qu'on ait renoncé
à l'illustrer, et peut-être faut-il s'expliquer ainsi l'extrême négligence du dessin et de la gravure. Rembrandt n'aura fait qu'ébaucher sa composition, sauf à
la reprendre ensuite sur un autre cuivre, ou à la terminer en la corrigeant sur la même planche.

Les divers auteurs des catalogues de l'œuvre de
Rembrandt ne sont pas d'accord sur la date écrite au
bas de cette planche. Les uns, tels que Bartsch et
Claussin, lisent 1650 ; les autres croient y voir, comme
nous, l'année 1648. Cette dernière date, qui est celle
de la paix signée à Münster entre les Provinces-Unies
et le roi d'Espagne, pourrait jeter aussi quelque lu-

mière sur la signification de l'estampe, et il ne serait pas impossible que le peintre, à l'occasion d'un si patriotique anniversaire, eût vivement esquissé sur le vernis une gravure représentant le renversement de la Guerre sous les traits d'une divinité à la chevelure de serpents, et le retour de la Paix, dont les javelles que tiennent les deux génies, seraient alors les emblèmes.

84. *La Fortune contraire.*

On voit vers la droite de cette pièce, une barque remplie de monde, sur laquelle est représentée la Fortune, sous la figure d'une femme nue, vue par derrière. Elle tient d'une main le mât de la barque, et de l'autre, elle tire la voile. A la gauche de l'estampe, sur le rivage, que cette barque semble quitter, paraît un héros couronné de lauriers, sur un cheval qui s'est abattu. Il exprime son désespoir en regardant la Fortune. qui lui tourne le dos ; à une petite distance, derrière lui, s'élève un therme colossal avec la double tête de Janus, dont le temple est dans le fond, sur la gauche. Un grand nombre de figures montent l'escalier qui conduit au temple ; au bas des degrés se pressent d'autres personnages qui semblent se plaindre ou faire des vœux au ciel. Au loin, on aperçoit une flotte dont quelques vaisseaux paraissent engagés dans un combat. On lit sur le bord de la barque : *Rembrandt f.* 1633. Mais le nom de Rembrandt est très-faiblement gravé et très-peu distinct.

Bartsch n'avait connu qu'un seul état de cette planche ; Claussin et Wilson en avaient décrit deux ; mais il en existe réellement trois :

Premier état. La planche, plus large, porte 0,170 millimètres au lieu de 0,164 ; et elle renferme sur la gauche [1] plusieurs figures de plus, notamment une de profil tournée vers la gauche et une

1. Claussin dit, par erreur, sur la droite.

renversée par terre. Le dos de la femme qui représente la Fortune, et sa jambe gauche ne sont ombrés que d'une seule taille. Le mur qui est entre le piédestal de la statue et le patron de la barque, n'est couvert que de quelques traits verticaux.

Deuxième état. La planche ayant été coupée à gauche et réduite à la dimension ordinaire, le trait carré passe presque contre l'épaule du personnage qui a la tête couverte d'un casque. Le mur dont nous venons de parler est ombré de contre-tailles qui font ressortir en clair la main du héros abattu. Il y a aussi des contre-tailles sur le dos de la Fortune. Le nom de Rembrandt, couvert par des tailles qui n'existaient pas encore dans l'état précédent, se lit avec beaucoup de peine. On ne distingue plus nettement que *f.* 1633.

Troisième état. Les épreuves de cet état sont avec le texte hollandais imprimé au verso.

Hauteur, 0,112; largeur, 0,164.

BARTSCH, 111. CLAUSSIN, 113. WILSON, 115

On sait que la *Fortune contraire* a été gravée par Rembrandt pour un ouvrage hollandais qui fut imprimé à Amsterdam en 1634, et qui est intitulé : *Der Zeevaerts Lof door E. Herckmans,* c'est-à-dire, *L'Éloge de la Navigation, par E. Herckmans.* C'est à la page 97 de ce livre que se trouvent les épreuves que nous appelons de troisième état. Deux autres artistes, dont un nous est connu, William Basse, ont concouru à orner de gravures l'ouvrage de Herckmans. Mais on n'y trouve pas d'autres planches de Rembrandt que la *Fortune contraire.* Le texte que cette estampe accompagne, nous fait voir qu'il s'agit ici de la bataille d'Actium, que le héros vaincu est Antoine, et que la statue et le temple sont des allusions au temple de Janus, dont les portes furent fermées par Auguste. Quoi qu'il en soit, la *Fortune contraire* est une des plus heureuses compositions de Rembrandt, si l'on considère le nombre des figures qui s'y pressent et s'y meuvent, le pittoresque des lignes, la grandeur de la scène dans un si petit cadre, et l'isolement de cette figure désespérée du héros, que laisse si bien voir la tête baissée de son cheval abattu.

82. *La Médée*, ou *le Mariage de Jason et de Créuse.*

Estampe en hauteur qui a été gravée par Rembrandt pour être mise en tête de la tragédie hollandaise de Médée, composée par son ami le bourgmestre Six, qui n'était alors que secrétaire de la ville d'Amsterdam. Elle représente l'intérieur d'un temple orné de colonnes et rempli d'un grand nombre de figures, parmi lesquelles on distingue un groupe de musiciens. Sur la droite, entre deux colonnes, paraît la statue de Junon, au-devant de laquelle est un autel où s'élève la fumée d'un sacrifice que le pontife du temple va faire à la déesse. Aux pieds du prêtre sont deux figures à genoux : celles de Créuse et de Jason, dont on célèbre le mariage. On remarque sur le premier plan, qui est presque tout entier dans l'ombre, un escalier à double rampe vers lequel s'avance une figure qui paraît être celle de Médée. Elle est suivie d'un serviteur. Ce morceau, fini avec soin, est d'une belle ordonnance et d'un grand effet. On lit au bas, dans une petite marge, quatre vers hollandais qui commencent par ces mots : *Créus en Jason hier...* etc., et vers la droite : *Rembrandt f.* 1648.

On distingue quatre états de ce morceau célèbre.

Premier état. Extrêmement rare. La statue de Junon est couverte d'un simple bonnet. Dans la marge il n'y a ni le nom de Rembrandt, ni les vers hollandais.

Deuxième état. Junon a une couronne sur la tête, mais on ne voit encore ni le nom de Rembrandt ni les vers hollandais. Très-rare.

Troisième état. C'est celui où on lit dans la marge du bas le nom de Rembrandt et les vers. Le rideau et la grande colonne qui se voient à droite sont, dans cette épreuve, plus fortement ombrés, ce qui ajoute à l'effet.

Quatrième état. La marge du bas sur laquelle étaient les vers, est coupée.

Hauteur, y compris la marge, 0,229; largeur, 0,175.

BARTSCH, 112. CLAUSSIN, 114. WILSON, 116.

J'ai longtemps cherché en France et en Hollande cette tragédie de *Médée*, qui avait eu l'insigne honneur d'être *illustrée* par Rembrandt, et dont personne ne parlerait plus aujourd'hui, si elle n'avait fourni le sujet d'une des plus belles estampes de ce grand maître. Après bien des recherches infructueuses, j'ai enfin découvert dans les combles de la précieuse librairie de M. Frédéric Müller, à Amsterdam, un exemplaire de la première édition de cette tragédie qui est devenue très-rare, même en Hollande. Je suis heureux d'en donner ici une idée aux amateurs. Il faut cependant les prévenir que la scène représentée par Rembrandt dans sa composition, n'est pas une des scènes de la pièce de Jean Six, dans laquelle le mariage de Jason avec Créuse n'est pas célébré sous les yeux des spectateurs. Voici l'analyse de la pièce :

MÉDÉE

TRAGÉDIE EN CINQ ACTES ET EN VERS, PAR JEAN SIX.
Deuxième édition. Amsterdam, 1679 [1].

Cette tragédie [2] est composée d'après les règles classiques de l'ancien théâtre français; les trois unités y
sont fidèlement observées. Le vers alexandrin domine,
mais il est entremêlé d'autres vers ordinairement affec-
tés aux poésies lyriques. On sent de temps en temps
le souffle poétique du nord. Certains passages où il est
question d'amour rappellent, de loin il est vrai, les
scènes passionnées de *Roméo et Juliette;* et le poëte
trouve quelquefois sur sa palette les teintes romanti-
ques de *Shahspeare;* mais il retombe bien vite dans la
poétique classique qui bridait alors les imaginations
les plus emportées. Les gens de la suite du Roi rem-
plissent le rôle du chœur antique : ils viennent, à la
fin de chaque acte, faire la morale aux spectateurs.

Quant à la couleur locale et à la vérité historique,
l'auteur ne s'est pas fait faute de prendre toutes les
licences permises aux poëtes. Il s'est attaché surtout
à intéresser le spectateur à son héroïne : pour lui,
Médée n'est pas une sorcière traversant les airs sur

1. Medea, Treurspel, Amsterdam, by *Abraham de Wees,* en *Jacob Les-*
caille, boeckverkoopers op den Middeldam in't jaer 1648.
2. Je dois la traduction de cette tragédie au savoir et à l'obligeance
de M. Kolloff, du Cabinet des Estampes.

un manche à balai, et allant ensuite épouser Égée, roi
d'Athènes : c'est une princesse amoureuse jusqu'au
délire, mais très-malheureuse dans son amour. Aussi
dit-il dans la préface : « J'ai rejeté sans hésitation tout
« ce que les auteurs anciens ont rapporté de fabuleux
« au sujet de Médée, parce que je n'ai pas voulu avoir
« l'air de prendre ceux qui me lisent ou m'écoutent,
« pour des gens auxquels on puisse faire accroire que
« les perroquets de bois mangent du pain ; et afin de
« ne pas servir du réchauffé, j'ai évité avec soin de
« reproduire ici les pensées des autres, à l'exception
« de quelques-unes de Sénèque, qui se trouvent d'ac-
« cord avec le ton de mon ouvrage. » Les emprunts
faits à Sénèque par Jean Six, se réduisent en effet à
peu de chose, et la tragédie de l'un diffère essentiellement de celle de l'autre. Le poëte latin rend Médée
haïssable, néanmoins il éveille quelque pitié en sa faveur ; tandis que le tragique hollandais a principalement en vue de rendre l'infidélité de Jason odieuse et
la passion de Médée intéressante. Six a adopté le sentiment de Valérius Flaccus et de Diodore de Sicile,
qui ont peint Médée sous des traits moins affreux :
il a pensé avec ces auteurs qu'elle n'avait pas mérité
d'être chassée ignominieusement, et qu'elle est plutôt
à plaindre qu'à maudire, lorsque son malheur la pousse
à un tel excès de fureur et de démence qu'elle attente
à la vie de son enfant et à sa propre vie.

Les éléments dramatiques ne manquent pas à la pièce de Six ; pourtant l'action y est languissante, parce qu'elle est trop souvent remplacée par le récit. En voici le sommaire :

Jason, marié à Médée, fille d'Aëte, roi de Colchis, a été chassé de son pays par son neveu Acaste, fils de Pélias, roi de Thessalie : réfugié à la cour de Corinthe, il plaît à la princesse Créuse, fille unique de Créon, roi de Corinthe ; et il lui inspire un si violent amour qu'elle en tombe dangereusement malade. Créon s'étant aperçu de la cause de cette maladie, consent à fiancer sa fille à Jason. Mais ce qui fait le bonheur de Créuse, fait le désespoir de Médée. Le roi ordonne à Médée de partir et lui défend d'amener avec elle sa petite fille Ériope, que Jason aime tendrement ; il accorde un jour à Médée pour faire ses préparatifs de départ. Cependant Acaste avait envoyé à la cour de Corinthe des ambassadeurs chargés de ramener Jason et Médée ; mais Créon les avait renvoyés avec un souverain mépris. Tout à coup on apprend qu'irrité de l'insulte faite à ses ambassadeurs, Acaste vient d'envahir les États du roi de Corinthe : à cette nouvelle, Jason conseille à Médée de partir au plus vite. Médée rappelle alors à son infidèle époux les serments qu'il lui a faits ; elle l'accable des reproches les plus amers ; elle le supplie, elle l'outrage ; mais voyant que les imprécations sont aussi inutiles que les larmes pour fléchir le parjure, elle se résout à la vengeance. Elle charge sa petite fille d'offrir à la fiancée de Jason un coffret précieux qui devra, dit-elle, gagner à Ériope les bonnes grâces de sa future marâtre. Ce coffret contient des gants saupoudrés du poison le plus subtil; Créon et Créuse l'ayant ouvert et soulevé pour en respirer le parfum, sont empoisonnés tous les deux : Créon meurt sur-le-champ; Créuse, transportée de fureur, court après Jason et tombe morte en chemin. Jason trouve le cadavre de Créuse, le relève et va lui donner la sépulture, lorsque, arrivé dans la cour du palais, il aperçoit sur un balcon la fureur Médée qui, à son aspect, lui lance par-dessus la balustrade la petite Ériope, qui tombe écrasée aux pieds de son père. Médée elle-même se donne la mort.

La scène se passe dans la cour du palais de Corinthe.

ACTE PREMIER.

Jason fait la rencontre inattendue de son ami Hercule qui vient de débarquer à Corinthe : il lui raconte d'abord les aventures de son expédition de Colchide, et comment il a enlevé la Toison d'or, avec l'aide de Médée, devenue sa femme; il lui apprend ensuite qu'à son retour, Médée ayant été accusée par le prince Acaste d'avoir empoisonné Pélias, il s'est vu obligé de quitter son pays et de se réfugier à Corinthe, où il a trouvé un protecteur dans la personne du roi Créon, dont il est sur le point d'épouser la fille unique, princesse d'une rare beauté; enfin, il invite son ami à assister à ses noces, qui sont prochaines; mais Hercule s'en excuse en donnant pour raison qu'il s'en va par le monde chercher des exploits capables d'illustrer son nom et de le rendre pareil à celui de son père, dont l'étoile brille au ciel.

Entrevue de Médée et de Jason.

MÉDÉE.

O Jason! que se passe-t-il? que dois-je voir et comprendre?

JASON.

Que chacun doit se soumettre au sort qui lui est réservé.

MÉDÉE.

Ah! je suis perdue?... Malheur à moi, femme infortunée!

JASON.

Hélas! si cela était en mon pouvoir, vous auriez tout ce que désire votre cœur.

MÉDÉE.

Je me souviens encore comment je courais autrefois au-devant de vos désirs.

JASON.

J'en sais gré à l'amour et à votre bonté.

MÉDÉE.

Reconnaissance tardive!

JASON.

Je l'avoue.

MÉDÉE.

A quoi bon ces remercîments glacés?

JASON.

Que puis-je faire?

MÉDÉE.

Je veux que vous vous sauviez d'ici avec moi.

JASON.

Comment c'est-il possible? Un homme plus puissant que moi le défend.

MÉDÉE.

Vous défend d'être fidèle? Qui donc a ce pouvoir?

JASON.

Le roi tient le palais; il est maître du port, et nous sommes nous-mêmes gardés de près.

MÉDÉE.

J'aimerais mieux mourir que vivre parjure.

JASON.

Adieu : le temps s'écoule, il faut que je vous quitte.

MÉDÉE.

Que sert de vivre plus longtemps? Hélas! faut-il que je voie encore le jour?

JASON.

Malheureuse, pourquoi maudissez-vous le jour?

MÉDÉE.

Parce qu'il éclaire l'objet de ma douleur.

JASON.

Chacun a ses peines; je dois moi aussi porter les miennes.

MÉDÉE.

Vous allez posséder celle que vous aimez, vos vœux sont exaucés; et l'on chasse la femme dont la présence vous est importune; l'on chasse Médée!

JASON.

Soyez assurée que je compatis à vos chagrins.

MÉDÉE.

Vos actes ne s'accordent guère, en vérité, avec vos paroles.

JASON.

Que le ciel écoute mes vœux, et vous verrez tout ce que je vous veux de bien...

MÉDÉE.

Tout ce que vous me faites de mal, misérable! J'ai nourri un serpent dans mon sein, et en récompense de tous les soins que j'en ai pris, il m'a mordu, l'ingrat, le traître!

JASON.

Pardonnez, je vous prie, princesse, mon départ précipité; on m'attend.

Après le départ de Jason, Médée se répand en plaintes passionnées ; la nourrice et la suivante cherchent à la consoler.

ACTE DEUXIÈME.

Créuse et Jason se disent l'un à l'autre tout ce que peut inspirer
un amour brûlant. L'ampleur monotone du vers alexandrin étant
peu propre à exprimer des sentiments d'un lyrisme aussi exalté, le
poëte fait parler les deux amoureux en quatrains d'une mesure
plus rapide, et d'un style plein d'images. En voici quelques échantillons :

JASON.

Princesse, où trouverait-on votre pareille? Vous n'avez pas besoin d'orner votre tête de parures : les tissus d'or le cèdent à vos
cheveux, et la blancheur de vos épaules éclipse l'éclat des perles.

CRÉUSE.

La lumière resplendissante du soleil, les lis, les roses, tout ce
qu'il y a de plus beau au monde, mon bien-aimé, est encore loin
d'égaler votre beau visage.

JASON.

Les femmes qu'on peut appeler belles ne sont pas même auprès
de vous ce que sont les fleurs communes auprès du lis, et les
étoiles auprès du soleil.

CRÉUSE.

Et vous, mon ami, vous dépassez les autres héros autant que les
arbres plantés au bord du fleuve s'élèvent au-dessus des roseaux.

JASON.

Je vous aime, princesse, comme la prunelle de mes yeux : peu
m'importe que d'autres me veuillent du mal ou du bien ; pourvu
que nous soyons ensemble, je méprise tout le reste.

CRÉUSE.

Vos yeux sont semblables aux étoiles du nord, vers lesquelles

se dirige mon bonheur : je ne saurais souhaiter de meilleurs guides
pour ma route.

Jason et Créuse s'en vont pour se marier au temple. Arrive Médée avec sa nourrice : elles rencontrent Créon, qui se montre très-
courroucé que Médée ne soit pas encore sortie de Corinthe ; il la
traite de *peste*, de *fléau public*, de *scélérate*, et il lui ordonne
de partir sur-le-champ. Cependant, pour les besoins de la tragédie,
le monarque irrité consent à écouter un long discours que lui fait
Médée afin d'obtenir la permission de se fixer dans un coin du
royaume. Créon refuse ; mais sur les instances réitérées de la ma-
gicienne, il lui accorde la faveur de rester à Corinthe un jour de
plus.

Survient Evippe, suivante de Médée : interrogée par la princesse au sujet de son air consterné, elle répond :

« Je vais vous le dire, puisque vous ne craignez pas d'entendre
ce qui m'a causé un long évanouissement. Vous étiez à peine sortie de votre maison, qu'un frisson mortel s'empara de tous mes
membres ; mon âme fut saisie d'épouvante : une goutte de sang [1]
tomba sur le linge qu'on m'avait remis, puis encore une autre,
puis une troisième ; je tremblais ; je levai les yeux pour voir de
quel côté ce sang pouvait venir, et ce qui augmenta ma frayeur,
c'est que j'aperçus la figure de Junon à l'envers ; au même instant,
princesse, votre lit s'écroula avec un grand bruit. »

Médée demande à Evippe si c'est tout ce qu'elle a vu ; Evippe
continue :

« Un corbeau noir comme du jais et d'une grandeur extraordinaire, était venu se percher sur votre toit ; on essaya en vain de
le chasser, il croassait d'une manière sinistre. »

MÉDÉE.

Ne chassez pas cet oiseau ; sa voix m'est plus agréable que la

---

1. Le poëte fait ici allusion au sang du frère de Médée, assassiné par
sa sœur.

plus douce chanson. Croassez, croassez, oiseau de malheur; vos
cris funèbres sont la seule harmonie que je puisse entendre.

EVIPPE.

Les portes se fermaient et s'ouvraient d'elles-mêmes; tout était
en branle, les siéges se déplaçaient; on entendait un fracas épou-
vantable; les torches ne répandaient plus qu'une faible lueur près
de s'éteindre, lorsque un homme, ou au moins l'image d'un homme,
me glaça d'épouvante en s'avançant vers moi et en me touchant
d'une main froide comme la mort;... je vous dis la vérité... il me
parla, il me regarda trois fois d'un air terrible; mais je ne sais ce
qu'il me dit, tant j'étais émue, et il disparut en murmurant. »

Suit un long monologue de Médée, qui nous apprend qu'elle
médite des projets de vengeance.

ACTE TROISIÈME

Un messager vient apporter à Créon la nouvelle que les Thessa-
liens ont envahi le royaume : le récit de la première bataille livrée
à l'ennemi remplit tout le troisième acte.

ACTE QUATRIÈME

MÉDÉE, ÉNIOCHE ET EVIPPE.

Jason arrive et demande à Médée de lui laisser sa fille unique;
il lui offre en retour ses services. Il la quitte pour aller sur le port
choisir le bâtiment sur lequel Médée devra s'embarquer.

MONOLOGUE DE MÉDÉE.

On y remarque le passage suivant : « Eh bien que je meure;
qu'est-ce que la mort? Peut-être est-elle... peut-être n'est-elle pas :
je verrai du moins la fin de mes douleurs insupportables; il y a
des misères qui ne finissent qu'avec la mort. »

Médée envoie chercher sa fille par la nourrice, et ordonne à la
suivante d'aller prendre le coffret précieux qu'elle remet à Ériope
avec une lettre pour Créuse.

La nourrice accourt et apprend à Médée que Créon est mort

18

aussitôt après avoir respiré le parfum des gants empoisonnés. Créuse, mortellement atteinte, court au-devant de Jason.

ACTE CINQUIÈME

Jason trouve Créuse morte sur son chemin. Médée précipite sa fille, qui expire sur le pavé aux pieds de Jason.

Tel est le plan de la tragédie de Jean Six. Il serait curieux de la comparer à celle de M. Ernest Legouvé, qui a été représentée à Paris, il y a trois ans; mais un semblable travail sortirait du cadre de notre ouvrage.

83. *La petite Bohémienne espagnole.*

Un morceau en hauteur, extrêmement rare. On l'appelle communément *la Petite Bohémienne espagnole*, parce que le sujet en est tiré d'une nouvelle espagnole, qui elle-même a servi de canevas à une tragédie hollandaise. Cette estampe fut gravée par Rembrandt, pour être mise en tête de la tragédie imprimée. On y voit une vieille femme bien caractérisée, habillée en bohémienne, et tenant un bâton de la main gauche; à côté d'elle est une jeune fille coiffée à l'espagnole et distinguée par la richesse de son costume. Elles paraissent se promener ensemble dans un bois, et leur marche est dirigée vers la droite de l'estampe. Derrière la vieille, tout à fait à gauche, on remarque un chat.

Hauteur, 0,133; largeur, 0,112.

BARTSCH, 120. CLAUSSIN, 122. WILSON, 124.

La nouvelle d'où fut tirée la tragédie en question, n'est autre que la *Preciosa* de Cervantes. C'est l'histoire d'une petite fille qu'une vieille bohémienne avait enlevée pour l'utiliser dans sa troupe. Jolie, char-

mante, spirituelle, l'enfant avait reçu le nom de Preciosa, et on lui avait enseigné sans peine toutes les
gentillesses, toutes les espiègleries de son état. En
peu de temps, dit Cervantes, elle était devenue la
nymphe la plus alerte et la plus rusée de toute la gent
bohémienne. Ni l'air, ni le soleil, ni les intempéries
auxquelles les Bohémiens sont exposés, rien ne pouvait faner l'éclat de son teint ni ternir la fraîcheur de
sa peau. Mais ce qu'il y avait de plus remarquable en
elle, c'est qu'elle annonçait des sentiments de noblesse
inconnus à ses compagnes, et mêlait tant de retenue
aux épanchements de sa gaieté naturelle, que le plus
hardi Gitano n'eût osé devant elle chanter une chanson trop libre ou se permettre un mot malsonnant.
La vieille, qui faisait passer Preciosa pour sa petite-
fille, lui fit d'abord parcourir avec toute la troupe le
royaume de Castille, et ne voulut la montrer à Madrid
que lorsqu'elle fut à point. Preciosa avait un immense
répertoire de vaudevilles, de couplets, de rondes et de
petits vers; elle savait surtout les plus belles romances
de l'Espagne et les chantait avec une grâce inimitable.
Enfin elle avait quinze ans. La bande fit son entrée à
Madrid le jour où l'on célébrait la patronne de la ville.
Preciosa précédait ses compagnes, dansant de son pied
le plus leste et jouant du tambour de basque avec une
dextérité merveilleuse. Bien que ses compagnes fussent
toutes jeunes et fort galamment ajustées, Preciosa

fixait seule tous les regards. Son nom fut bientôt mêlé
au son des tambourins, des grelots et des castagnettes;
les uns vantaient l'élégance de sa taille, les autres la
souplesse de ses mouvements; il s'élevait des cris de
plaisir; les femmes accouraient pour la voir et les
hommes pour l'admirer; si bien que les marguilliers
de la fête lui décernèrent le prix de la danse et l'invi-
tèrent à mener le branle dans l'église Sainte-Marie,
pour y danser quelques voltes devant l'image de sainte
Anne.

Preciosa avait eu les honneurs de la fête. A la ville,
à la cour, on ne parlait plus que d'elle. Son nom faisait
déjà grincer toutes les guitares de Madrid, et chaque
poëte lui envoyait ses vers par un beau page, pour
qu'elle voulût bien les chanter. Un jour que les Bohémiennes cheminaient dans un petit vallon, à cinq
cents pas de la porte de Madrid, elles virent s'appro-
cher un jeune homme lestement vêtu, qui portait une
dague et une épée d'or, et dont le chapeau à plumes
était orné d'un riche cordon. Cet élégant cavalier ayant
pris à part la Preciosa, lui fit tout net sa déclaration
et lui offrit, avec son cœur, cent écus d'or, sous prétexte qu'on ne peut livrer son âme sans livrer aussi sa
fortune. La jolie Bohémienne répondit en fille d'esprit
qu'elle ne laisserait cueillir la fleur de sa jeunesse que
par un époux. Et là-dessus elle lui tint les discours
les plus sensés et les plus délicats. « L'innocence est

une rose que l'imagination même peut flétrir. A peine
est-elle détachée du rosier, que la rose se fane. L'un
la touche, l'autre la sent, celui-ci l'effeuille, et finalement elle périt dans des mains grossières. Si vous vou-
lez être mon mari, je serai votre femme; mais il faut
passer auparavant par de grandes épreuves, et d'abord
abandonner la maison de vos parents pour adopter,
en changeant de nom, le costume et la vie d'un Bohémien. »

Plus enflammé que jamais et prêt à tout, le jeune
homme tire une bourse de brocart et remet à la vieille
les cent écus, que la Preciosa veut que l'on refuse.
Mais quoi! refuser cent écus d'or, quand on peut les
coudre dans un jupon qui ne vaut pas deux réaux!
cent écus d'or avec lesquels on peut acheter tant de
choses, même le sourire d'un procureur, même l'indul-
gence d'un alcade! La vieille prit les écus et leur donna
la sépulture dans le plus misérable de ses jupons. L'a-
moureux gentilhomme, qu'on était convenu d'appeler
Andrès Caballero, eut huit jours pour réfléchir, et la
Bohémienne eut huit jours pour prendre ses infor-
mations.

Mais dès le lendemain, la troupe des Gitanos était
introduite dans la maison du père d'Andrès, ravi d'ac-
cueillir chez lui la belle danseuse dont parlait tout
Madrid, et de se procurer le spectacle d'un fandango.
Là, feignant de ne pas connaître l'amoureux jeune

homme, que son émotion trahit, Preciosa lui tire sa
bonne aventure en présence de trois gentilshommes,
lui prédit, à certains signes du front, qu'il se mariera
dans peu, et qu'au lieu de faire le voyage de la Flandre,
où il parle d'aller, il ira peut-être sur la route opposée; car une chose pense le bidet, et une autre celui
qui le selle. Cependant le père d'Andrès, prenant une
pièce d'or, la montre à Preciosa en lui disant : Dansez
un peu, ma jolie, voici un doublon à deux têtes dont
aucune ne vaut la vôtre, bien que ce soient deux têtes
couronnées. Aussitôt les petites filles se mettent en
danse, les pans dans la ceinture, et emportent tous
les yeux au bout de leurs pieds.

Mais tandis que les pas s'entrelacent avec une légèreté prestigieuse, Preciosa laisse tomber un papier.
Un des gentilshommes le ramasse et l'ouvrant aussitôt,
malgré les instances de la danseuse: « Bon! s'écrie-t-il,
nous tenons un petit sonnet. Que le bal cesse et qu'on
écoute, car à en juger par le premier vers, le sonnet
est piquant. »

« Lorsque Preciosa touche le tambour de basque
et que son doux bruit frappe les airs insensibles, ce
sont des perles qu'elle répand avec les mains, ce sont
des fleurs qu'elle laisse échapper de sa bouche... »

Chacun de ces vers était un coup de lance qui per-
çait d'outre en outre le cœur jaloux d'Andrès, déjà
pâle et à moitié évanoui sur sa chaise. « Attendez, dit

aussitôt Preciosa, laissez-moi lui dire certains mots à
l'oreille, et vous verrez qu'il ne s'évanouira point. »
En effet, s'approchant de lui, elle lui murmura, sans
presque remuer les lèvres : « Beau courage pour un
Bohémien ! Comment pourrez-vous supporter le tour-
ment de la *toca* [1], si vous ne pouvez souffrir celui
d'un morceau de papier ? » Puis, lui faisant des signes
de croix sur le cœur, elle s'éloigna et Andrès revint
à lui. Finalement, le doublon à deux faces fut donné à
Preciosa, qui le partagea noblement avec ses compagnes. Mais comme la galerie voulait savoir à tout
prix quelles étaient ces paroles magiques dont la vertu
préservait du mal de cœur et des éblouissements : Les
voici : dit la charmante bohême :

« Petite tête, petite tête, tiens-toi bien, ne te laisse
pas glisser et mets-toi deux étançons de la patience
bénie. Sollicite la gentille confiance ; ne descends point
à de basses pensées ; tu verras des choses qui sentent
le miracle, Dieu aidant et saint Christophe le géant,
Dios delante y san Cristoval gigante. »

Enfin arriva le jour où Andrès Caballero, tremblant
et déguisé, s'enfuit dès l'aube, de la maison paternelle,
sur une mule de louage, et va rejoindre les Bohémiens
dans leur campement. Reçu à bras ouverts et enrôlé
dans la bande avec certaines cérémonies, suivant le

1. Torture qui consistait à faire boire au patient des bandelettes de
gaze avec de l'eau.

rite des Bohémiens, Andrès est fiancé à Preciosa, et le
voilà livré désormais à la vie vagabonde d'une nation
d'adroits voleurs. Nous ne le suivrons pas dans les
péripéties de cette existence romanesque, dans laquelle
l'amour, chaste encore, de Preciosa, la liberté, le péril
même, lui faisaient trouver d'indicibles plaisirs et des
émotions inattendues. De temps à autre, il est vrai,
la jalousie torturait son cœur, et il faut lire à ce sujet,
dans le récit de Cervantes, l'épisode d'un jeune page
qu'un hasard inexplicable conduit en Estramadure,
dans un petit bois où les Bohèmes avaient dressé leurs
tentes, et qui est reçu lui aussi dans la peuplade. Ce
page était un poëte qui avait jadis donné des vers à
chanter à la Preciosa, lorsqu'elle parcourait les rues
de Madrid[1]. C'était le même dont le sonnet était tombé
du sein de la jeune fille le jour où elle dansait le fan-
dago chez le père d'Andrès. Mais l'histoire serait trop
longue et ce que nous allons seulement indiquer ici en
peu de mots, c'est le dénoûment de la nouvelle. Un
jour que la troupe errante s'était arrêtée dans une
auberge à trois lieues de Murcie, la fille de l'hôtesse,
Juana Carducha, vit danser les Bohémiens, et devint
éperdument amoureuse d'Andrès. Après avoir épié le

---

1. Une traduction de *la Bohémienne de Madrid*, qui est la première
des *Nouvelles* de Cervantes, vient d'être publiée à part, dans la Bibliothèque des Chemins de fer, par la maison Hachette. Cette traduction est
celle de M. Viardot, qui est sans contredit la plus intelligente et la plus
fidèle, et nous le disons après vérification.

moment de lui parler seule, Juana, dans la subite
violence de sa passion, se déclare à Andrès et lui
propose de l'épouser. « Je suis déjà fiancé, répond le
Gitano, et nous autres Bohémiens, nous n'épousons
que des Bohémiennes. » Humiliée, déçue, et la rage
dans le cœur, Carducha résolut de se venger; elle prit
un riche collier de corail, deux patènes d'argent et
quelques bijoux, et les glissa parmi les effets d'Andrès;
puis au moment du départ de la troupe, elle se mit
à crier au voleur. On devine la suite. Andrès convaincu
en apparence, est arrêté, accablé d'outrages, et pour
comble, se voyant insulté en face par un neveu de
l'alcade, il lui passe son épée de gentilhomme au travers du corps. Quel coup de fortune arrangera une
pareille affaire? Les Bohémiens garrottés, sont menés
en prison. Seule, Preciosa (on a toujours des égards
pour la beauté) est conduite chez la femme du corrégidor, curieuse de voir une fille dont tout le monde
raffolait. Or, il se trouve que Preciosa, pendant qu'elle
implore la grâce d'Andrès, est reconnue pour être la
fille du corrégidor lui-même. La vieille confesse son
crime, on pleure, on s'embrasse, et bientôt Andrès
sort de sa prison, fait connaître le secret de sa naissance, indemnise les parents du soldat qu'il a tué, et
devient l'heureux époux de Preciosa.

Telle est la nouvelle qui servit de thème à la tragédie
hollandaise pour laquelle fut composée l'estampe de

la *Bohémienne espagnole*. Chacun des actes de cette pièce était illustré d'une gravure, mais il n'y en avait qu'une qui fût de la main de Rembrandt. En 1750, selon le témoignage de Gersaint, la tragédie de la *Bohémienne* se jouait encore à Amsterdam.

84. *Le Docteur Faustus.*

Il est debout dans son laboratoire, placé vers la gauche de l'estampe et dirigé vers la droite. Son corps est vu de trois quarts et son visage de profil. Il est vêtu d'une longue robe et porte sur la tête un bonnet blanc. Ses deux mains, qui sont fermées, sont appuyées, la droite sur une table, la gauche sur le bras de son fauteuil. Il paraît absorbé dans la contemplation de plusieurs caractères magiques, que lui montre dans un miroir une figure dont on n'aperçoit que les mains. Ces caractères brillent dans un cercle lumineux à une croisée qui est dans le fond du laboratoire, vers la droite de l'estampe. Sur le devant, au bas de la droite, il y a un gros livre à fermoirs, des papiers et un globe dont on ne voit que la moitié. Derrière le docteur, on aperçoit une tête de mort. Au bord de la fenêtre, du côté opposé, on distingue un objet qui a la forme d'un cœur.

Bartsch et Claussin n'ont décrit qu'un seul état de cette planche; nous en avons pourtant distingué trois, abstraction faite des différences d'épreuves que produit la manière noire, et eu égard seulement aux changements faits à l'estampe par l'addition ou la suppression d'un travail quelconque. Ces changements sont en effet les seuls qui constituent ce qu'on appelle un état de la planche.

Premier état. Le gros livre à fermoirs qui est placé tout à fait sur la droite, à la hauteur du bas de la fenêtre, ne présente que

deux sens de tailles; l'angle gauche du bas de la fenêtre est coupé
par une ligne diagonale qui ne nous paraît être que l'effet des
barbes conservées en cet endroit. La même cause produit des cavi-
tés profondes dans les yeux et la bouche de la tête de mort. Les
épreuves de ce premier état sont chargées de matière noire et
très-brillantes; la robe du docteur y semble de velours. Elles sont
en général tirées sur papier du Japon et fort rares.

Deuxième état. Le contour de l'épaule droite du personnage,
qui était interrompu dans la première épreuve, est maintenant
repris durement et continué. L'épaule est couverte de nouvelles
tailles données verticalement pour remplacer l'effet disparu de la
manière noire. Le gros livre à fermoirs présente des troisièmes
tailles données en losange. La tête de mort n'a plus de noirs pro-
noncés dans les yeux et dans la bouche.

Troisième état. Le rayon qui vient frapper le visage et l'épaule
gauche de Faustus, a été nettement divisé en deux par des travaux additionnels qui ont assombri la moitié inférieure de ce
rayon.

Nota. La planche du *Faustus* est une de celles qui ont fait partie du fonds de Basan et dont le cuivre existe encore dans le commerce. On doit donc s'attendre à ce que les marchands qui possèdent ce cuivre, aujourd'hui usé et défiguré, y fassent ajouter des
travaux ou cherchent à les raviver par des remorsures d'eau-forte.

Hauteur, 0,212; largeur, 0,162.

BARTSCH, 270. CLAUSSIN, 267. WILSON, 272.

Le docteur Faust semble résumer en lui la plupart
des traditions et des croyances de la vieille Germanie.
Il représente à la fois les recherches tourmentées du
savant et les songes du poëte. En lui se retrouvent
l'avidité insatiable des jouissances et les vagues intui-

tions de l'idéal, le moyen âge et l'antiquité, la fable et l'histoire. Par bien des côtés, il touche à la politique, aux religions, à la philosophie. Quant aux sciences occultes, aux doctrines hasardées du supernaturalisme le plus ambitieux, elles lui appartiennent en propre : elles constituent le fond même de sa destinée. Par là, il s'est à jamais emparé des imaginations septentrionales, si aisément éprises du fantastique, et toujours si près ou si loin de la nature.

Les poëtes n'ont guère été dans cette rencontre, comme en beaucoup d'autres, que l'écho harmonieux des bruits de la foule. Une pièce dialoguée, anglo-saxonne, peut être regardée comme la première trace écrite de la légende de Faust. Avec l'original de ce vieux drame, depuis longtemps disparu, mais qui existait encore à l'époque de la conquête des Normands, le troubadour français Rutebeuf a composé un mystère qui se trouve être le plus ancien des monuments écrits qui nous soient parvenus touchant le personnage de Faust, mystère dont le *Journal des Savants* a démontré l'authenticité.

Rédigé en bas allemand, entremêlé de termes anglo-saxons, le livre de Théophile, sénéchal de l'évêque d'Adama en Sicile, est également postérieur au drame anglais. Et s'il y a hérésie à penser que l'idée première du Faust n'est pas allemande, c'est le fait de ce spirituel humoriste allemand, anglais à ses heures, et fran-

çais à volonté, qu'on appelle Henri Heine. Plus tard,
vers la fin du XVIᵉ siècle, Marlowe a peut-être emprunté quelques données à Théophile; mais il s'est surtout inspiré de la vieille fable populaire. A leur tour,
les théâtres de marionnettes ont traduit les impressions
de la foule. Ils se sont approprié ce qui leur convenait,
surtout les apparitions du diable, délices de la foire; et
c'est ce Faust polichinelle, — je demande pardon d'une
expression aussi irrévérencieuse, — qui aura passé
d'Angleterre en Allemagne, en traversant les Pays-
Bas, favorisé par une affinité de langue et de commune
origine.

Les grimoires intitulés *Clef des Enfers*, imprimés
en 1587, par le très-modeste Jean Spiess, qui n'a pas
voulu s'en attribuer l'honneur, la comédie des deux
étudiants de Tubingen, publiée à la même date, et le
livre de Widmann qui est de 1599, font descendre dans
la vie réelle le Faust du mystère. Ce n'est pas qu'il n'y
ait, dans les grimoires, une véritable intelligence de la
symbolique; mais nous voulons dire que le Faust de la
fantaisie devient un homme, passe pour avoir existé.
C'est, en un mot, un Faust historique qui se lève et
nous apparaît. Les grimoires tombent dans l'oubli, et
quoique d'un mérite bien inférieur, le livre de Widmann leur survit, grâce à des homélies que les générations de ce temps-là ne trouvaient point fastidieuses;
et son traducteur ou plutôt son compilateur, Palma

Cayet, ose importer chez nous, sous la protection du
maréchal de Schomberg, les plus lamentables facéties.
Un jour enfin que Wolfgang Goethe se promène rêveur
dans les rues de Strasbourg, il est frappé d'une de ces
grandes petites comédies de marionnettes : et aussitôt,
dans cet esprit encyclopédique, tout vient se résumer
et se fondre; la pièce anglo-saxonne, le mystère du
troubadour, le drame de Marlowe, les candides notions
du vulgaire, les compilations indigestes des auteurs,
le Faust légendaire et le Faust historique, son génie
met tout en lumière. « Abraham engendra Isaac, Isaac
engendra Jacob, Jacob engendra Juda dans les mains
duquel le sceptre est demeuré. »

Donc, avant le Faust de Goethe, désormais insépa-
rable de Marguerite, il y a le Faust de l'histoire : Philippe Mélanchthon, le second de Luther, et Jean Wierus,
auteur du livre sur les sorciers, lui en avaient déjà
ouvert la porte, en affirmant son existence. Il ne serait
même pas autre, selon quelques autorités fort douteuses,
Conrad Durrens, par exemple, que l'un des trois inven-
teurs de l'imprimerie, contre lequel les moines, désormais privés de leur métier de copistes, auraient épuisé
l'arsenal de leurs calomnies. Une telle pensée pouvait
bien du reste se présenter à l'esprit de ceux qui,
épouvantés de la découverte de l'imprimerie, la
regardèrent comme une invasion des puissances occultes, et à qui les premiers caractères mobiles appa-

rurent comme des signes de sorcellerie mis en mouvement, comme une révélation universelle de la
cabale.

De tous les éléments épars de la saine critique et de
la tradition, il convient maintenant de dégager ce qu'il
est indispensable de savoir sur le personnage de Jean
Faustus.

Il serait né vers la fin du xv⁰ siècle, près de Weimar,
ou à Kudlingen en Souabe. Fils d'un paysan aisé, il
étudia à Ingolstadt, et à Wittenberg où seize maîtres
lui décernèrent le prix de la dispute et le bonnet de
docteur. A Cracovie, il a la témérité d'apprendre le
grec, l'arabe, le persan, le chaldéen. Les préjugés
permettaient tout au plus alors l'usage de la basse
latinité. Il laisse ensuite la théologie pour la médecine
et les mathématiques. Il a même l'imprudence de toucher à la pharmacie; il guérit les hommes avec des
drogues inconnues. Le malheureux! il est donc adonné
aux *arts dardaniens*, nécromancie, astrologie, magie,
alchimie, charmes, divinations, incantations, sorcellerie, tout l'attirail de l'enfer! Ce pauvre suppôt du
diable est sans doute obligé de quitter la place; car il a
contre lui toutes les rumeurs de la multitude. Cependant, un de ses oncles lui lègue un héritage; il est censé
le dévorer au milieu des orgies. Il fréquente l'opticien
Christophe Kayllinger. Il y voit de loin maintenant, et
il pressent que pour continuer sa vie de plaisirs, ayant

épuisé son patrimoine, il lui faudra bien finir par contracter alliance avec le démon.

Par une nuit noire, entre neuf et dix heures, dans la forêt de..., près de Wittenberg, à l'intersection de quatre chemins, il trace trois cercles concentriques, et somme en latin les esprits élémentaires, Belzébuth et Demigorgon, de lui envoyer leur souverain. Aussitôt la foudre gronde, un ouragan se déchaîne; un des esprits diaboliques lui apparaît. Il remet à s'entendre avec lui jusqu'au lendemain : la nuit porte conseil.

Dans son cabinet d'étude, vaste, voûté, mal éclairé, d'une architecture gothique, entouré des globes terrestre et céleste, de configurations planétaires, de livres épars, de fourneaux, de cornues, de préparations anatomiques, parmi lesquelles on distingue une tête de mort, Faust quitte son fauteuil à haut dossier, et trace de nouveau, sur le parquet, les trois cercles magiques. La conjuration produit son effet : un tigre rouge s'élance aux pieds de l'enchanteur; celui-ci trouve Satan peu effroyable sous cette forme et se moque de son impuissance. Un barbet noir enflammé, un serpent gigantesque, pareil à celui qui causa la chute d'Ève, font également sourire l'intrépide docteur qui ne veut pas signer le pacte fatal. Pour le décider, le diable lui-même, invisible, lui présente un miroir où se reflètent les traits d'une femme divine. Alors tout est consommé. Faust se fait au bras une piqûre ; avec son sang il écrit qu'il approuve les conditions de l'enfer, auquel il appartiendra corps et âme, au bout de vingt-quatre ans.

En attendant, un esprit subtil, Méphistophélès, doit toujours être à ses ordres, et exécuter ses volontés. Le docteur veut commencer par épouser la femme divine qu'il a entrevue : Méphistophélès l'en détourne, lui promettant de lui livrer chaque nuit toutes les filles de ses rêves. Le futur damné retourne à la science ; il apprend la cause des hivers et des grandes chaleurs, l'origine du ciel, la création du monde, la première génération de l'homme ; que sais-je ? Il visite les anges déchus et leur ténébreux séjour ; avec naïveté il se laisse emporter aux étoiles, dans les comètes.

Quand il en revient, c'est pour entreprendre son grand voyage sur la terre. A Paris, les études lui semblent bien *dressées*, l'*Eschole fort bonne* ; à Venise, il s'émerveille, le sorcier ! que, là où rien ne croît, il y ait de tout en abondance ; à Rome, il joue à Sa Sainteté les tours les plus singuliers ; à Constantinople, il se fait passer pour Mahomet, et féconde le sérail, à la satisfaction du Grand-Turc et de ses chastes épouses ; devant Charles-Quint, il évoque l'âme d'Alexandre le Grand, et comme il veut courtiser la femme d'un illustre gentilhomme de la cour, qui prétend s'opposer à ses entreprises, il lui fait pousser une magnifique tête de cerf.

19

Trois comtes sollicitant de lui la faveur d'assister aux noces du duc de Bavière, il les emmène à travers les régions de l'air, prend part aux fêtes nuptiales, et contente les nombreux caprices de la princesse d'Anhalt, la belle au *soulier d'or*. Dans la cave de l'évêque de Salzbourg, il se livre à d'immenses bacchanales. Les paysans ne sont pas à l'abri de ses sortiléges. Sur le fameux plateau du Blocksberg, il assiste au sabbat des diablesses, présidé par un colossal bouc noir, à face humaine, ayant des ailes de chauve-souris, la queue traditionnelle, l'obligatoire pied fourchu, et un cierge de cent pieds allumé entre les cornes. La *Tentation de saint Antoine*, par Callot, peut seule donner une idée des innombrables notabilités infernales qui relèvent de l'auguste bouc. Mais pour tout cet absurde passé gothique, Faust n'éprouve que du dégoût; l'extase maladive, l'abominable cauchemar inséparables de certaines croyances, lui font horreur. Son âme se reporte alors aux beaux jours des temps homériques; il lui faut la beauté plastique, le calme, la sérénité, l'idéal de l'ancienne Grèce : il évoque Hélène.

La compagne de Ménélas devient l'épouse de Faust. Il lui survient un véritable fils, à lui qui avait tenté de reproduire, sans le concours de la femme, un de ces homuncules dont Paracelse a donné la description dans son *Paramirum*. Au moment où Faustus jouit de cette félicité réelle de l'hymen et de la paternité,

la période des vingt-quatre ans s'achève; le diable
revendique ses droits. A Wittenberg (d'autres disent à
Rimlich), en 1550, le corps de Faust est trouvé en
lambeaux dans son cabinet d'étude, les membres jetés
le long des murs, le crâne brisé, le tronc auprès du
poêle. L'infortuné sera mort au milieu de ses expé-
riences alchimiques et spagiriques, en essayant de
manier des agents inconnus. Il aspirait à trouver le
secret de ne pas mourir, et il meurt en le cherchant.

Que signifie ce fantastique récit? Quelles allusions
se cachent sous le voile de ces étranges romans? Dans
le pacte avec le diable faut-il voir l'immense désir qui
est au fond de l'âme humaine, de tout posséder, de tout
connaître, de pouvoir tout? L'apparition d'Hélène à
un savant fatigué des croyances gothiques, des sorcel-
leries du moyen âge, serait-ce le symbole du paga-
nisme antique ressuscité, l'aimable et brillante image
de ce que nous appelons la Renaissance? n'est-ce pas à
dessein que le berceau du protestantisme, la vieille cité
de Wittenberg, est choisie, dans cette histoire mystérieuse, pour être le théâtre des opérations du possédé?
Et le miroir, enfin, dont les rayons illuminent la
retraite de Faustus, n'est-il pas un semblant de ce
mirage indéfinissable qui incessamment nous attire,
nous ravit et nous trompe?

On a établi, comme il était inévitable, des rapprochements entre Faust et Prométhée, entre Faust et don

Juan. Cette dernière parenté serait justifiée, s'il était vrai que le livre de Tholeth Schotus, publié en 1594, eût été copié sur un original espagnol. Quoi qu'il en soit, des centaines d'écrivains ont disserté sur Faust, dans toutes les langues de l'Europe. Les Polonais, autrefois grands sorciers, l'ont revendiqué au bénéfice de leur épigrammatique Samuel Twardowski, lequel n'est pas le poëte du xvii° siècle. Byron semble avoir pris à cette physionomie les traits principaux de son Manfred. La chanson, le ballet, le mimodrame, les théâtres portatifs en ont fait leur proie. En France, par une amère ironie du sort, cela s'est à peu près terminé par une pièce funèbre à la Gaieté; mais au moment où nous écrivons, la fantastique figure de Faust vient de reparaître au Théâtre-Lyrique, et l'on peut prédire qu'elle finira par devenir populaire parmi nous, malgré son peu de rapport avec la lucidité inhérente à l'esprit français.

L'art s'est approché, lui aussi, de cette redoutable figure de Faust, d'abord avec recueillement, plus tard avec enthousiasme. Pour nous, dans cette voie, Rembrandt est le premier en date, et peut-être aussi le premier pour d'autres raisons. Il a interprété la légende telle qu'elle était sortie des obscurités de la conscience populaire. Il en a suivi pieusement l'ordonnance; il lui a conservé cette saveur primitive de la crédulité. Les œuvres savantes de Cornélius et de Kaulbach, le

tableau couronné d'Henri Leys, les poétiques et ger-
maniques peintures d'Ary Scheffer, les esquisses de
Retsch, les dessins fiévreux et palpitants d'Eugène
Delacroix, ont traduit diversement des passages de
Gœthe ou de Kinglemann. Mais, en payant tribut au
Grand Wolfgang, ils ont été condamnés tous à mani-
fester un scepticisme qui. malgé son imposante pro-
fondeur, n'a pas l'âpre vigueur de la foi naïve.

Comment Rembrandt a-t-il connu le Faust? Peut-
être par les ambulants spectacles de marionnettes qui
ont dû passer dans les Pays-Bas, en allant de l'Angleterre en Allemagne. Au surplus, en 1588, les Flamands lisaient, dans leur langue, un livre très-ré-
pandu : *De historie von Dr Joh. Faustus*, que certaines
éditions appellent *Fautricus*, diminutif peu respec-
tueux. Tout ce que Rembrandt a pris à la légende se
trouve dans la description que nous avons donnée plus
haut du cabinet de l'enchanteur. Au lieu de nous présenter le drame par son côté naturellement pittoresque,
de peindre sur le cuivre le tigre rouge ou le barbet
noir, ce puissant génie, mariant comme toujours la
réalité à l'idéal, nous montre l'invisible tentateur,
figuré par deux mains qui tiennent un miroir; Faust
s'est laissé séduire; il regarde avidement, dans le miroir, l'image de la femme divine qui semble s'agiter à
la fenètre. Les trois cercles magiques, destinés à con-
jurer Satan, ont été tracés, non pas sur le parquet,

mais sur le mur. On lit mieux ainsi les mots cabalistiques dont Rembrandt, comme Albert Dürer et les grands artistes de ces temps-là, avait très-certainement la clef. Pour nous, qui n'avons pas même le premier degré de l'initiation, nous laisserons au diable le soin de deviner ce qui le concerne dans la signification de ces mots cabalistiques, d'où jaillit une lumière de l'autre monde...

Les voilà donc à jamais fixés par un grand peintre, dans la patrie de l'art, ce type de la science lassée d'elle-même au point de poursuivre et d'épouser les fantômes, cette figure de la pensée humaine découragée au plus fort de la méditation, et disant adieu aux sombres découvertes de l'esprit en travail, pour implorer le joug de l'éternelle et immuable beauté.

85. *L'étoile des Rois.*

Petite pièce en travers, représentant un sujet de nuit. Dans le hàut de la droite, se dessine, sur un fond tout noir, une étoile lumineuse; elle est attachée à un bàton et portée par un homme vu de dos, entouré de cinq ou six spectateurs. Sur la droite, on aperçoit plusieurs maisons aux fenêtres desquelles brillent de petites lumièrcs.

Les premières épreuves chargées de manière noire, ont un aspect velouté; les dernièrcs sont d'un noir cru.

Hauteur, 0,157; largeur, 0,137.

BARTSCH, 113. CLAUSSIN, 115. WILSON, 117.

« Il est d'usage en Hollande, parmi le petit peuple, »

dit Gersaint, en son style naïf, « de promener par la
ville à la fête des Trois Rois, une grande lanterne, en
forme d'étoile lumineuse, portée au bout d'un bâton
par un homme ridiculement vêtu d'habits royaux, et
suivi de plusieurs autres dans le même déguisement :
ces gens forment ainsi une mascarade, et se promènent
la nuit dans les rues, accompagnés d'une symphonie
assortissante, allant de maison en maison pour attraper quelque argent aux bourgeois. »

Bernard Picart, dans ses *Cérémonies religieuses*,
au tome troisième, qui concerne les Grecs et les Protestants, a gravé, lui aussi, une estampe fort curieuse
intitulée : *L'étoile des Rois, promenée dans Amsterdam.*
L'étoile lumineuse éclairant toute l'estampe, on en voit
les figures comme dans une scène de jour. On lit dans
le texte que cette gravure accompagne : « en Hollande,
cette prétendue dévotion (celle des Noëls chantés par
les rues), approche d'une mascarade complète. Les
chanteurs choisissent trois des mieux tournés de leur
troupe pour représenter les Trois Rois qui marchent
de front. Celui du milieu marche gravement avec une
grande étoile de papier blanc qu'il porte au haut d'une
perche ; dans le corps de l'étoile, il y a une ou deux
chandelles allumées. Celui qui la porte la fait tourner
en chantant ; les Trois Rois sont revêtus de chemises
blanches et couronnés d'une manière de bandeau orné
de clinquant. Un d'eux porte un masque noir sur le

visage ; quelquefois il est seulement barbouillé de noir, et souvent ils le sont tous les trois. Cette superstition commence à peu près à la mi-novembre et finit aux Rois. »

Il est curieux, du reste, de voir le même sujet traité par un peintre tel que Rembrandt et par un graveur tel que Bernard Picart. Celui-ci est clair, précis, propre et froid comme le procès-verbal d'une cérémonie; l'autre est sombre, fantastique et vague. Tandis que, chez Bernard Picart, les figures se dessinent une à une, ont toutes la même valeur et morcellent la composition, les figures chez Rembrandt sont noyées dans les larges ombres de la nuit, et, ainsi confondues, elles prêtent une grande unité à une petite scène.

86. *La grande chasse aux lions.*

Morceau légèrement gravé. On voit dans le milieu un cavalier renversé en partie sous un cheval abattu. Au-dessus, se cabre un autre cheval, lequel est monté par un Arabe qui lance un dard sur un lion courant vers la gauche de l'estampe, et poursuivi par deux autres cavaliers, dont l'un lui porte un coup de sabre, et l'autre lui décoche une flèche. Plusieurs autres Arabes à cheval, courant en sens divers, et parmi lesquels on distingue un nègre, se trouvent à la droite de l'estampe ; un autre encore, qu'on ne voit qu'en partie et de dos, est sur le devant à gauche. Au haut de la planche est écrit *Rembrandt, f.* 1641.

Cette pièce est rare. Il y a quelques barbes aux premières épreuves.

Hauteur, 0,230; largeur, 0,297.

BARTSCH, 114. CLAUSSIN, 116. WILSON, 118.

La scène se passe dans l'imagination du peintre qui la saisit et la fixe sur le cuivre par un griffonnement plus rapide que la pensée. Quel feu! quelle énergie dans le trait! quel sentiment! quel mouvement! Rembrandt est si profondément pénétré de l'action qui traverse son cerveau, il est servi par des organes si délicats, par une main si nerveuse, que son impression est tout entière dans ce pur croquis, à la vérité sublime. Il semble que le tableau ne serait pas plus complet si le peintre y ajoutait encore l'éclat des couleurs, le prestige des lumières et des ombres. L'ébauche de quelques masses lui a suffi pour faire pressentir le clair-obscur d'une scène qui ne peut être éclairée que par le soleil d'Afrique, de même qu'il n'a eu besoin que d'un palmier pour indiquer la géographie du tableau.

Cette promptitude à percevoir les sensations, cet enthousiasme avec lequel il épouse son sujet, font que Rembrandt change à tout instant de manière, parce que l'expression, chez lui, est dans la touche autant que dans le geste des figures ou dans l'altération des visages. Sa pointe, quelquefois si naïve, par exemple quand elle dessine la *Jeune fille au panier*, si spirituelle quand elle fouille l'accoutrement d'un gueux, si fine, si précieuse et si attentive dans les portraits du *Peseur d'or*, et du *Bourguemestre Six*, elle est ici brutale, vaillante, incisive. Le dessin est aussi fier que le

combat, et le trait aussi fougueux que les cavaliers. Rien
d'inutile, pas un coup qui ne porte, pas une taille qui
ne fasse sentir le jeu d'un muscle ou la présence d'un
os, ou le tranchant d'une griffe. Rembrandt exprime
ici en moins de traits qu'il ne faut de paroles pour les
décrire, la fureur et le rugissement du lion, sa crinière
qui se redresse, sa moustache qui se hérisse et les
battements de sa queue élastique et violente. Quant
aux chevaux, il est remarquable qu'un homme qui
n'avait guère vu dans les plaines de la Hollande que
le cheval frison de Paul Potter et la douce monture de
Van de Velde, ait su deviner ainsi l'ardeur, l'élan des
races supérieures, et les peindre par intuition. Il y a
loin, sans doute, de la simple observation de la nature
à ce que nous appelons le style. Mais il est des circonstances où l'idéal se dégage du sein de la réalité même,
quand elle est vue avec passion. Rembrandt a pu enno-
blir ses modèles en se les représentant pleins de feu,
et à force d'être vivants, ses chevaux sont devenus
presque héroïques.

87. *Chasse aux lions.*

Sur la gauche de l'estampe, un Arabe monte sur un cheval qui
se cabre, et un autre dont on ne voit que le buste, se défendent
contre un lion qui va s'élancer sur eux. Le premier lui lance un
javelot; le second lui tire une flèche. Derrière le lion on voit une
lionne qui se jette sur un cavalier démonté et le dévore, tandis que
le cheval de cet homme se redresse et s'enfuit vers le fond, d'où

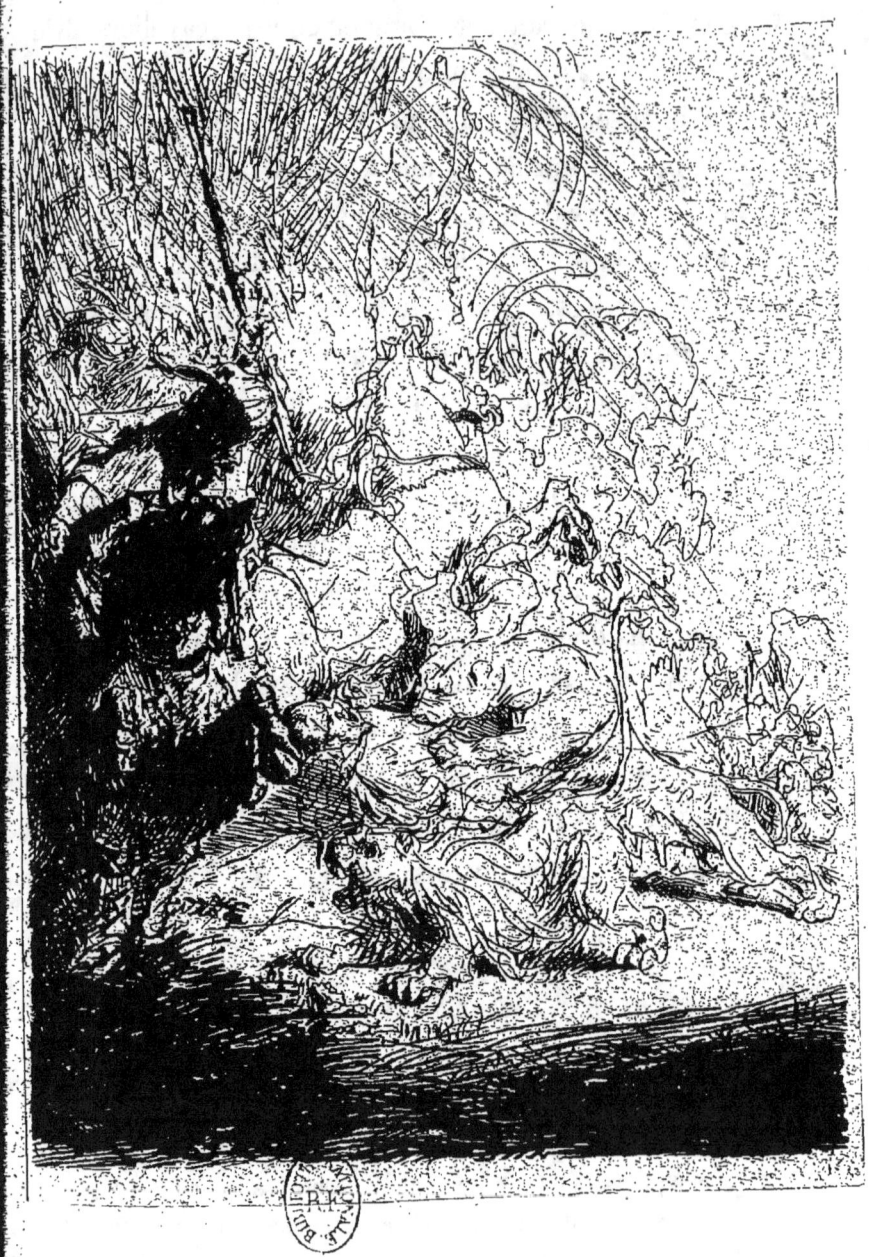

l'on voit venir d'autres cavaliers armés. Ce morceau est gravé
d'une pointe rapide et légère. On en distingue les premières
épreuves à la saleté du fond et à la présence des barbes. Ces
épreuves sont rares.

Hauteur, 0,155 ; largeur, 0,123.

BARTSCH, 115. CLAUSSIN, 117. WILSON, 119.

88. *Chasse aux lions,* dans le goût de Rubens.

Ce morceau fait le pendant du précédent, et il est gravé d'une
pointe aussi rapide, mais plus grossière. Sur la gauche, un cavalier dont le cheval s'est abattu, se défend avec sa pique contre un
lion qui s'est jeté sur lui et va le dévorer. Un autre cavalier, qui
est au milieu de la planche, lève le bras gauche pour porter un
coup de sabre au lion.

Hauteur, 0,157 ; largeur, 0,117.

BARTSCH, 116. CLAUSSIN, 118. WILSON, 120.

Il en est de cette estampe comme de la précédente:
les premières épreuves ont le fond sale et des barbes;
mais cette saleté ressemble à celle qu'on obtiendrait
en frottant le cuivre avec du papier de verre ou de la
pierre ponce, de sorte qu'il n'est pas impossible que
cette saleté, après s'être usée à l'impression, ait été
rétablie par le possesseur de la planche; car elle
apparaît sur certaines épreuves dans des conditions
suspectes, c'est-à-dire, qu'elle est accompagnée de
barbes mal simulées. J'ai eu souvent occasion de ren-

contrer à Londres des épreuves de ces trois *Chasses
aux lions*, tirées à très-grandes marges dont le papier
était vierge de toute maculature, et ne portait aucune
de ces traces de possession qu'on remarque sur les
pièces qui ont passé par plusieurs cabinets d'amateurs;
j'en ai conclu que les planches de ces trois *Chasses aux
lions* pouvaient bien exister encore entre les mains de
quelque marchand, trop habile pour ne pas mettre
beaucoup de discrétion dans son tirage.

Pour ce qui est du caractère des deux estampes que
nous venons de décrire, il est impossible de ne pas s'y
arrêter, tant il y a de verve, d'énergie et de feu. La
plus belle des deux, à notre sens, est la première,
dans laquelle la lionne en furie et le cheval qui se cabre
sont des morceaux étincelants d'esprit; mais la seconde est plus curieuse, parce qu'elle est faite évidemment dans le goût de Rubens. Rembrandt, au moment où il grava cette eau-forte, était sans doute
préoccupé de quelques estampes de Bolswert; mais
c'est la seule fois qu'il paraît s'être inspiré du grand
maître flamand, bien qu'il possédât un volume d'estampes d'après Rubens et Jordaens, ainsi qu'on peut
le voir dans l'inventaire de ses portefeuilles. Et, à ce
sujet, nous remarquerons combien il est singulier que
Rembrandt et Rubens, vivant à la même époque bien
que d'un âge différent, et habitant des pays si peu
éloignés l'un de l'autre, ne se soient jamais connus.

Il n'existe en effet aucun vestige de relations entre
ces deux chefs d'école, ni dans leur correspondance,
ni dans leur biographie. Et cependant il eût été curieux de savoir comment ces deux génies s'appré-
ciaient mutuellement, l'un expansif, brillant et tout à
la surface, l'autre profond, rêveur et concentré.

89. *Sujet de Bataille.*

Petite pièce en hauteur, gravée légèrement, dans le goût des
deux précédentes; on y voit vers la droite un groupe de Turcs à
cheval, armés de sabres et de lances, qui semblent charger des
fantassins que l'on aperçoit sur la gauche à quelque distance.

Il y en a trois états :

Premier état. On remarque, dans le fond, un paysage griffonné.
Extrêmement rare.

Deuxième état. Le paysage est effacé avec la pierre ponce; mais
il reste sur le fond de la planche une salissure provenant du frottement de la pierre en sens vertical. Sur le devant, le terrain est
couvert de traits horizontaux produits également par la pierre
ponce. Les épreuves de ce deuxième état sont rares.

Troisième état. Le fond est clair; mais comme il s'est éclairci
par le seul fait de l'impression, on peut juger encore de l'avance-
ment du tirage, d'après le plus ou moins de netteté de la planche.

Hauteur, 0,104; largeur, 0,079.

BARTSCH, 117. CLAUSSIN, 119. WILSON, 121.

90. *Les Musiciens ambulants.*

Un vieillard à haut bonnet jouant de la vielle, accompagné d'un
jeune garçon qui souffle dans une cornemuse, et de son chien qu'il

tient en laisse, est arrêté devant la porte d'une maison rustique, au dedans de laquelle on voit un paysan et sa femme, celle-ci ayant dans ses bras un petit enfant que la musique paraît amuser beaucoup. Ce sujet est connu en Hollande sous le nom de *l'Aveugle*, parce qu'en effet le vieillard qui joue de la vielle a l'air d'un aveugle. Ce vieillard est placé sur la gauche de l'estampe, et la porte de la maison est sur la droite.

Le *premier état* de cette pièce est avant les tailles addition-nelles sur la poitrine du petit enfant qui est tenu par la femme; et par conséquent la présence de ces tailles indique le *second état*.

Hauteur, 0,137; largeur, 0,115.

BARTSCH, 119. CLAUSSIN, 121. WILSON, 123.

Il est intéressant d'observer combien diffèrent entre eux, un musicien ambulant d'Ostade et un vielleur de Rembrandt. Les deux peintres pourtant vivaient dans la même ville; ils avaient sous les yeux la même nature, les mêmes modèles; mais en dessinant son joueur de vielle ou de cornemuse, chacun d'eux y a mis du sien; le bonhomme d'Ostade est d'une laideur grotesque : il a l'œil allumé, une rouge trogne et la bouche grivoise; au contraire le musicien de Rem-brandt n'a d'autre laideur que celle des natures dé-chues : il est sérieux et misérable; ce n'est pas une caricature, c'est un pauvre.

91. *Aveugle jouant du violon.*

Un aveugle jouant du violon est conduit par son chien. Il dirige ses pas vers la droite. Il a la tête couverte d'un bonnet de four-

rure, et il porte un manteau sur l'épaule gauche. Dans le fond de
la gauche, on aperçoit une vieille femme qui se dirige vers la porte
d'une maison. Au milieu d'une petite marge, dans le bas, est
gravé : *Rt.* 1631.

On connait deux états de ce morceau :

Premier état. La planche est entièrement gravée d'une pointe
fine, légère et spirituelle, et à l'eau-forte pure. Très-rare.

Second état. La planche est retouchée au burin d'une manière
comparativement lourde. Les épreuves de ce second état, beaucoup moins rare, sont d'ailleurs moins estimées, comme ayant
perdu la légèreté et la finesse des premières.

Nota. Il existe en réalité un état intermédiaire entre le premier
et le second. Quelques travaux ont été ajoutés après le tirage des
rares épreuves d'eau-forte pure et avant les retouches du burin;
mais ces travaux étant très-difficiles à indiquer assez clairement
pour qu'on les puisse reconnaître, nous avons cru devoir, dans
cette occasion comme dans beaucoup d'autres, nous borner à
remarquer les états que distinguent des changements précis et
reconnaissables.

Hauteur, 0,079 ; largeur, 0,054.

BARTSCH, 138. CLAUSSIN, 137. WILSON, 138.

92. *Le Charlatan.*

Très-petit morceau, gravé avec esprit et délicatesse, qui représente un charlatan dirigé vers la droite de l'estampe. Il est coiffé
d'un bonnet de mezzetin et porte un panier, d'où il a tiré un
paquet de drogues qu'il montre de la main gauche ; sa main droite
est placée sur sa hanche, et au-dessous pendent une gibecière et
un sabre ; ses genoux sont pliés. A ses pieds, on lit en grandes
lettres : *Rembrandt f.* 1635.

Hauteur, 0,076 ; largeur, 0,036.

BARTSCH, 129. CLAUSSIN, 130. WILSON, 132.

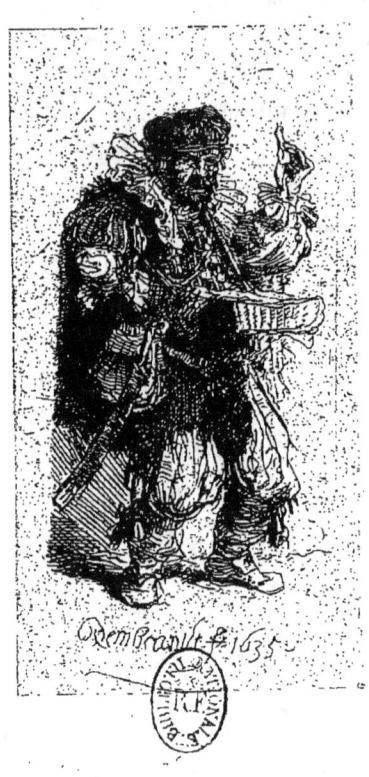

20

Il a été fait de jolies copies de ces deux pièces,
l'Aveugle et le Charlatan, et c'est justement parce que
ces copies sont gravées avec beaucoup de talent
qu'elles font bien ressortir la supériorité de Rembrandt
dans les moindres choses. Ce grand maître paraît d'autant plus admirable qu'on le rapproche des hommes
même fort habiles, qui ont été ses imitateurs ou ses
copistes, tels que Novelli, Cumano, Sardi, Basan, Le-
bas, le capitaine Baillie, Folkema, Vivarès et autres.
A vrai dire, le sentiment si fin avec lequel sont gravées ces deux petites pièces, est impossible à imiter.
Rembrandt les fit au commencement de sa carrière,
en 1631 et 1635, c'est-à-dire à une époque où il
finissait avec amour toutes ses peintures, et débutait
comme graveur par des eaux-fortes légères, du travail
le plus fin et quelquefois le plus précieux. Quoi de
plus charmant que ce saltimbanque en habit de soie
qui annonce son orviétan, la fraise au cou, l'épée au
côté! Si l'on regardait cette petite figure avec un
microscope, on serait tout surpris de la parlante vérité du personnage, de l'expression de la bouche et
des yeux, de l'esprit ironique avec lequel ont été accusés les moindres détails de l'accoutrement, les tail-
lades du pourpoint, les crevés de la manche, les
tuyaux défaits de la collerette, et les damasquinures
du sabre indispensable et la boîte aux élixirs. Mais
l'Aveugle jouant du violon est un morceau si finement

senti, que la délicatesse du travail par lequel sont rendus les haillons du pauvre diable et les moustaches de son chien griffon, le cèdent encore à l'exquis sentiment qui a guidé la pointe du graveur.

93. *La Faiseuse de koucks.*

La principale figure est une vieille femme vue de profil, placée au milieu de l'estampe, et dirigée vers la droite. Elle est assise et tient de la main droite une poêle qui est posée sur un fourneau, et dans laquelle sont des koucks qu'elle remue de la main gauche. Autour et auprès d'elle sont groupées sept figures d'enfants, dont l'un, placé à gauche, est sur les genoux de sa mère; un autre, du côté opposé, est coiffé d'un grand chapeau et rit en mangeant; sur le devant, on remarque un petit garçon, assis à terre, qui pleure de la frayeur que lui cause un chien qui veut lui prendre son gâteau. On lit dans la marge du bas qui est de trois lignes : *Rembrandt f.* 1635.

On distingue quatre états de cette pièce.

Premier état. Ce n'est qu'une ébauche légère et sans effet. Le chapeau de la vieille, son bras droit et son tablier sont presque entièrement blancs. La planche porte déjà le nom de Rembrandt et la date.

Second état. La planche est terminée. Les belles épreuves de cet état se reconnaissent à la vigueur et au ton nourri que présente la tête ou plutôt la joue du jeune garçon qui est coiffé d'un grand chapeau et qui rit. Le travail de cette joue s'est peu à peu appauvri, et il n'en reste guère dans les dernières épreuves que le contour.

Troisième état. Basan, qui a possédé cette planche, y a fait quelques retouches au burin dans les ombres devenues grises, notamment au côté droit de l'estampe, dans le bas. Cela constitue un état bien caractérisé.

Quatrième état. On lit au haut de la gauche, *tom. II*, et au haut de la droite, *p.* 122. Cette pagination a été ajoutée sur la planche par Basan, lorsqu'il a voulu faire servir l'estampe à l'ornement de son *Dictionnaire des graveurs.* La planche a fait partie du fonds de la veuve Jean. Les indications *tom. II* et *p.* 122 ont été supprimées, de sorte qu'on ne les trouve plus sur les épreuves les plus récentes qui pourraient ainsi ressembler à celles du troisième état, si l'on n'avait, pour les distinguer, un moyen sûr, la remarque dont nous avons parlé en décrivant cet état.

Hauteur, y compris la marge du bas, 0,108 ; largeur, 0,078.

BARTSCH, 124. CLAUSSIN, 126. WILSON, 128.

« Le kouck, » dit Gersaint, est une espèce de gâteau très-mince et peu cuit, qui se fait avec de la farine, des œufs et du lait, mêlés ensemble ; on en forme une pâte que l'on jette dans le beurre qu'on a fait fondre, sans le faire trop roussir, et qui remplit toute la capacité du vaisseau dont on se sert, qui est ordinairement d'un grand diamètre. On sert souvent, en Hollande, de ces koucks après les repas, les uns sur les autres, et qui se détachent comme des feuillets de livres ; comme ils sont mols et minces, on les plie, pour les manger, en cinq ou six parties. »

Jolie petite estampe ! Elle n'a que dix centimètres de haut et elle contient onze figures ; car il faut bien compter, dans le nombre, le chien et le chat du logis, qui ne sont jamais plus de la famille que le jour des crêpes, lorsqu'il y a, comme dit le populaire, *quelque chose à frire*. La vieille mère de Rembrandt, cette vieille aux rides sculptées, lui sert de modèle pour la circonstance. Les jeunes garçons qui entourent la fricasseuse, en ont l'eau à la bouche; ils sont tous amusants et drôles à voir, dans leurs expressions variées, surtout le petit môme qui dispute sa crêpe au griffon, en pleurant à tue-tête, et le jeune garçon qui rit et mange avec délices, auprès du fourneau. Ici une petite fille a laissé tomber d'émotion son polichinelle en entendant crier la friture; là, c'est un espiègle qui en demande pour deux sous et qui en mangerait pour quatre; dans un coin, se tient un pauvre écolier qui plonge ses regards dans la poêle, avec une mélancolie intéressante. Le plus discret de tous ces personnages est le chat de la maison, qui a pris racine au pied du fourneau et qui attend patiemment sa part... La charmante eau-forte! elle se paierait des prix fous, si elle n'était pas si commune.

94. *Le petit Orfèvre.*

On donne ce nom à un petit morceau gravé avec attention et assez fini. Sur le devant est un orfèvre vu à mi-corps, qui tient de la main gauche un groupe représentant la Charité, et de la droite un marteau. Le groupe est posé sur une enclume. Dans le fond de la gauche, on voit une forge allumée, et sur la table en deçà, du même côté, des tenailles et un autre instrument d'orfèvrerie; et dans le fond de la droite, une bouteille avec d'autres objets sur une tablette. On lit, non sans peine, au bas de la gauche : *Rembrandt*. Ce nom se trouve perdu dans les hachures de la table.

Les premières épreuves se reconnaissent à une tache noire provenant sans doute d'un accident de la morsure, et qui se trouve sur le bord droit de la planche, à la hauteur de la tablette; celles-là sont tirées, pour la plupart, sur papier du Japon et sont très-harmonieuses; la tache dont nous parlons a entièrement disparu dans les dernières épreuves.

Hauteur, 0,078 ; largeur, 0,056.

BARTSCH, 123. CLAUSSIN, 125. WILSON, 127.

On peut vérifier ici ce que nous disions de *la Faiseuse de koucks;* l'estampe du *Petit Orfévre* se payait très-cher autrefois, parce que la planche ayant été égarée, les épreuves en étaient fort rares; depuis qu'elle a été retrouvée, les épreuves sont tombées à vil prix, surtout celles qui ne sont pas tirées sur papier du Japon. A vrai dire, la pièce est mal réussie : l'orfévre a une tête mal construite, des bras courts et des mains énormes; il est certain néanmoins que la plupart des curieux la rechercheraient avidement, si le cuivre en était encore perdu.

95. *Le Vendeur de mort-aux-rats.*

Un homme âgé, vu debout et de profil, tient de la main gauche une perche au haut de laquelle est fixé un panier d'où pendent plusieurs rats. Il a la tête couverte d'un haut bonnet et la barbe inculte. Il porte sur l'épaule gauche un rat vivant, sur l'épaule droite un manteau de fourrure qui pend derrière son dos, et un sabre au côté. Il offre de la mort-aux-rats à un vieillard qui est sur le pas d'une porte, à la gauche de l'estampe, et la boîte qui renferme sa drogue est tenue par un petit garçon qui est placé tout contre la porte, à côté de laquelle se trouvent un tronc d'arbre mort et un vieux tonneau. Sur la droite, on aperçoit dans le lointain une chaumière et un chien. Du même côté, on lit vers le bas de la planche, en très-petits caractères, *Rt.* 1632. Les deux derniers chiffres sont tracés à rebours. Il y a deux épreuves différentes de ce morceau.

Premier état. Il est avant les tailles diagonales sur les arbres qui sont à droite et en haut de la maison. Les épreuves de cet état sont fort rares.

Second état. Avec les tailles diagonales sur les arbres.

Hauteur, 0,139; largeur, 0,124.

BARTSCH, 121. CLAUSSIN, 123. WILSON, 125.

Il est à remarquer que, parmi les peintres-graveurs de la Hollande et de l'Allemagne, plusieurs ont traité le sujet de la *mort-aux-rats* : Rembrandt, Van Vliet, Corneille Visscher, Dietrich, Renesse et autres. C'est du reste une variante fort pittoresque du gueux, que ce personnage étrange qui promène, à travers les villes et les villages, une longue perche garnie de rats gonflés de paille, et qui cependant n'a d'autres compagnons de sa vie mystérieuse que ces mêmes rats qu'il admet dans son amitié, et auxquels, suivant son caprice, il accorde la vie ou donne la mort. Je me trompe, il est accompagné d'un petit garçon, volé sans doute dans quelque maladrerie, et qui semble former la transition entre l'homme et le mulot. Cet acolyte est tellement contrefait, difforme, abruti, scrofuleux, misérable jusque dans la moelle des os, que son maître, le vendeur d'arsenic, a l'air, à côté de lui, d'un fort luron, d'un ancien *robeur de filles*. La physionomie de ces bohèmes devait attirer l'œil d'un artiste tel que Rembrandt. Et quelle singulière existence! Les rats sont leurs ennemis les plus intimes et en même temps leurs amis les plus familiers. Ils les tuent et ils les aiment, ils nourrissent les uns et empoisonnent les autres; ils partagent avec les rats vivants le pain qu'ils ont gagné avec les rats morts. Que dis-je? ils s'en font un amusement, une parure, et volontiers ils les porteraient en guise de pendants d'oreilles, comme faisaient les naturels de la Virginie.

Les rats occupent une grande place dans les légendes du Nord et dans l'imagination fantastique des peuples conteurs. On se plaît à dire qu'ils vivent parmi les ossements humains, qu'après avoir logé dans la cervelle des vivants, ils habitent le crâne des trépassés. Les chroniques du moyen âge leur assignent quelquefois un rôle terrible. Quel Allemand, quel Batave né sur les bords du Rhin, comme Rembrandt, n'a pas connu l'histoire de cet archevêque de Mayence qui, dans un temps de famine, pressé par toute une population de pauvres, les fit prendre par ses archers et donna ordre de les brûler vifs dans une grange, sous prétexte que c'étaient des bouches inutiles! *Entendez-*

vous siffler les rats? disait-il, pendant que les malheureux expiraient dans les flammes. Et précisément,
ce furent les rats qui vengèrent ce crime horrible, «dont
les pierres auraient pleuré, » dit la légende. Les rats
inondèrent la demeure de l'archevêque, comme autrefois ils avaient inondé le pays des Philistins ; ils pullu-
lèrent tellement que le prélat épouvanté s'enfuit dans
la plaine : les rats l'y suivirent. Il courut s'enfermer
dans Bingen aux hautes murailles : les rats passèrent
par-dessus les murailles et entrèrent dans Bingen. Il
s'en alla bâtir au milieu du fleuve une tour qu'il fit
garder par ses archers dans des chaloupes ; mais les
rats passèrent le Rhin à la nage, grimpèrent sur la
tour, rongèrent les portes, les fenêtres, les toits, et,
arrivés jusqu'à l'archevêque, ils le dévorèrent vivant.
Et pour qu'il ne restât de lui aucune trace, ils mangèrent jusqu'à son nom dans les tapisseries... Maintenant la tour de Hatto n'est qu'une ruine que battent
les flots du Rhin, et au crépuscule de la nuit, on y voit
apparaître l'âme de l'archevêque sous la forme d'un
brouillard.

Voilà de quelles légendes s'entretenait la poésie populaire du Nord, et voilà comment le vendeur de
mort-aux-rats a été un des héros de l'art germanique.
Mais la plupart l'ont représenté grotesque. Van Vliet
en a fait une impossible caricature ; Corneille Visscher
l'a peint joyeux, plein de vie, plein de santé ; Rem-

brandt seul l'a représenté sérieusement, philosophiquement, sans trop de haillons, mais au contraire avec
une houppelande fourrée, digne ajustement d'un tueur
de martres, et armé d'un sabre à poignée turque, la
terreur des loirs, des mulots, des marmottes et des
fouines. Donnez, donnez, semble dire le vieillard qui
achète la drogue du vendeur, la rivière hausse, nos
caves sont pleines de rats si énormes que les chats
n'osent plus maintenant les attaquer. Nous n'aurons
bientôt dans cette maison ni livres ni lumières pour
la veillée : les rats nous dévorent nos Bibles et nos
chandelles.

96. *Autre Vendeur de mort-aux-rats.*

Cette estampe est maculée et rudement griffonnée, et n'est sans
doute qu'une étude pour la composition qui précède. Le vendeur
de mort-aux-rats y est vu de profil, sur la gauche, mais regardant
vers la droite. Son bras est étendu, et il tient à la main un paquet
de drogues qu'il semble offrir à quelqu'un. A côté de lui est un
grand bâton fiché en terre, au haut duquel est adaptée une cage
ronde d'où pendent des rats morts. Rembrandt, peu satisfait sans
doute de cette figure, l'aura abandonnée pour en recommencer la
gravure; c'est pourquoi elle est de la plus grande rareté.

Nota. Il en existe une fort belle épreuve au Musée d'Amsterdam,
et j'en ai pris les dimensions, ayant remarqué qu'elle était plus
grande que celle dont les mesures ont été données par Adam
Bartsch, Claussin et Wilson, qui ne l'avaient vue apparemment
que rognée.

Hauteur, 0,160 (au lieu de 0,124) ; largeur, 0,099 (au lieu de 0,081).

BARTSCH, 122. CLAUSSIN, 124. WILSON, 126.

Tout en maintenant notre remarque, nous ferons observer que le papier des estampes, qui a dû être trempé avant l'impression, se rétrécit après le tirage, en séchant, de sorte que des épreuves tirées d'une même planche, peuvent varier entre elles sous le rapport de la dimension, suivant le plus ou le moins de consistance des feuilles de papier, et suivant que ce papier aura été plus ou moins humide au moment de l'impression.

Les épreuves que Rembrandt tirait lui-même sur papier du Japon, sont toujours plus grandes que les épreuves tirées sur papier de Hollande, parce que le papier du Japon, doublé dans le pays même où on le fabrique, résiste au retrait. Nous avons vu chez M. Guichardot, dans son œuvre de Boissieu, les épreuves varier de dimensions d'une manière sensible, quelquefois de plusieurs centimètres.

97. *Le Jeu du Kolef.*

Un homme coiffé d'un grand chapeau est assis sur la droite près d'une porte, dans une espèce de cabinet, comme il y en a dans les jardins publics, en Hollande. Il a les mains croisées, le coude appuyé sur une table, et la jambe droite étendue sur un banc. A côté de lui brille quelque chose qui ressemble à une de ces chandelles qu'on tient allumées dans les guinguettes, à l'usage des fumeurs. A gauche, hors de la porte, on voit un homme, gravé au trait, qui pousse une paume avec un bâton en forme de crosse, qu'on appelle, en hollandais, *kolef*. Vers le milieu de l'estampe, on aperçoit, au travers d'une ouverture ménagée dans la cloison, deux figures également gravées au trait, dont l'une est assise et vue de dos, l'autre debout et vue de face. Vers le bas de la gauche, on lit : *Rembrandt, f. 1654*. Ce morceau a fait partie du fonds de la veuve Jean, il est gravé en croquis et sans beaucoup d'effet. On en connaît deux états :

Premier état. Il y a tout contre le bord supérieur de la planche, quelques petites places blanches provenant du défaut de la morsure ou de l'interruption des tailles. Les épreuves de cet état ont été tirées avec des barbes ; elles sont rares, surtout en papier du Japon. Il s'en trouvait une dans la collection Denon.

Deuxième état. Les places blanches ont été couvertes par la continuation des tailles interrompues. On remarque quelques taches d'oxyde vers l'angle supérieur de la gauche.

Hauteur, 0,097 ; largeur, 0,142.

BARTSCH, 125. CLAUSSIN, 127. WILSON, 129.

Le catalogue de Gersaint, que nous aimons à citer pour la saveur de son vieux style, assez semblable à celui de Mariette, décrit en ces termes le jeu du Kolef.

« Le jeu du Kolef est très-commun en Hollande et fort peu connu en France : les particuliers qui ont des maisons de campagnes, en ont souvent dans leurs jardins ; mais ordinairement il y en a dans les différents Cabarets, ou Guinguettes, qui sont au dehors de la Ville, où les Bourgeois vont se réjouir ; ils sont plus ou moins grands ; leur longueur est depuis huit jusqu'à douze toises et leur largeur d'environ 9 ou 10 pieds : la place où l'on joue, est ordinairement sablée et fermée comme nos Mails. On y peut jouer plusieurs

en partie, les uns contre les autres. Il y a à chaque
bout de ce jeu, dans le milieu, un morceau de bois
rond, d'environ deux pieds de diamètre et élevé de
deux pieds six pouces ; on joue avec des boules de la
grosseur de celles de nos Jeux de Paulmes, que l'on
pousse avec un bâton, dont l'extrémité est garnie de
plomb, et faite en forme de crosse. On place les balles
pour commencer à l'un des bouts de ce Jeu. L'adresse
est de pouvoir toucher le premier le morceau de bois,
qui est au bout opposé à celui où l'on se place pour
jouer ; il est rare, à cause de l'éloignement, de le pouvoir attraper du premier coup ; mais on tâche de placer sa balle le plus près que l'on peut, et assez avan-
tageusement pour le pouvoir toucher du second coup ;
si en le touchant, on est assez adroit, ou assez vigoureux, pour renvoyer la balle, par une bricolle, près
de l'autre morceau de bois placé à l'autre bout, et qui
puisse mettre le joueur en état de toucher le second
bâton du troisième coup, ce qui lui sauve un quatrième,
on se met par là en état de gagner presque sûrement
la partie, parce que le vainqueur est celui qui touche
les deux morceaux de bois en moins de coups, dans
l'aller et le revenir. Il se trouve quelquefois des Joueurs
assez adroits pour les toucher tous deux en deux coups.
On fait quelquefois des parties de deux contre deux,
ou de quatre contre quatre, dans lesquelles on joue un
assez gros jeu. »

98. *La Synagogue.*

Morceau en travers, très-fini et très-fin. Sur le devant de la
gauche, deux vieillards juifs paraissent engagés dans une conversation très-animée. L'un d'eux, vu de face et coiffé d'un haut bonnet, appuie sa main gauche sur un bâton, dans l'attitude d'une
attention profonde, et tient sa main droite sur sa poitrine ; l'autre,
coiffé d'un bonnet plat, parle avec action. Plus loin, un juif vu de
dos est assis sur une marche, au milieu de l'estampe. A droite, on
voit entrer et sortir plusieurs autres juifs. Le fond représente la
synagogue. Le nom de Rembrandt et l'année 1648 sont gravés
d'une façon presque imperceptible, sur une pierre du mur, derrière la tête d'un des vieillards qui occupent la gauche.

Bartsch n'a connu qu'un seul état de cette pièce, et Claussin
n'en a décrit que deux. Il y en a réellement trois qui sont tels que
Wilson les a observés :

Premier état. Le pied droit du juif qui est sur le devant de la
gauche, tourné vers la droite et qui parle, n'est guère qu'indiqué,
et le manteau de ce juif, particulièrement dans le bas, est légèrement travaillé et presque blanc. Il n'y a pas d'ombre sur le pavé,
aux pieds des deux juifs, vus de dos, qui marchent à quelque distance sur la droite. (Vente Ch. de Férol, 226 fr.)

Second état. Le manteau et le pied du juif qui est sur le devant
de la gauche, ont reçu de petits travaux qui ont couvert toutes les
parties demeurées blanches dans l'état précédent.

Troisième état. Toute la planche est reprise, montée de couleur et d'un bel effet ; mais le manteau du juif est en certaines
parties redevenu clair, les travaux additionnels s'étant usés à l'impression. Le visage du juif qui est sur le bord de la planche à
droite, et qui est vu de face, est obscurci, et son bonnet est plus
ombré en dessous. Le visage d'un des juifs, qu'on aperçoit à

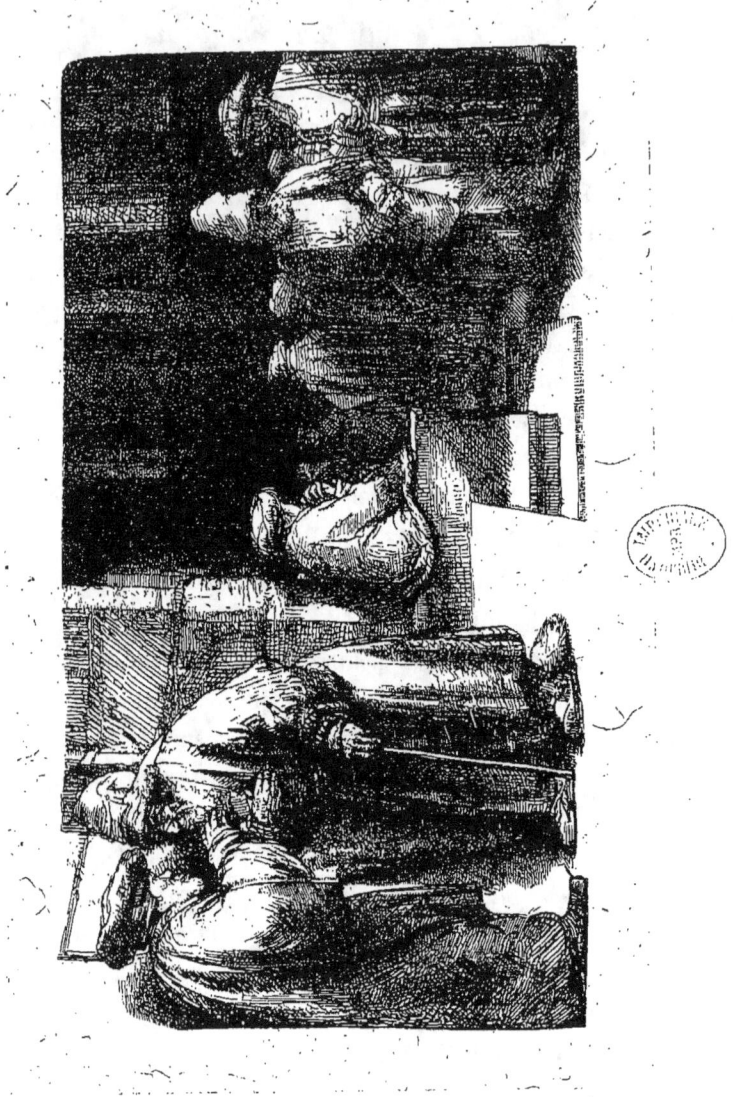

·distance, marchant et vu de dos, est presque retourné, tandis qu'il était vu de profil dans les états précédents.

Nota. Cette planche a fait partie du fonds de la veuve Jean.

Hauteur, 0,072 ; largeur, 0,128.

BARTSCH, 126. CLAUSSIN, 128. WILSON, 130.

Ils entrent, ils sortent deux à deux, ils se traînent sur le pavé du temple qui s'enfonce dans la perspective du clair-obscur. On les entend murmurer des versets de la Bible ou parler du change. Ce sont tous des revendeurs de bijoux, des trafiquants de perles, des marchands d'habits, des fourreurs, des changeurs; ils savent éprouver le diamant et toucher l'or; ils se connaissent en dentelles, en ivoires, en orfévreries et en antiquailles; ils portent sur eux de vieilles fourrures, des bonnets fatigués, du linge rance. Leur type est accusé dans cette petite estampe de la *Synagogue* d'une façon indélébile, et il nous est facile de le vérifier aujourd'hui, car la race ne s'en est pas altérée, et ce sont encore les mêmes hommes sous d'autres habits. Mais les juifs du xviie siècle n'étaient pas, comme de nos jours, répandus dans les diverses professions sociales : l'animadversion publique et aussi leur penchant naturel les confinaient dans le commerce de l'or et de la curiosité, des pierreries et des friperies. Rembrandt, qui vivait à Amsterdam dans leur quartier, les a si bien connus et si bien peints qu'il s'est approprié pour ainsi dire leur physionomie, et qu'il nous arrive tous les jours de dire : « Voilà un juif de Rembrandt. »

99. *Le Maître d'école.*

Petite pièce en hauteur, représentant un devant de maison dont la porte est cintrée et fermée par le bas. En dedans de la maison on remarque une femme appuyée sur la porte, et qui est vivement éclairée par une lumière intérieure qu'on ne voit point. A côté d'elle est un petit enfant dont on n'aperçoit que la tête perdue dans l'ombre, et dont le corps est caché par le bas de la porte. En dehors, et sur la gauche, un vieillard en chapeau, entouré de cinq enfants, paraît s'entretenir avec la femme dont nous venons de parler. La présence de ces enfants a fait donner à cette pièce le nom de *Maître d'école*. Sur un des battants de la porte on lit *Rembrandt*, et au-dessous *f*. 1644.

Nota. Le cuivre était dans le fonds de la veuve Jean.

Hauteur, 0,094 ; largeur, 0,060.

BARTSCH, 128. CLAUSSIN, 129. WILSON, 131.

100. *Le Dessinateur.*

Un artiste coiffé d'un bonnet dessine, à la clarté d'une chandelle, d'après le buste en plâtre d'un petit enfant mort. Le plâtre est sur la gauche, vu de trois quarts, et posé sur un livre. L'artiste est sur la droite et vu presque de face, mais seulement jusqu'à la poitrine. Il tient un encrier dans une main et une plume dans l'autre. Le fond est travaillé; on y remarque à gauche, au-dessus du plâtre, un piédestal, et à côté une armoire sur laquelle sont plusieurs portefeuilles. Cette planche existe encore; elle était aussi dans le fonds de la veuve Jean.

Il y a deux états : le *premier* à l'eau-forte pure, qui donne un effet blond ; le *second*, où la planche est poussée à l'effet par le moyen de la pointe sèche. (V. le catalogue de la vente Van den Zonde, où cette remarque a été faite pour la première fois par M. Guichardot.)

Hauteur, 0,094; largeur, 0,065.

BARTSCH, 130. CLAUSSIN, 131. WILSON, 131.

Ne passons pas légèrement sur cette petite pièce à laquelle personne encore n'a pris garde : elle est intéressante, elle est touchante même. L'artiste qui est représenté ici, dessinant à la lumière d'après le buste d'un enfant mort, c'est Rembrandt, et sa ressemblance est si frappante qu'il est impossible de s'y tromper. L'enfant dont il copie le plâtre, est son enfant, son premier-né, celui qui mourut à l'âge de trois ans, le 13 août 1638. Rembrandt avait chez lui le buste moulé de cet enfant mort, et lorsque la Chambre des Insolvables fit saisir les meubles du peintre, on trouva ce plâtre dans sa maison, et l'huissier priseur le mentionne ainsi dans l'inventaire : *Un enfant endormi, de plâtre.* Endormi ! c'était mort qu'il voulait dire : il s'était trompé sur la nature du sommeil. Et ce qui prouve bien que le buste que Rembrandt dessine, est un buste intime, un souvenir de famille, une épreuve unique, c'est que le plâtre, au lieu d'être posé sur un piédestal, se termine par une ligne babocheuse qui eût été certainement rectifiée et régularisée, s'il s'était agi d'un de ces moulages qui doivent servir de modèles dans les ateliers. Un trait ajoute à l'intimité de cette précieuse estampe : c'est que le peintre s'y est figuré dessinant à la lumière et dessinant à la plume, suivant son habitude. Il s'est levé la nuit pour fixer sur le papier une image qui lui est chère. Il dévore des yeux la figure de ce petit enfant dont la vie n'a été qu'une ébauche et qui semble lui sourire encore dans le sommeil. Il le dessine avec une attention et avec une émotion profondes ; il veut le disputer à cette seconde mort, qui est l'oubli...

101. *Juif à grand bonnet.*

Un juif debout, se dirigeant vers la droite de l'estampe. Sa tête est vue de trois quarts et coiffée d'un bonnet très-élevé, aussi large en haut qu'en bas. Il s'appuie de la main droite sur son bâton, et de la gauche il paraît montrer quelque chose. Cette petite pièce est gravée avec délicatesse et avec esprit. On lit dans le milieu du bas : *Rembrandt f.* 1639.

Hauteur, 0,083 ; largeur, 0,045.

BARTSCH, 133 ; CLAUSSIN, 133 ; WILSON, 135.

102. *La Femme aux ognons.*

Une vieille femme est assise vers la droite ; ses regards sont dirigés vers la gauche. Elle a sur la tête une sorte de capuchon, et sur le col un mouchoir blanc, et elle est vêtue d'une robe de bure rapiécée au genou. Elle a les bras appuyés sur ses jambes qui paraissent jointes ; ses mains sont fermées l'une contre l'autre, et ses pieds, qui sont nus, posent sur une chaufferette. Une botte d'ognons suspendue au mur, sur la gauche, a fait donner à cette pièce le nom de *Femme aux ognons*. Au haut de la droite, sur une cloison de planches, on lit : *Rt.* 4634.

On distingue deux états de ce morceau, qui est des plus rares :

Premier état. Il n'y a ni monogramme ni année : la planche est moins travaillée dans le haut et dans le bas. On n'en connaît qu'une seule épreuve : elle est au musée d'Amsterdam.

Second état. Avec le monogramme et la date, et avec l'addition des derniers travaux.

Hauteur, 0,121 ; largeur, 0,081.

BARTSCH, 134. CLAUSSIN, 134. WILSON (NUMÉRO SUPPRIMÉ).

Quelques amateurs considèrent cette estampe comme douteuse. Gersaint, Pierre Yver, Daulby, Bartsch et Claussin l'ont toutefois comprise dans l'œuvre de Rembrandt. Wilson est le premier qui l'en ait exclue, la regardant comme une œuvre de Lievens. Si nous n'avons pas suivi l'exemple de cet amateur, c'est que la non-authenticité de la pièce ne nous est pas bien démontrée. La *Femme aux ognons* paraît gravée de la même pointe que *Lazarus Klap,* et autres estampes de Rembrandt que personne n'a jamais songé à lui contester. Ajoutons que la manière fine et maigre de Lievens, ses travaux serrés ne s'accordent pas le moins du monde avec ces hachures hardies tracées d'une main libre, sûre et vigoureuse. Pour tout dire cependant, la pièce en question n'est pas sans ressembler à certaines eaux-fortes de Van Vliet, et sans rappeler sa manière un peu rude, sa pointe grosse et son habitude

de reprendre certains travaux au burin. Mais si l'on
voulait attribuer cette pièce à un élève de Rembrandt,
il faudrait enlever aussi de l'œuvre du maître la plupart des pièces marquées *Rt.*, et dans lesquelles ce
monogramme a la même physionomie que dans la
présente estampe. Or nous aimons mieux imiter en ce
point la circonspection de Bartsch, que de nous ex-
poser à rompre, sans preuves suffisantes, avec la tradition des amateurs.

Je lis dans le supplément au catalogue de Gersaint
par Pierre Yver : « Il y a dans l'œuvre de M. Van
Leyden une autre épreuve de ce morceau, antérieure
à celle qui est décrite, et que l'on peut regarder comme
unique. Elle est généralement moins travaillée et
poussée au noir, surtout dans le haut et dans le bas de
la planche, et le nom de Rembrandt ni l'année ne s'y
trouvent pas. L'épreuve ordinaire fait pourtant un
meilleur effet. » L'épreuve dont parle Pierre Yver est
précisément celle du musée d'Amsterdam, où elle est
passée avec l'œuvre entier de M. Van Leyden.

103. *Paysan à mi-corps, les mains derrière*
le dos.

Ce paysan est dirigé vers la droite, vu de profil, et il a les mains
derrière le dos. Il porte sur la tête un bonnet de matelot, et il est
vêtu d'un petit pourpoint; le fond est clair. La planche est presque
carrée. Il y en a quatre états :

Premier état. A l'eau-forte pure; les bords sont raboteux. Extrêmement rare.

Deuxième état. Les ombres qui, dans le premier état, étaient exprimées (sauf la main) par une simple taille très-libre, ont été renforcées par des entretailles et des contretailles, notamment sur le visage, le dos et le bras, et dans le bas du vêtement.

Troisième état. L'ombre, sur le derrière de l'homme, qui, dans les épreuves précédentes, n'était large que d'environ quatre millimètres, s'étend, dans celle-ci, jusqu'à la moitié de la cuisse, et se trouve large de plus de neuf millimètres. Le nez du paysan, qui est pointu dans les deux premières épreuves, est maintenant arrondi.

Quatrième état. La partie du cou qui était restée blanche, est couverte ici d'une taille simple et diagonale.

Hauteur, 0,058; largeur, 0,049.

BARTSCH, 135. CLAUSSIN, 135. WILSON, 136.

104. *Le Joueur de Cartes.*

Un homme vu à mi-corps et presque de face. Il est coiffé du bonnet ordinaire, c'est-à-dire du bonnet de mezzetin, et ses cheveux sont larges et plats. Il est appuyé sur une table et tient des cartes dans ses mains. Le fond est ombré dans toutes ses parties, mais il est plus chargé sur la droite, ainsi que derrière la tête du personnage et au-dessus, de manière à exprimer son ombre portée sur le mur. On lit avec peine au milieu de la gauche : *Rembrandt f.*, et au-dessous, 1641.

Bartsch et Claussin n'ont connu qu'un seul état de cette planche. Wilson en a décrit deux ; il en existe réellement trois :

Premier état. A l'eau-forte pure. Les travaux du fond n'atteignent pas le bord supérieur de la planche et finissent irrégulièrement en laissant des places blanches. L'épreuve a peu d'effet ; mais elle est d'un joli ton gris.

Deuxième état. Les travaux qui exprimaient l'ombre portée ont été repris, fortifiés par de nouvelles tailles diagonales, et ils se terminent maintenant avec régularité, les places blanches ayant été couvertes.

Troisième état. Tout le fond est retravaillé, de manière que l'ombre portée de la tête se confond dans l'obscurité générale. Ces travaux additionnels ne sont pas de la main de Rembrandt (ni même peut-être ceux du second état), ils ont été faits par un de ceux qui ont possédé la planche depuis sa mort, car le cuivre, qui existe encore, s'est trouvé dans le fonds de Basan en 1802, et ensuite dans celui de Jean.

Nota. Il y a des épreuves de cet état où on lit le nom de Watelet, qui est l'auteur de la retouche; mais ce nom a été effacé.

Hauteur, 0,092 ; largeur, 0,083.

BARTSCH, 136. CLAUSSIN, 136. WILSON, 137.

Après cette jolie pièce, vient, dans le catalogue de Bartsch, *le Vieillard à petite barbe et bâton.* Ce morceau a été rejeté de l'œuvre par Claussin et par Wilson, qui ont jugé avec raison qu'il n'était pas convenable de l'attribuer à Rembrandt. En effet, non-seulement on n'y trouve pas le sentiment de la forme qui jamais chez lui ne fait défaut, mais rien dans l'exécution ne rappelle les habitudes de sa pointe et le caractère de ses travaux. D'insignifiants zigzags, des tailles dont la marche n'est motivée par rien, y remplacent l'esprit du maître et ses indications toujours si sûres et si vives. Aussi avons-nous, comme Claussin et Wilson, supprimé de l'œuvre de Rembrandt le *Vieillard à petite barbe et bâton.*

105. *Le Persan.*

C'est un vieillard à grande barbe, vu de face et en pied, et richement vêtu. Il est coiffé d'un bonnet fourré, surmonté d'une plume, et il porte un manteau court, dont les larges revers laissent voir une fine fourrure. Son justaucorps, ouvert dans le haut, est garni d'une frange dans le bas, et serré par une ceinture; sur sa poitrine pend une médaille attachée à un ruban. Sa culotte est serrée au genou par un nœud qui retombe en forme de glands. Sa main droite, qui tient une canne et qui est gantée, sort de dessous son manteau; l'autre main, appuyée sur la hanche, ne se voit point. Le fond est clair, à l'exception de quelques griffonnements qui indiquent le terrain dans le bas de la droite, et de l'ombre portée sur la gauche par les pieds du personnage. On lit, au bas de la planche : *Rt.* 1632. Les deux derniers chiffres sont gravés à rebours.

Premier état. La planche est plus large, elle porte environ dix millimètres de plus. L'estampe est légèrement gravée et n'a que peu de vigueur et d'effet.

Deuxième état. La planche est coupée et réduite à la dimension de 108 millimètres sur 78. Les ombres sont plus nourries de travaux et l'effet est plus riche.

Troisième état. Il en est de cette estampe comme du *Joueur de cartes*; elle a été travaillée par les différents possesseurs du cuivre, qui l'ont fait reprendre lorsque les premiers travaux se sont affaiblis. On peut remarquer, en effet, que dans les épreuves toutes modernes, la frange du justaucorps est rentrée au burin, ainsi que les ombres principales, de sorte que la tête et les jambes, qui étaient légèrement ombrées dans le principe, ne sont plus tout à fait d'accord avec la vigueur et le fini du reste. Au moyen de cette remarque et de la qualité du papier, les amateurs pourront distinguer les épreuves anciennes du second état de celles qui se tirent encore tous les jours et qui forment le troisième.

Hauteur, 0,108 ; largeur, 0,078.

BARTSCH, 152. CLAUSSIN, 149. WILSON, 150.

106. *Homme à cheval.*

Petite planche très-légèrement gravée, où l'on voit un homme à cheval, dirigé vers la gauche de l'estampe et vu presque par derrière. Il porte une pique sur son épaule gauche. A quelque distance, on remarque une petite figure à demi cachée par un pli du terrain ; elle est vue de dos et coiffée d'un bonnet orné d'une plume. Dans le coin de la gauche, est une figure indistincte qui paraît avoir été effacée par des hachures en zigzag. Au haut de la droite, on lit, en lettres retournées, *Rt.* Le fond est clair, à l'exception d'un petit griffonnement qui court le long du bord gauche de la planche.

Premier état. Les bords de la planche sont raboteux et irréguliers, particulièrement dans le bas.

Deuxième état. La planche, régularisée dans ses bords, a les quatre angles arrondis.

Hauteur, 0,081 ; largeur, 0,058.

BARTSCH, 139. CLAUSSIN, 138. WILSON, 139.

107. *Figure polonaise.*

Un homme, vêtu d'un costume qu'on est convenu d'appeler polonais ; il est coiffé d'un bonnet élevé garni d'un ruban, et il est couvert d'un manteau frangé qui ne lui descend guère que jusqu'aux hanches. Tourné de profil et dirigé vers la droite, il a les mains jointes à la hauteur de la poitrine. Sous son manteau, l'on voit une espèce de besace et le bout d'un fourreau de sabre. Cette petite pièce, de forme à peu près carrée, est gravée de la pointe la plus fine; l'expression de la tête est d'une exquise délicatesse. Dans les premières épreuves, les bords du cuivre sont irréguliers et raboteux.

Nota. L'épreuve qui est au Cabinet des Estampes de Paris, dans l'œuvre du public, présente vers le milieu du fond, à droite, une petite égratignure qui pourrait servir à reconnaître comme antérieures les épreuves où cette égratignure ne se trouve point.

Hauteur, 0,052; largeur, 0,049.

BARTSCH, 140. CLAUSSIN, 139. WILSON, 140.

108. *Petite Figure polonaise.*

On appelle ainsi une estampe, plus petite encore que la précédente, qui représente un homme vu de profil et tourné vers la droite. Il est coiffé d'un bonnet en forme de turban, orné d'une plume. Sa main droite est appuyée sur sa hanche, et il porte une canne de la main gauche. Son habit, qui est court, et qui s'élargit dans le bas, laisse voir un sabre. On lit au bas : *Rt.* 1631. Les bords de la planche sont raboteux, surtout dans les premières épreuves.

Ce morceau est extrêmement rare. Claussin en a fait une copie fort exacte et beaucoup mieux réussie que ses autres copies de Rembrandt, qui sont en général froidement gravées.

Hauteur, 0,058 ; largeur, 0,020.

BARTSCH, 142. CLAUSSIN, 141. WILSON, 142.

109. *Vieillard vu par le dos.*

Un vieillard vu presque par le dos, tourné un peu vers la droite. Sa tête est de profil et coiffée d'un grand bonnet fourré, ceint d'une bandelette, et sous lequel est une calotte dont la mentonnière pend sur l'épaule. Il est couvert d'une robe rapiécée, fermée par une ceinture, dont une partie pend au-dessous. Ses mains sont jointes, élevées et seulement marquées au trait.

Cette pièce faisait partie de la planche portant le n° 366 dans le catalogue de Bartsch et dans le nôtre, le n° 308, laquelle planche a été coupée en cinq parties. Le premier état de l'estampe se trouve donc dans la planche entière. Mais il y a deux états dans les épreuves tirées de la planche coupée :

Premier état. Le dos et le côté de la figure, dans les parties claires, sont couvertes d'une seule taille. L'estampe est plus travaillée dans cet état que lorsqu'elle appartenait à la planche non coupée. Les contours du dos et de la ceinture sont plus arrêtés, et quelques tailles ont été ajoutées au bas du vêtement, c'est-à-dire au-dessous de la ceinture.

Deuxième état. Les parties claires dont nous venons de parler, sont chargées d'une double taille. Le collet qui, dans les épreuves précédentes, était blanc, est maintenant ombré, et l'on remarque de nouvelles hachures sur le bonnet, sur la joue, sur la barbe et sur le dos.

Hauteur, 0,072 ; largeur, 0,045.

BARTSCH, 143. CLAUSSIN, 142. WILSON, 143.

Le lecteur trouvera la description de la planche entière à la fin de la cinquième classe, et il pourra voir une image fidèle de cette planche dans notre *Œuvre de Rembrandt reproduit par la photographie.*

110. *Paysan et Paysanne marchant.*

Un paysan et une paysanne, vus de profil et se dirigeant vers la droite. La paysanne, qui est sur le devant, porte un petit enfant sur son dos et s'appuie de la main droite sur un bâton. Le paysan marche à côté d'elle, un peu en arrière : il a la tête couverte d'un chapeau défoncé, à bords rabattus. Dans le fond, on aperçoit quelques traits indiquant des arbres.

Nota. Bartsch signale une copie très-exacte de ce petit morceau, qui a été gravée par un amateur français, nommé Sauveur Legros. La copie de Legros est trompeuse ; on peut cependant la reconnaître à ceci : que le contour du devant de la jupe retroussée n'est presque pas visible dans la copie, tandis qu'il est exprimé dans l'original par un trait assez distinct, bien que ce trait soit interrompu vers le milieu.

Hauteur, 0,063 ; largeur, 0,047.

BARTSCH, 144. CLAUSSIN, 143. WILSON, 144.

Sauveur Legros a gravé d'une pointe fine et légère environ cent cinquante pièces de petite dimension, représentant des sujets mythologiques et historiques, des portraits, des paysages, des marines, des animaux, quelques copies d'après Rembrandt et Ostade, et des dessins d'Adrien Van de Velde, de Van Goyen, de Saftleven, de Bakhuisen, de Roos, d'Ommeganck.

M. Frédéric Hillemacher a dressé avec beaucoup de soin le catalogue de 132 estampes de Legros ; et ce catalogue se trouve imprimé dans un petit volume qui a pour titre : *Poésies choisies de Sauveur Legros, Bruxelles, typographie de J. Van Buggenhoudt, 1857.* Une notice de douze pages, placée au commencement du volume, nous fait savoir que Sauveur Legros naquit à Versailles en 1754, et qu'il mourut à Enghien en

Belgique, le 15 mars 1834. Son père était officier
de la bouche du roi. Sauveur reçut une éducation
soignée et fut un des plus fervents disciples de Voltaire
et des encyclopédistes. Une jeunesse orageuse le fit
entrer au théâtre de Bruxelles, où il eut du succès ; mais
il quitta bientôt la scène pour se marier, en 1777, avec
une sœur de Nathaniel Macdonald, écuyer des pages.
« Les agréments de son esprit, sa galanterie, son
talent musical, l'art de bien lire, qu'il avait retenu des
leçons de son maître, l'abbé Delille, » le firent connaître du maréchal prince de Ligne dont il devint le
secrétaire et qui l'emmena dans ses voyages en Italie,
en Allemagne, en Suisse et en France. Introduit dans
la société littéraire de Paris, il se lia avec Colardeau,
Champfort, Morellet, Raynal, Linguet, Palissot et
le comte de Vaudreuil.

En 1787, il accompagna le maréchal en Russie, fut
présenté à Catherine *le Grand,* comme l'appelait le
prince de Ligne, fit partie de son cortége dans le mémorable voyage de Crimée et dessina plusieurs vues
de ce pays.

Sauveur Legros, qui se trouvait à Paris dans les
premières années de la Révolution, émigra en Belgique,
après l'exécution de Louis XVI, et il suivit à Vienne
le prince de Ligne qu'il avait rejoint. C'est dans cette
ville qu'il grava ses copies d'après Rembrandt; mais
la gravure ne fut pas son unique occupation ; il rédigea

le fameux journal de Cléry, et il raconte qu'il en fit
lui-même « des lectures déchirantes dans les plus
grandes sociétés de Vienne. »

Revenu à Bruxelles en 1816, Legros s'ennuya du
séjour de cette capitale, et il alla finir sa vie dans la
ville d'Enghien. Quand fut votée la loi sur le milliard
d'indemnité, Legros fut exclu du bénéfice de cette loi,
parce qu'il passa en France pour un Belge, et en Belgique pour un Français. Cette circonstance lui inspira
les jolis vers qui suivent :

> La loi sur les indemnités
> Ne guérit point mes incommodités;
> Elle n'amollit pas le grabat où je couche,
> Je n'en mange pas moins de la mère du veau
> Et rarement du fils dont elle accouche.
> Oui, Charles X est bon; oui, son projet est beau,
> Mais, quoique de son cœur l'intention me touche,
> Il me laisse réduit à l'eau
> Qu'il m'a fait venir à la bouche.

Le plus grand titre de Legros à la reconnaissance
des amateurs, et ce qui justifiera amplement à leurs
yeux la présente notice, c'est qu'il fut le rédacteur du
*Catalogue raisonné de l'œuvre de Rembrandt, par Adam
Bartsch,* Iʳᵉ partie, Vienne, 1797. Le fait est affirmé,
du moins, dans la biographie imprimée en tête des
Poésies choisies de Sauveur Legros, et il est à la connaissance d'un amateur distingué qui est aussi un
homme digne de toute foi, M. Camberlyn d'Am-
bougies.

111. *Vieillard en méditation.*

Ce morceau, qui n'est qu'une ébauche légère, représente un vieillard à grande barbe, qui n'est dessiné que jusqu'à mi-corps. Il est vu presque de profil et tourné vers la droite. Ses mains sont croisées l'une sur l'autre. De la droite il tient une plume, et de la gauche un livre posé sur une table, devant laquelle il est assis. A côté de cette table, au coin de l'estampe à droite, est une sphère très-faiblement exprimée, et dont on ne voit qu'une partie. Assez rare.

Nous avons remarqué, dans les premières épreuves, un trait échappé en diagonale, au coin du haut de la droite, trait qui a disparu dans les épreuves postérieures.

Hauteur, 0,132 ; largeur, 0,105.

BARTSCH, 147. CLAUSSIN, 144. WILSON, 145.

Rembrandt voit le plus souvent ses figures par le côté du clair-obscur ; et il est rare que le simple trait lui suffise. Lorsqu'il abandonne une tête, à l'état d'ébauche légère comme celle-ci, c'est qu'il ne veut pas en sacrifier les finesses en les noyant dans l'ombre. Bien qu'il ait seulement effleuré le cuivre du bout de sa pointe la plus fine, il a si bien rencontré ici l'expression méditative qu'il cherchait, il a si bien senti et fait sentir les plans de cette tête ridée par l'expérience, fatiguée, usée par l'étude, que tout ce qu'on y ajouterait maintenant serait inutile. Rembrandt n'y a donc plus touché et il est revenu, sur une autre planche, à la

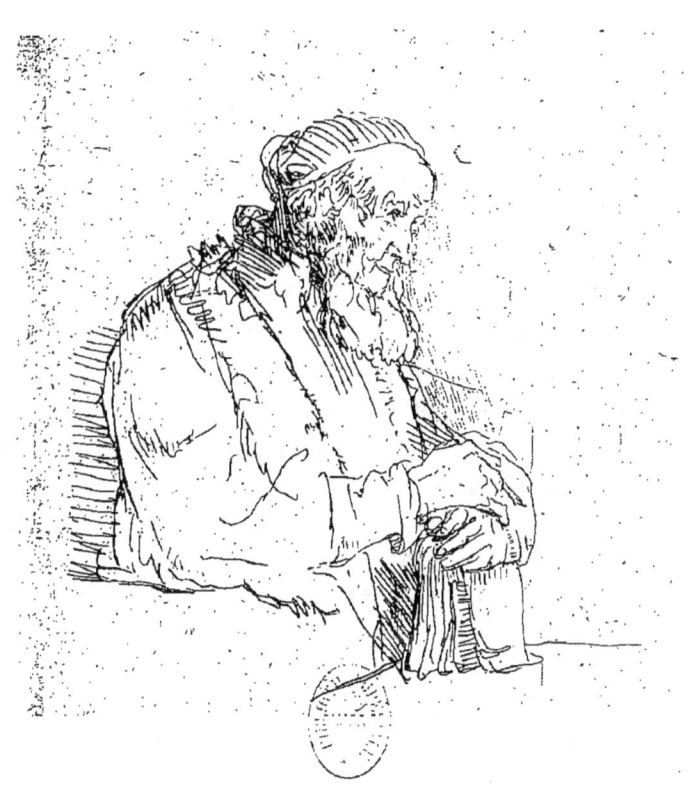

même idée, mais pour l'exprimer cette fois par les jeux de la lumière et de l'ombre. Il a donc gravé l'estampe qui suit :

112. *Philosophe méditant.*

Une lampe, attachée à un mur, éclaire faiblement toute l'estampe, qui est gravée dans la manière la plus rembrunie. On y voit un homme dans un fauteuil, assis à une table placée à la droite, et sur laquelle il y a un grand livre ouvert. Cet homme est vu de face et coiffé d'une toque. Il est accoudé sur la table et il a la main gauche à son front, dans l'attitude d'un homme qui réfléchit. Sa main droite est posée sur le bras du fauteuil; l'effet de la gravure est très-sombre.

Claussin et Wilson ont décrit quatre épreuves de ce morceau ; nous en connaissons six :

Premier état. La lumière de la lampe est oblongue.

Deuxième état. La lumière de la lampe forme une masse ronde, et tout le sujet est embrouillé.

Troisième état. La lumière est circonscrite à peu près à la largeur de la mèche, et jette encore du clair sur le mur et sur la main du philosophe. Les objets sont mieux définis.

Quatrième état. Les clairs dont nous venons de parler, sont éteints. Le bonnet du philosophe est plus large de deux millimètres.

Cinquième état. On ne voit plus le rideau, qui est confondu avec le fond. On remarque des points à moitié clairs au-dessous de la lumière, sur le mur.

Sixième état. La planche ayant servi à illustrer un livre dont nous parlons plus bas, se trouve tirée sur le recto du titre de ce livre.

Hauteur, 0,144; largeur, 0,132.

BARTSCH, 148. CLAUSSIN, 145. WILSON, 146.

22

Le philosophe qui médite dans cette chambre noire,
c'est Rembrandt lui-même. On le reconnaît à son
masque élargi, à la forme de son nez, à ses yeux péné-
trants, à son costume. Il est plongé dans une obscurité
sinistre. La lampe attachée au mur ne jette qu'une faible
lumière ; mais cette lumière est encore trop vive pour
son regard, trop vive pour le sentiment qui l'anime.
Il se cache le visage avec une main et il médite ou
plutôt il songe, car le grand livre ouvert devant lui et
qu'il vient de lire ne l'occupe plus : sa pensée se perd
dans le vague, elle est devenue une rêverie. Ses yeux
ne regardent plus rien et semblent contempler quelque chose en dedans de lui-même. Au moyen d'une
lueur isolée dans une chambre obscure, et d'une figure
indécise comme un fantôme, Rembrandt exprime avec
force l'idée de solitude, de méditation et de silence.
Tout à l'heure l'expression résultait d'un trait délicat,
d'un contour à peine indiqué ; maintenant elle résulte
de la seule obscurité de l'estampe, du mystère et de
l'intensité de ces ombres que la présence d'une lampe
rend encore plus intenses, plus mystérieuses et plus
profondes.

J'ai appris à Amsterdam que Rembrandt avait gravé
cette planche pour illustrer un livre de cabale, écrit en
hollandais, un de ces livres où s'est conservée la
tradition des hiérophantes égyptiens et la science des
arcanes d'Hermès Trismégiste. Le titre du livre est :

Van het licht der Wysheydt in duystere en seer benevelde Eeuwen, c'est-à-dire : *De la lumière de la sagesse, dans les siècles d'ignorance et de ténèbres.* L'estampe est placée au-dessous du titre; mais entre le titre et l'estampe, on lit ces mots latins : *In medio noctis vim suam lux exerit.* « La lumière brille de toute sa force au milieu des ténèbres de la nuit. »

113. *Philosophe avec un sablier.*

Petite estampe gravée en bois, qui représente un vieillard à grande barbe carrée et plate; vu de profil et tourné vers la droite, il est coiffé d'un bonnet de fourrure élevé, un peu plus large par le haut que par le bas. Devant lui, on remarque, sur une table, une tête de mort et un sablier. Son bras gauche est appuyé sur la table; derrière lui, pend un rideau. Cette pièce est fort rare. Wilson en décrit trois états; mais en y regardant de bien près, je crois qu'il n'en existe que deux. Le *premier état* ne porte ni nom ni date, le *second état* porte le nom de Rembrandt et la date.

Suivant Wilson, il y aurait dans le premier état des travaux qui auraient été ensuite supprimés; on verrait notamment sur la tête de mort six tailles, au lieu qu'on n'en verrait plus que trois dans la deuxième épreuve. Mais il suffit d'examiner à la loupe les deux épreuves pour être assuré qu'il n'y a pas d'autres différences que celles résultant du tirage. La seconde épreuve étant beaucoup plus faible que la première, ou, si l'on veut, beaucoup moins encrée, certains travaux ne sont pas venus. Il n'y a donc que l'addition du nom et de la date qui puisse constituer réellement un second état.

Hauteur, 0,056; largeur, 0,049.

BARTSCH, 318. CLAUSSIN, 313. WILSON, 318.

Il ne serait pas impossible que l'estampe du *Philosophe avec un sablier* eût été dessinée par Livens, qui était l'ami de Rembrandt et plutôt son imitateur que son élève; mais rien n'empêche non plus que cette pièce soit attribuée à Rembrandt, car elle est digne de lui par la finesse de l'expression et par l'indication savante et précise de la main du philosophe. Nous l'avons donc maintenue dans l'œuvre du maître, bien qu'elle y fasse, comme gravure en bois, une exception unique.

114. *Vieillard sans barbe.*

Ce vieillard est coiffé d'une toque ; il s'appuie par derrière sur quelque chose qu'on ne voit point, à la gauche de l'estampe. Son corps est un peu courbé et dirigé vers la droite; ses jambes sont en avant; il est couvert d'un grand manteau qui tombe jusqu'à terre. Sa main gauche est élevée et s'avance comme si elle voulait saisir quelque chose. Son habit est ouvert par le bas. On lit dans le haut de la gauche : *Rt.*

Claussin et Wilson ont compté jusqu'à sept états de cette pièce ; mais nous avons lieu de penser, après avoir vérifié ces états avec beaucoup d'attention, tant au musée d'Amsterdam qu'au British Museum et au Cabinet des Estampes de Paris, qu'il n'en existe que quatre. Nous les décrivons ainsi :

Premier état. Le personnage seul est dessiné; mais il ne l'est presque qu'au trait, excepté le bonnet qui est entièrement couvert de tailles. Le fond ne présente guère que des salissures et l'indication de quelques travaux ébauchés. La planche est irrégulière et plus grande : elle porte **76** millimètres de haut sur **49** de large.

Nota. Il y a des épreuves de ce premier état, qui semblent contenir moins de travaux, uniquement parce qu'elles sont mal venues à l'impression. C'est ce qui a fait croire à Claussin qu'il y avait un second état de la planche plus grande.

Deuxième état. La planche est réduite à 65 millimètres de hauteur sur 42 millimètres de large. Le manteau, qui était entièrement clair dans l'épreuve précédente, est ombré jusqu'au premier pli seulement. Le monogramme et la date sont ajoutés. De nouveaux travaux se font remarquer dans l'ombre des jambes et sur le terrain à gauche. Le fond est blanc, comme dans tous les états qui suivent.

Troisième état. L'ombre du manteau a été élargie et couvre maintenant deux plis de plus; le morceau de draperie qui touchait au mollet de la jambe gauche est entièrement couvert de tailles, tandis qu'il ne l'était qu'à moitié dans l'état précédent.

Quatrième état. Le manteau, sur la gauche, ne présente plus de clair; il est sabré d'une taille lourde et verticale jusqu'aux pieds. Il ne reste de clair que sur les morceaux d'étoffe qui couvrent la poitrine. Le manteau, qui formait trois plis sous le bras gauche du vieillard, n'en a plus que deux, le troisième ayant été effacé.

Hauteur, 0,063; largeur, 0,040.

BARTSCH, 150. CLAUSSIN, 147. WILSON, 148.

115. *Figure de vieillard à courte barbe.*

Il est vu en pieds, de trois quarts, et tourné vers la droite. Il est coiffé d'un bonnet qui ressemble au bonnet carré que portent les prêtres à l'église, particulièrement lorsqu'ils prêchent. Il est courbé et accolé contre une élévation de terre placée à la gauche de l'estampe. Ses mains, qui sont à la hauteur de sa poitrine, s'appuient sur un bâton qui soutient toute la figure. Au coin du haut de la droite, on lit en lettres retournées : *Rt.*

Hauteur, 0,112; largeur, 0,079.

BARTSCH, 151. CLAUSSIN, 148. WILSON, 149.

Nous le connaissons, nous l'avons tous vu, ce mendiant effronté, ce philosophe rusé et goguenard. Il a
le nez cassé comme Socrate ; mais il est de l'école des
cyniques, si l'on en juge par ses lèvres sensuelles, par
son sourire insolent. Il n'est pas impossible qu'il ait
été au séminaire dans sa jeunesse, car il porte une
sorte de bonnet carré qu'il semble avoir conservé de
son ancienne défroque, après l'avoir jetée aux orties.
Pour le moment, il ne mendie pas, il observe ; il regarde passer cette société dont il n'est plus. Personne
encore n'a eu l'idée de le dessiner dans son attitude
habituelle, accoté à une borne ou à un tertre, courbé,
les mains jointes appuyées sur son bâton. Mais Rembrandt l'a vu, et il en a griffonné un croquis rapide,
spirituel, et vivant... Je ne sais comment il s'appelait
à Amsterdam, au XVIIᵉ siècle ; mais à Paris, du temps
de Diderot, cet aventurier s'appelait le neveu de
Rameau.

C'est cet étrange personnage, intelligent et cynique,
insolent et bas, qui ferait au besoin, pour un bon repas, le métier de proxénète. Sa maxime est de toujours
dire du bien de *monsieur le prieur*, et de laisser aller
le monde. « Quelquefois il est maigre et hâve comme
un malade au dernier degré de la consomption ; on
dirait qu'il a passé plusieurs jours sans manger ou
qu'il sort de la Trappe. Le mois suivant, il est gras et
replet comme s'il n'avait pas quitté la table d'un finan-

cier ou qu'il eût été enfermé dans un couvent de
Bernardins... Il vit au jour la journée. Son premier
soin le matin, quand il est levé, est de savoir où il
dînera ; après dîner, il pense où il ira souper. La nuit
amène aussi son inquiétude : ou il regagne à pied un
petit grenier qu'il habite, à moins que l'hôtesse, en-
nuyée d'attendre son loyer, ne lui en ait redemandé la
clef ; ou il se rabat dans une taverne du faubourg, où
il attend le jour entre un morceau de pain et un pot
de bière. Quand il n'a pas six sous dans sa poche, ce
qui lui arrive quelquefois, il a recours soit à un fiacre
de ses amis, soit au cocher d'un grand seigneur, qui
lui donne un lit sur de la paille à côté des chevaux. Le
matin il a encore une partie de son matelas dans les
cheveux... »

116. *Médecin tâtant le pouls à un malade.*

Une petite pièce extrêmement rare et très-légèrement gravée,
qui représente un médecin vu à mi-corps, qui tâte le pouls à une
femme malade, dont on ne voit que le buste. Il est coiffé d'un
bonnet.

Hauteur, 0,069 ; largeur, 0,054.

BARTSCH, 155. CLAUSSIN, 152. WILSON, 152.

Les amateurs savent que ce croquis est la première
pensée de la figure du médecin qui se voit dans la
Mort de la Vierge, et qui est gravée en sens inverse de

celle-ci. Rembrandt a beaucoup étudié les diverses figures qui devaient entrer dans cette grande composi-

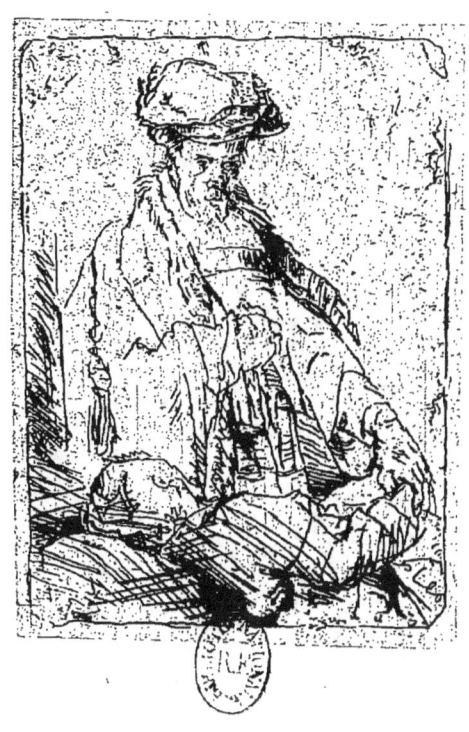

tion; quant à celle du médecin, il ne l'a point changée; mais il n'en est pas de même de la figure de la Vierge; il l'a représentée tout autrement qu'on la voit ici.

117. *Les Baigneurs.*

Petite estampe en travers, très-légèrement gravée, représentant plusieurs personnes qui se baignent. Sur le devant, au milieu de la pièce, on voit un homme sortir de l'eau. Tout près du bord, à gauche, un baigneur est accroupi, vu de face, la tête entre les jambes et encore nu. Sur la droite, dans l'éloignement, un homme qui est dans l'eau jusqu'aux genoux, et qui paraît grelottant, avance ses bras pour prendre ses hardes qui sont posées sur le bord de la rivière. Dans le bas de l'estampe, on lit : *Rembrandt, f. 1631.*

Le cuivre s'étant oxydé dans le haut de la gauche, il s'y est formé une tache ronde; on peut donc reconnaître comme antérieures les épreuves qui ne portent pas la trace de cette oxydation.

Hauteur, 0,110 ; largeur, 0,137.

BARTSCH, 195. CLAUSSIN, 192. WILSON, 192.

118. *Polonais portant sabre et bâton.*

Un Polonais, vu de côté en profil perdu, et dirigé vers la gauche. Il est couvert d'un bonnet sur le devant duquel est attachée une plume fort longue. Son baudrier est placé sur son épaule, et son sabre pend un peu par derrière. Il porte un petit manteau sur l'épaule droite et il s'appuie sur son bâton. Dans le fond, à gauche, on aperçoit un Arabe sur un terrain montant. Bartsch et Claussin n'ont connu que deux états de ce morceau; mais il en existe cinq, bien distincts, que j'ai relevés au musée d'Amsterdam.

Premier état. A l'eau forte pure; le baudrier est à peine indiqué à l'endroit qui tient le fourreau; le contour du pantalon, au derrière du personnage, n'a qu'un seul trait.

Second état. La pièce est reprise en quelques endroits à la pointe sèche; le baudrier est exprimé plus nettement par deux nouveaux traits qui le divisent en deux lanières; la forme du genou a été indiquée par de nouveaux accents qui paraissent donnés au burin; les bords de la planche sont sales.

Troisième état. L'ombre du coude est fortifiée par une fine contre-taille, ainsi que l'ombre du pantalon. Un trait qui marquait dans le fond un petit monticule, entre la jambe et le bâton, a disparu.

Quatrième état. On remarque un trait parallèle aux contours du bâton, et intermédiaire, trait qui ne se trouvait point dans l'épreuve précédente; la planche est nettoyée.

Cinquième état. L'estampe est retouchée pesamment au burin (sans aucun doute par une main étrangère), et les ombres en sont noires et d'un effet désagréable à l'œil.

Hauteur, 0,081 ; largeur, 0,042.

BARTSCH, 141. CLAUSSIN, 140. WILSON, 140.

119. *Deux Figures vénitiennes.*

Deux figures gravées d'une taille dure et vues de profil. Elles paraissent marcher vers la gauche de l'estampe, à côté l'une de l'autre. Elles sont enveloppées dans de longs manteaux et portent sur la tête des bonnets assez élevés, à la manière des Vénitiens. Ce morceau est de la plus grande rareté.

Hauteur, 0,094; largeur, 0,058.

BARTSCH, 154. CLAUSSIN, 151. WILSON, 151.

On croit entendre passer d'un pas lourd deux mendiants qui psalmodient leur gémissement ordinaire. Peut-être même sont-ce des bandits qui se cachent sous ces haillons déchirés... Mais ces deux figures étranges qui, au premier abord, paraissent avoir le

caractère rembranesque, sont-elles bien en effet de la
main de Rembrandt? Il est permis d'en douter. Si l'on
examine attentivement le dessin des jambes, on n'y
trouvera point ce sentiment juste et fin des formes de
dessous, toujours si bien accusé, chez Rembrandt, par
les formes extérieures. Le dessin de cette partie est
rond, mou, et dépourvu non-seulement d'esprit, mais
de science. On ne devine sous ces guenilles ni la présence des tendons, ni le mouvement des muscles. Les
pieds n'ont pas de talons et traînent des chaussures
qui semblent ne rien contenir, alors que ces savates
éculées, fatiguées, usées sur le pavé fangeux des
grands chemins, devraient accuser tous les durillons
de la pauvreté, toutes les déviations de la misère
vagabonde.

Que s'il fallait indiquer le maître auquel on pourrait
attribuer plutôt cette petite pièce, appelée je ne sais
pourquoi, *Deux Figures vénitiennes,* nous pensons
que c'est Van Vliet qu'il faudrait nommer. Lui seul.
parmi les élèves de Rembrandt, a gravé de cette manière et d'une pointe aussi brutale. Rembrandt, il est
vrai, dans certaines de ses gravures, offre quelques
exemples d'une exécution grossière, quant au procédé, et c'est à peu près de cette façon qu'il a fait son
eau-forte de *Lazarus Klap;* mais alors même qu'il
graverait avec un clou, Rembrandt révèle à chaque
trait le sentiment de la forme humaine et la vive intel-

ligence de ses mouvements, et il n'est pas chez lui de
vêtement si défiguré, sous lequel on ne sente se dessiner le corps et remuer la vie. Ainsi, quand on
regarde avec attention la plupart des *gueux* de Rembrandt, le *Paysan déguenillé* qui a les mains derrière
le dos, les deux *Gueux en pendants*, dont l'un dit :
« *il fait un froid rigoureux* », et l'autre « *ce n'est
rien* »; on s'explique difficilement que l'auteur de
ces pièces admirables, où le moindre détail de l'accoutrement est exprimé avec tant d'esprit, ait pu se
contenter d'un travail aussi rudimentaire que celui
des *Deux Figures vénitiennes*. Sans même aller si
loin, ne suffit-il pas de jeter un coup d'œil sur le
Polonais portant sabre et bâton, pour concevoir un
doute au sujet du morceau qui nous occupe?... Et
cependant, comme il convient d'apporter beaucoup
de réserve dans une décision à prendre touchant l'authenticité d'une estampe qui, depuis deux siècles, est
attribuée à Rembrandt et figure dans son œuvre, nous
avons cru devoir y maintenir celle-ci, tout en sou-
mettant nos doutes à l'appréciation des amateurs.

Il est assez probable, au surplus, qu'il existe des
épreuves de cette pièce à l'eau-forte pure, et celles-là
trancheraient la question, mais nous n'en avons rencontré aucune.

120. *Paysan avec femme et enfant.*

Ce morceau représente, dans le milieu, un paysan coiffé d'un haut bonnet qui lui cache les yeux, et dirigeant ses pas vers la droite. Il tient un bâton de la main gauche et de la droite un petit garçon. Il est vêtu d'un vieux pourpoint de soie et porte un havre-sac. Derrière lui, tout à la gauche de l'estampe, marche en le suivant une femme qui n'est gravée qu'au trait ; elle porte un enfant sur son dos. On aperçoit sur la droite l'ébauche d'une tête de paysan couverte d'un chapeau. Le reste du fond est clair. Cette pièce est légèrement et spirituellement gravée : on en trouve quelquefois des épreuves sur papier de Chine, qui ont un peu de barbe et dont le fond est sale.

Dans les dernières épreuves, la tête inachevée qu'on aperçoit sur la droite, a presque entièrement disparu par l'effet du tirage.

Hauteur, 0,112 ; largeur, 0,092.

BARTSCH, 131. CLAUSSIN, 132. WILSON, 134.

Il est aussi de tous les temps, ce personnage bizarre qui conserve, au sein de la plus profonde misère, des traces de quelque distinction et d'un ancien luxe. Ce n'est pas un paysan, il s'en faut ; c'est un fils de famille qui est tombé par degrés dans la bassesse, un joueur qui s'est marié honnêtement, tout en n'aimant que cette courtisane qu'on appelle la Fortune ; un mauvais sujet qui traîne par les chemins sa misérable existence, sa détresse sinistre dans un accoutrement grotesque, et l'aventure de sa vie jadis brillante, aujourd'hui dégradée et fangeuse. Il a essayé peut-

être du métier de saltimbanque, car son pourpoint de
soie semble un reste de la défroque du bateleur; mais
il n'est plus rien, maintenant, qu'un pauvre hère sans
feu ni lieu, qui heureusement pour lui est blasé, usé,
acoquiné à la misère et au désespoir. Dans le temps
même où Rembrandt gravait cette pièce, Scarron écri-
vait le *Roman comique;* mais ce qui est burlesque dans
le récit du poëte cul-de-jatte, est profondément triste
dans l'œuvre du peintre-graveur.

121. *Le Patineur.*

Un paysan, vu presque de face, qui glisse sur des patins. Il se
dirige vers la gauche, ayant le pied gauche en l'air. Sa tête est
couverte d'un bonnet plat, et il porte sur l'épaule droite un bâton
qu'il tient des deux mains. Ce morceau, qui est de la plus grande
rareté, est gravé d'une taille fine et légère. On y trouve un peu de
barbe au pied droit.

Hauteur, 0,060; largeur, 0,058.

BARTSCH, 156; CLAUSSIN, 153; WILSON, 153.

Gersaint avait décrit cette pièce dans son Catalogue,
mais sans l'avoir vue. Pierre Yver la signala dans son
Supplément, comme étant non-seulement fort rare,
mais presque unique.

C'est un des traits caractéristiques de la vie des
Hollandais que le voyage sur la glace. Un paysan, en
Hollande, est sur ses patins la moitié de l'année. Aussi

l'exercice du patin lui est-il aussi familier que celui
de la marche. Dans ce pays plus bas que la mer, dans
ces vastes prairies inondées, où les routes sont des
canaux que traversent des barques à voile, personnes
et marchandises se transportent, l'été sur l'eau, et
l'hiver sur la glace. Et tandis que les dames élégantes,
les mains dans leurs manchons, se promènent en traî-
neau, tandis que de jeunes oisifs, pour qui le patin est
un pur divertissement, s'amusent à prendre des airs
penchés sur l'onde solide, à y graver, par de souples
évolutions, des figures fantastiques ou des chiffres
d'amour, le paysan silencieux glisse en portant sa
denrée, l'ouvrier se rend à ses travaux, et le petit
marchand à ses affaires. On voit aussi de jeunes lai-
tières passer comme une flèche et franchir plusieurs
milles en moins d'une heure.

> Mais le beau, c'est que tous les jours
> Vous voiés faire mille tours,
> Sur des patins, à des pucelles
> Qui surpassent les arondelles
> A driller ; car en un moment,
> On dirait véritablement
> Que le chien d'acier qui les porte
> Est un diable qui les emporte
> Sans aucun pardon ni pitié,
> Tant elles sont lestes du pié.

J'ai trouvé ces vieux vers dans un vieux livre, devenu rare même en Hollande. et qui a pour titre :

Description de la ville d'Amsterdam, en vers bur-lesques, selon la visite de six jours d'une semaine, par Pierre Le Jolle, à Amsterdam. L'an MDCLX.

Il existe une copie trompeuse du *Patineur*. Quelle que soit la rareté de l'estampe originale, on ne peut

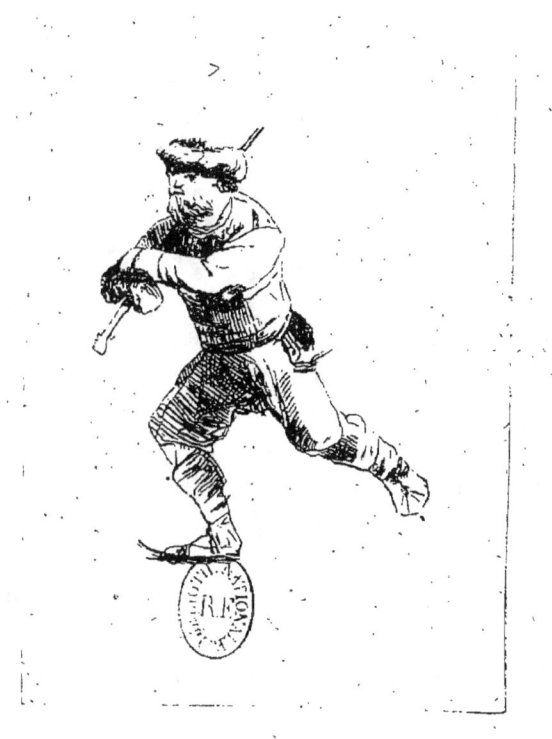

pas aller jusqu'à dire qu'elle soit *presque unique*. Il s'en est trouvé des épreuves dans les ventes de sir Thomas Baring et de Pole Carew. A la dernière de ces ventes, en 1835, une épreuve du *Patineur* a été adjugée au prix de dix guinées.

122. *Griffonnements gravés en différents sens de la planche,*

ou mieux : *Griffonnement aux deux femmes couchées.*

Un morceau assez rare contenant plusieurs études gravées en différents sens de la planche. On voit d'un côté un vieux et une vieille à mi-corps, tous deux marchant vers la droite et portant un bâton à la main. Au-dessous, du même côté, est une tête de vieillard, à grande barbe, vue de trois quarts, et dirigée vers la droite ; elle est coiffée d'un bonnet élevé, à rebord fourré. Derrière ce vieillard, c'est-à-dire à gauche, est le buste d'une vieille dont la tête est couverte d'un chapeau rond aplati ; elle est aussi vue de trois quarts, et pareillement tournée vers la droite de l'estampe. Un peu plus vers la droite, on aperçoit la moitié d'une figure de femme couchée sur un lit, dont il n'y a guère que l'oreiller d'indiqué ; elle a son bras gauche étendu, et le bras droit appuyé sur le bras gauche. Au-dessous de cette figure, on distingue une tête d'homme en chapeau, gravée seulement au trait. En retournant l'estampe, on aperçoit, au haut de la gauche, le buste d'une vieille dont la tête est couverte d'un bonnet fourré, et qui tient de la main gauche le bord de sa robe. Plus bas, est gravée au trait une jeune femme qui dort sur un lit. Tout ce morceau est traité avec esprit et légèreté. Il n'y a d'assez vigoureusement ombré que les deux bustes du vieillard et de la vieille, qui sont au bas de la gauche, dans le premier sens de la planche.

Hauteur, 0,137 ; largeur, 0,15 .

BARTSCH, 369. CLAUSSIN, 359. WILSON, 363.

Bien que cette pièce ne porte ni nom ni année, on voit tout de suite, non-seulement qu'elle est de Rem-

23

brandt, mais qu'elle est de son meilleur temps. Nulle
part il n'a plus vivement imprimé le cachet de son
individualité. Nerveux, sensible, prompt à tout voir
et à saisir le caractère de chaque figure, aussi bien que
l'aspect le plus intime des choses, il ne passait pas de
jour sans écrire sur le papier ou sur le cuivre ses impressions les plus fugitives, ses plus vagues projets
de composition, ses caprices, ses pensées. Les mendiants qu'il venait de voir passer dans la grande rue
des Juifs, la jeune femme qu'il avait surprise endormie
sur son lit, ou gracieusement accoudée sur son oreiller,
il les griffonnait sur sa planche, d'une main rapide qui
paraissait courir au hasard et qui cependant tradui-
sait avec vivacité l'impression reçue, et fixait en traits
pleins d'esprit, parfois jusque dans le moindre détail,
le souvenir récent des figures et des costumes, des
physionomies et des attitudes. Et ce qui est bien remarquable, c'est l'accent d'extraordinaire vérité que
portent ces légers croquis, improvisés pourtant de
mémoire, mais tellement vivants qu'on les dirait faits
d'après nature.

123. *Griffonnements séparés par une ligne.*

Une petite pièce en travers, séparée en deux par une ligne verticale. A droite, on voit deux petites figures au trait, dont une,
qui est la plus ombrée, a la tête couverte d'un bonnet élevé, et
n'est vue que jusqu'aux genoux. L'autre figure n'est tracée qu'im-

parfaitement. Sur la gauche, sont plusieurs traits dont on ne peut
déterminer la figure. Ce morceau est de la plus grande rareté.
Nous n'en connaissons que deux épreuves : l'une au Musée d'Amsterdam, l'autre au Cabinet des Estampes de Paris.

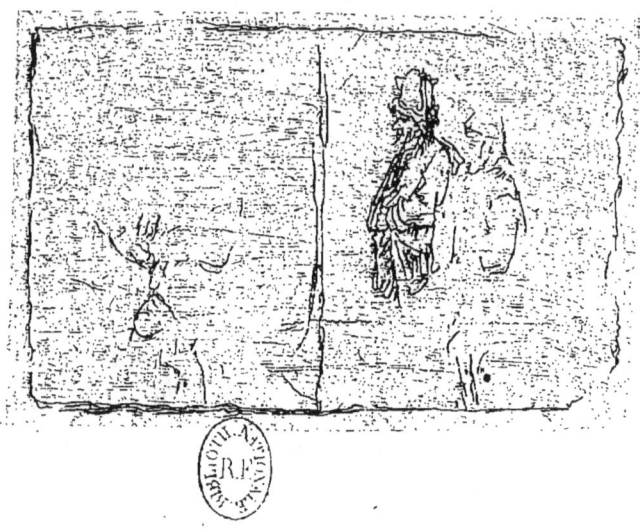

Hauteur, 0,045 ; largeur, 0,076.

BARTSCH, 373. CLAUSSIN, 363. WILSON, 367.

Nous avons fait graver ici un fac-simile parfait de
ce griffonnement, malgré son peu d'importance, et à
cause de son extrême rareté. Les amateurs nous sau-
rons sans doute gré de cette attention.

TROISIÈME CLASSE.

GUEUX.

124. *Gueux assis.*

Un gueux assis dans un fauteuil dont on voit le dossier. Il est
ourné vers la droite de l'estampe, d'où vient le jour ; il a la tête
chauve et peu de barbe, et les mains jointes devant lui. La robe
dont il est revêtu, est légèrement travaillée, et le fauteuil est couvert de tailles. Tout le reste est blanc. Cette pièce est très-rare.
Elle n'existe pas au Cabinet des Estampes de Paris, mais on en
voit une jolie épreuve au Musée d'Amsterdam.

Hauteur, 0,128 ; largeur, 0,087.

BARTSCH, 160. CLAUSSIN, 157. WILSON, 157.

Parmi les pièces les plus rares de Rembrandt, il y
en a plusieurs qui sont douteuses et quelques-unes qui
sont des imitations habiles de sa manière, mais que
l'on a tirées à trois ou quatre exemplaires seulement
pour en augmenter le prix et piquer plus vivement la
curiosité des amateurs. Il n'en est pas de même du
Gueux assis. Ce morceau est, sans aucun doute, de
la main de Rembrandt. Au surplus, pour que les
curieux en puissent juger, nous l'avons reproduit ici
très-fidèlement d'après un calque scrupuleux.

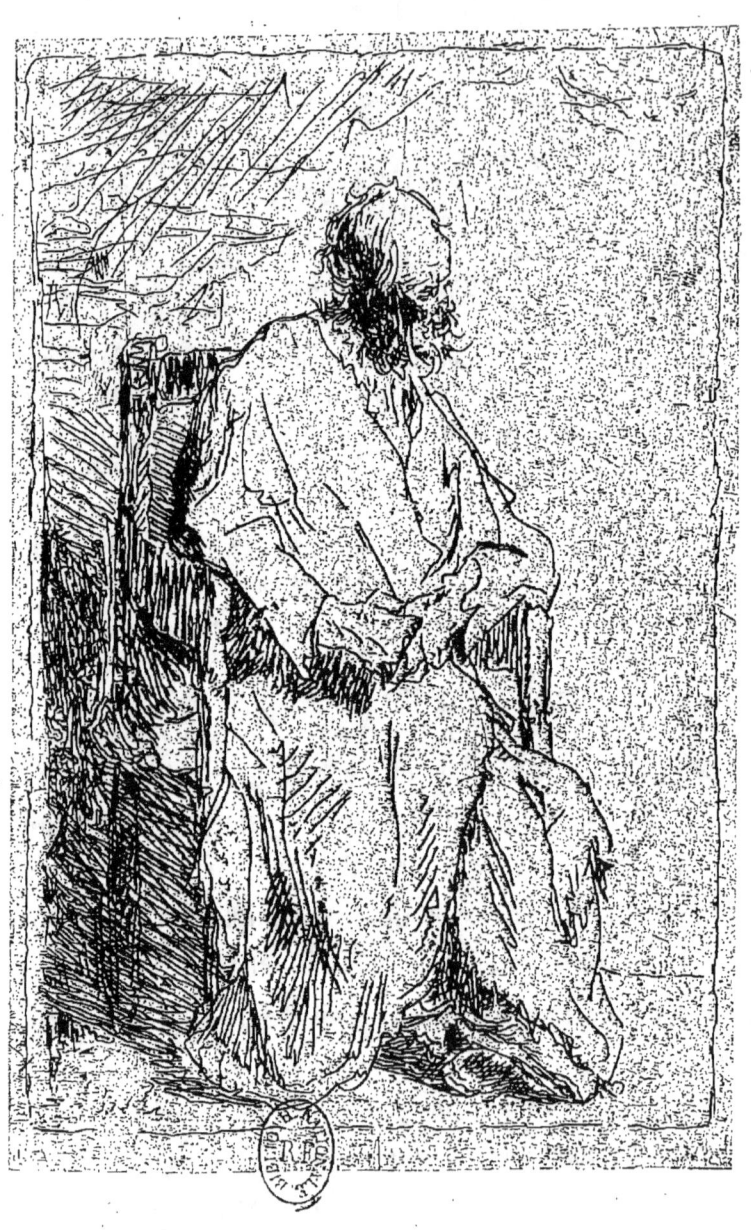

125. *Grand gueux debout.*

Estampe en hauteur, gravée légèrement, d'une pointe rapide, et représentant un gueux debout, vu de trois quarts, coiffé d'un haut bonnet, bordé de fourrure. Il est couvert de haillons. Ses deux mains sont appuyées sur un bâton et son corps est un peu penché en avant. Le fond est clair, à l'exception d'une petite ombre portée qui se voit au bas de la gauche, et qui est exprimée par des hachures en ziz zag. On distingue les *premières épreuves* à l'irrégularité de la planche, dont le fond est sale et le bord raboteux sur le haut de la droite. Il s'y trouve quelques barbes. Ce morceau n'est pas commun.

Hauteur, 0,155; largeur, 0,119.

BARTSCH, 162. CLAUSSIN, 159. WILSON, 159.

126. *Gueux debout.*

Un gueux coiffé d'un bonnet élevé bordé de fourrure; il est couvert de haillons et ceint, par le milieu du corps, d'une corde dont les deux bouts pendent derrière lui, et à laquelle est fixée sur le côté une sorte de gibecière. Il est vu de profil, se dirigeant vers la gauche, et il tient un bâton de la main droite. Le fond est clair, sauf une ombre portée dans le bas de la gauche. On remarque dans le haut une ligne horizontale qui touche à l'extrémité du bonnet, et, derrière le personnage, une autre ligne tremblée qui va de haut en bas. Cette pièce n'est pas commune. Il en a été fait une très-jolie copie par Vivarès.

Hauteur, 0,085 ; largeur, 0,047.

BARTSCH, 163. CLAUSSIN, 160. WILSON, 160.

Les deux estampes qui précèdent représentent le

même gueux, vu de face et de profil, de près et
de loin. Elles sont l'une et l'autre gravées avec goût,
bien que faites rapidement et à peu de frais. Ceux
qui veulent apprendre à dessiner un croquis pourront
consulter très-utilement ces deux pièces. Ils verront
comment il suffit d'accuser les grands plans et les
principales ombres, en négligeant tout le reste, pour
donner une idée complète du personnage que l'on
veut représenter. Cette leçon sera surtout profitable
aux artistes, aujourd'hui si nombreux, qui dessinent
pour la gravure en bois. La plupart ne savent pas
s'arrêter à temps; ils couvrent leur dessin de demi-
teintes successives, comme on le ferait pour donner
un modèle au graveur en taille-douce. Il en résulte le
plus triste effet, parce que la gravure en bois, ne pou-
vant rendre les insensibles transitions du clair à
l'obscur, ne produit qu'un travail galeux, là où il
était si simple de ménager un blanc pur. Le burin du
graveur en taille-douce exprime facilement sur le
cuivre les passages les plus délicats de la lumière à
l'ombre, au moyen du renflement ou de l'atténuation
des tailles et par un système de points qui diminuent
peu à peu de grosseur et finissent par devenir presque
imperceptibles; mais le burin du graveur en bois ne
saurait atteindre à ces finesses. Les plus habiles savent
bien, il est vrai, couper le bois de façon que l'extrémité de la taille ne soit pas à la surface de la planche

de bois (c'est ce que l'on appelle baisser les tailles);
mais quelle que soit la perfection de leur travail, le
tirage à la presse mécanique en détruit toujours l'harmonie. Passe encore si chaque épreuve était tirée au
couteau avec toutes les nuances de vigueur ou de
délicatesse que la main du graveur peut y mettre;
mais quand une planche en bois est sous la machine,
toutes les roueries de la mise en train n'empêchent
pas qu'il n'y ait des points qui viennent et d'autres
qui ne viennent point, des tailles qui se brisent et
d'autres qui se continuent. De là le misérable aspect
dont nous parlions tout à l'heure. Il est donc urgent
que nos dessinateurs sur bois s'habituent à dessiner
des croquis, c'est-à-dire à supprimer les demi-teintes
inutiles et à rapprocher hardiment les ombres les plus
franches et les plus vives lumières. Pour acquérir cet
art, encore une fois, ils n'ont rien de mieux à faire
que d'étudier les croquis de Rembrandt, particulièrement les deux *Gueux debout* que nous venons de
décrire.

127. *Un Gueux et sa femme.*

Morceau d'une très-grande rareté, qui représente un gueux vu
par le dos, sur lequel il porte un panier de mercier, comme les
paysans de Hollande. Il tient de la main droite un long bâton appuyé contre son épaule. A côté de lui est une pauvresse, sa femme
sans doute, vue de face et coiffée d'un chapeau de bergère. Elle
ient par la main un enfant. Ces figures se détachent sur un fond

clair; mais dans le haut et sur la droite de l'estampe, est figurée
une espèce d'arcade, ou plutôt de grotte, exprimée en traits plus
durs que le reste de l'estampe.

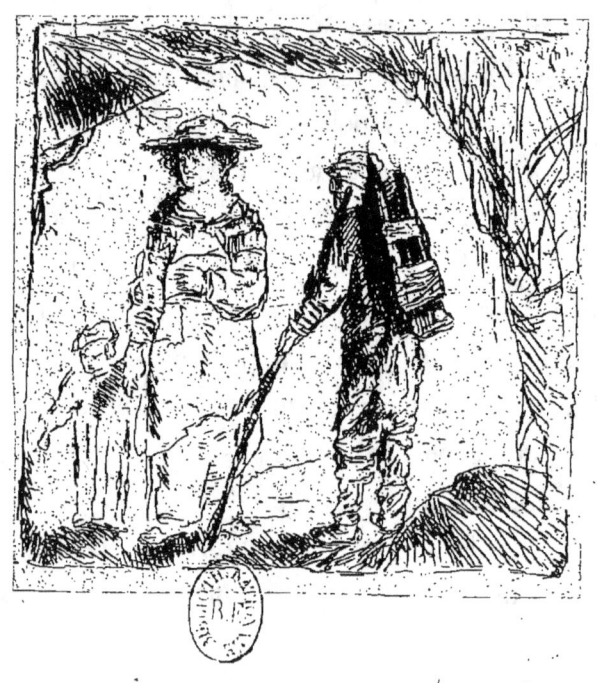

Hauteur, 0,065 ; largeur, 0,069.

BARTSCH, 161. CLAUSSIN, 158. WILSON, 158.

L'extrême rareté de cette petite pièce, qui ne se
trouve pas au Cabinet des Estampes de Paris, m'a
engagé à la faire reproduire en fac-simile dans cet

ouvrage. C'est d'après un calque que j'avais pris le
plus soigneusement possible, dans un des plus célèbres cabinets de l'Europe, que M. Flameng (le très-
habile artiste qui a gravé tous les fac-simile de ce
livre) a exécuté la petite eau-forte que voici; mais
le calque s'étant légèrement effacé dans mon voyage,
la copie n'a pu être cette fois aussi scrupuleusement
fidèle que je l'aurais désiré. Cependant, telle qu'elle
est, elle donne une juste idée d'un morceau qui n'est,
du reste, très-curieux pour les amateurs, que parce
qu'il est presque introuvable.

128. *Gueux et Gueuse.*

Deux gueux, un vieux et une vieille, placés l'un vis-à-vis de
l'autre, dans l'attitude de deux personnes qui causent. L'homme
est dirigé vers la droite et coiffé d'un bonnet ; il porte sa main
droite derrière son dos, s'appuyant de l'autre main sur un bâton.
La femme est tournée vers la gauche ; sa tête est penchée et couverte d'une espèce de bonnet d'homme. Son dos est très-voûté et
ses deux mains, placées l'une sur l'autre, sont appuyées sur un
bâton. Elle a le bras gauche passé dans un cabas. Le fond est tout
blanc. Au bas de la gauche, on lit : *Rt.* 1630.

On reconnaît les premières épreuves à la saleté du fond et des
bords de la planche, lesquels sont irréguliers dans le haut.

Hauteur, 0,078 ; largeur, 0,065.

BARTSCH, 164. CLAUSSIN, 161. WILSON, 161.

129. *Mendiants, homme et femme, à côté d'une butte.*

Un vieux mendiant et une vieille mendiante, placés à côté d'une butte de terre fort ombrée, que l'on voit à la gauche de l'estampe et dirigés vers la droite. Cette butte cache en partie, dans le bas, le corps du mendiant, dont la figure cache elle-même le dos de la mendiante. L'homme est coiffé d'un bonnet de fourrure sous lequel paraît un linge en forme de bandeau, dont le bout lui tombe sur l'épaule droite. Sa tête est vue de trois quarts; sa bouche est ouverte, et son menton est garni de quelques poils de barbe. Il s'appuie des deux mains sur son bâton. La femme est vue de profil; elle a la tête couverte d'un bonnet plat, de dessous lequel sort un autre bonnet de toile qui, tombant sur son cou, lui forme une espèce de fraise. Ses mains sont sous son tablier, et l'on voit le bout de son cabas qui est pendu à son bras. Le fond est clair.

Il y a cinq états différents de ce morceau :

Premier état. La planche est plus grande; elle porte 114 à 115 millimètres de hauteur, sur 83 à 84 millimètres de large. Extrêmement rare.

Deuxième état. C'est par erreur que Claussin et Wilson donnent cette épreuve comme étant de la même grandeur que la première. En comparant ces deux épreuves au Musée d'Amsterdam, j'ai trouvé la seconde un peu plus petite : la planche est diminuée de toute l'épaisseur des bords raboteux ; elle n'a plus que 112 millimètres de hauteur sur 81 millimètres de large, et cette différence ne peut pas être causée ici par le retrait du papier, puisque dans la seconde épreuve les bords paraissent avoir été rognés et que le retrait du papier s'opère toujours sur l'ensemble de la feuille.

Troisième état. La planche est coupée en largeur comme en hauteur, de telle sorte que le monogramme *Rt.* qui se voyait dans les états précédents, a disparu dans celui-ci. La butte de terre ne présente plus les mêmes contours, car elle coupe par le milieu le bâton du mendiant. Elle se trouve, par suite de travaux additionnels, fortement chargée de manière noire; mais les barbes qui la produisent ne sont très-vives que dans les premières épreuves de cet état.

Quatrième état. La butte de terre a toujours la même forme : mais le cou et la chemise du mendiant ont été retravaillés. L'intervalle entre la main qui tient le bâton et l'épaule droite est ombré par de nouvelles tailles verticales très-fines, qui font ressortir la main.

Cinquième état. Les saillies formées par la butte de terre, ont été arrondies et ont changé de forme, de façon que la butte, à partir de sa rencontre avec le bâton, suit une ligne presque perpendiculaire au sol. L'ombre signalée dans l'état précédent, au-dessus de la main, a été fortifiée par de nouvelles contre-tailles, et l'épaule droite du mendiant a été ombrée par des hachures diagonales et verticales. Le manteau de l'homme, au-dessus des mains, a été également repris, et le pli qui touche à la mendiante a été couvert de tailles croisées. La joue de la mendiante et le dessous du sein sont retravaillés; l'ombre de la coiffe rejoint le menton le long de l'oreille.

Hauteur, 0,096 ; largeur, 0,067.

BARTSCH, 165. CLAUSSIN, 162. WILSON, 162.

130. *Gueux dans le goût de Callot.*

Il est vu de profil, se dirigeant vers la droite. Il est coiffé d'un bonnet élevé, vêtu de haillons et couvert d'un manteau à manches pendantes qui lui descend sur les genoux. Sa main droite, qui semble estropiée, est hors de son manteau et posée sur un bâton. Ses genoux sont un peu pliés et son dos est voûté. Le fond est clair, à l'exception de l'ombre portée des deux pieds et de quelques traits qui indiquent un petit accident de terrain. Cette pièce est très-rare. On en connaît quatre états, dont les premiers sont rarissimes.

Premier état. La planche est plus grande : elle porte 96 centimètres de hauteur au lieu de 90 ; mais la largeur est la même que dans les épreuves ordinaires ; les ombres ne sont exprimées que par des tailles simples, excepté sur la cuisse droite.

Deuxième état. La planche a la même hauteur que dans l'état précédent ; les tailles qui exprimaient les ombres sont croisées, et cela est surtout visible dans le bas du manteau et sur le mollet de la jambe droite.

Troisième état. La manche pendante du manteau, qui dans les états précédents était blanche, est couverte ici d'une simple taille.

Quatrième état. La planche est coupée et réduite aux dimensions que nous donnons plus bas. La manche pendante est couverte d'une double taille et poussée au noir, de façon qu'on n'en distingue plus ni la bordure, ni le bout. Le bonnet, entamé par la rognure de la planche, a perdu sa forme évasée et se termine maintenant en rond.

Hauteur, 0,090 ; largeur, 0,042.

BARTSCH, 166. CLAUSSIN, 163. WILSON, 163.

131. *Gueux à manteau déchiqueté.*

Autre gueux, pareillement gravé dans le goût de Callot. Il est coiffé d'un bonnet pointu et couvert d'un manteau déchiqueté par le bas. Il est vu de profil, marchant vers la gauche et s'appuyant sur un bâton que l'on aperçoit dans le vide entre ses jambes. Le fond, qui est presque entièrement clair sur la droite, est légèrement ombré dans la partie gauche, où est indiquée une butte couronnée d'arbres. On lit au bas de la gauche : *Rt.* 1631. Ce morceau est rare. On en connaît trois états.

Premier état. Rarissime. Le visage et la jambe droite sont entièrement blancs.

Deuxième état. La joue a été couverte d'une taille diagonale; la jambe droite et le soulier ont reçu une taille verticale.

Troisième état. La joue et la partie ombrée du manteau, ainsi que la poitrine et la jambe droite, ont reçu une contre-taille grossièrement donnée.

La planche semble retouchée par la même main qui a repris les estampes représentant Tobie aveugle (vu par le dos) et Lazarus Klap; et l'auteur de ces retouches est probablement Van Vliet.

Hauteur, 0,083 ; largeur, 0,038.

BARTSCH, 167. CLAUSSIN, 164. WILSON, 164.

On voit dans l'inventaire des meubles, effets et objets d'art saisis chez Rembrandt, que ce grand peintre possédait « un recueil d'estampes par Jacques Callot. » Il n'est donc pas surprenant que l'on retrouve le goût de Callot dans quelques-uns des gueux de Rembrandt. Toutefois, même lorsqu'il paraît avoir jeté un coup d'œil sur l'œuvre du graveur français, le peintre d'Amsterdam reste lui-même, tant il lui est difficile de dépouiller son originalité, ne fût-ce que pour un instant. Ainsi Callot, dans sa plus petite estampe, représente à merveille le génie gaulois, comme nous l'avons dit dans l'*Histoire des Peintres;* son talent est clair, son travail est propre, simple et correct. Il se sert du burin comme La Bruyère se sert de la phrase, et Boileau de la rime; il a toutes les qualités françaises: la netteté, la précision, l'élégance, la sobriété; mais il a aussi tous nos côtés faibles : le défaut d'idéal, l'insuffisance de la poésie ; à force de préciser, il devient sec ; à force d'arrêter les contours de sa pensée, il ne laisse rien à faire à l'imagination des autres, il ne leur ouvre aucune perspective. Au contraire, Rembrandt, dans le moindre de ses croquis, rappelle toujours un côté de la vie, éveille une pensée générale ou fait rêver. Aucune de ses figures n'est emprisonnée dans ces contours arides et tranchés qui séparent les personnages de Callot du monde environnant. Sa pointe demeure libre, et le héros de son eau-forte, qu'il soit un mendiant ou un prince, est plongé dans l'air ambiant, et, au lieu de s'isoler par la précision de ses formes, il tient à la vie universelle par des lignes indécises et par je ne sais quel vague mystérieux.

132. *La Femme à la calebasse.*

Une vieille femme couverte de haillons, qui se dirige vers la gauche. Sa tête est tournée de profil, mais son corps, qui se penche en avant, est vu presque par le dos. Elle porte une calebasse qui lui pend par derrière.

Ce morceau est gravé assez durement et à grosses tailles : il y en a deux états :

Premier état. La planche est irrégulière, et les bords en sont raboteux. L'ombre portée de la figure ne présente pas de contre-taille, et l'on ne voit pas de ligne tirée horizontalement dans le bord de la planche. Extrêmement rare.

Second état. La planche est régularisée et les bords en sont unis.

On remarque, entre autres additions, des contre-tailles sur l'ombre portée de la figure et une ligne horizontale qui forme comme une marge dans le bas de la planche.

Hauteur, 0,096; largeur, 0,045.

BARTSCH, 168. CLAUSSIN, 165. WILSON, 165.

133. *Petit Gueux debout.*

Il est coiffé d'un bonnet bordé de fourrure. Il est vu presque par le dos, se dirigeant vers la gauche. Ses épaules sont voûtées; ses mains sont appuyées devant lui sur un bâton. On lit dans le haut de la droite, en caractères presque imperceptibles : *Rt.*

Ce petit morceau est très–rare; mais bien qu'il soit incontestablement de Rembrandt, il n'a pas d'autre valeur que sa rareté.

Hauteur, 0,040 ; largeur, 0,018.

BARTSCH, 169. CLAUSSIN, 166. WILSON, 166.

134. *Vieille Mendiante.*

Une vieille femme debout, vue de profil et tournée vers la droite. Elle porte sur ses épaules un petit manteau de soie, à peu près semblable aux mantelets des dames. Elle tend la main droite comme pour demander l'aumône, et elle s'appuie de la main gauche sur un bâton. On lit au bas : *Rembrandt, f.* 1646. Les premières épreuves de ce morceau se reconnaissent à l'irrégularité de la planche, qui est un peu raboteuse sur ses bords. Claussin en a fait une copie.

Hauteur, 0,081 ; largeur, 0,063.

BARTSCH, 170. CLAUSSIN, 167. WILSON, 167.

Il ne manque à ce petit morceau, pour être très-recherché, que d'être rare, car il est dessiné et gravé avec beaucoup de délicatesse. Parmi les gueuses de Rembrandt, celle-ci est remarquable par une expression touchante d'humilité et de décence. On voit clairement à la distinction de ses traits, à la finesse de sa main osseuse et à ce mantelet de soie qui la couvre, que la vieille mendiante n'est pas née dans la misère, qu'elle a connu la richesse ou du moins l'aisance, et qu'elle est descendue par une pente insensible à la mendicité. C'est ce qui rend cette petite estampe plus intéressante que les autres. Il n'est rien de plus douloureux, dit le Dante, que de se rappeler les temps heureux au sein de la misère. *Nessun maggior dolore che ricordarsi del tempo felice, nella miseria.*

135. *Gueux se chauffant les mains.*

Il est assis au pied d'un mur, tourné vers la droite, vu de trois quarts et la tête presque de profil. Coiffé d'un grand bonnet dont les bords sont longs et rabattus sur les oreilles, et couvert d'un manteau, il se chauffe les mains au feu d'un brasier qu'il porte sur ses genoux. Son bâton, passé au travers d'un cabas, est posé à terre à côté de lui.

Cette petite estampe est gravée légèrement et avec esprit. Il en existe une jolie copie en sens inverse, et deux états. Dans le *premier*, le cabas est moins travaillé, le fond contre la marge est inachevé, et la planche est irrégulière et un peu raboteuse sur les bords; dans le *second,* le cabas est repris et la planche régularisée.

Hauteur, 0,076; largeur, 0,047.

BARTSCH, 173. CLAUSSIN, 170. WILSON, 170.

136. *Gueux assis sur une motte de terre.*

Il est comme accroupi au pied d'un monticule, la tête presque
de face, le corps dirigé vers la droite. Il a la bouche ouverte et
les sourcils froncés comme un homme qui gémit. Sa tête nue est
garnie de cheveux frisés et en désordre. Il est enveloppé d'une
vieille houppelande fourrée qui est en lambeaux et qui est fermée
sur la poitrine avec un seul bouton. De dessous ce haillon sort sa
main gauche qui demande l'aumône. Sa jambe gauche est pliée
de façon qu'elle laisse voir en partie la semelle du soulier. La
chaussure déchirée du pied droit laisse voir également les doigts
du pied. On lit au milieu de la marge du bas : *Rt.* 1630.

Cette pièce est une des plus belles de la série des *Gueux.* Il y
en a deux états :

Premier état. Le dos de la figure dans le bas est moins ombré.
Le fond de la planche est sale et les bords sont raboteux.

Second état. L'ombre inférieure du dos de la figure est retouchée. La planche est nettoyée. Dans le bas de l'estampe, un peu
vers la gauche, on remarque la signature : *Rembrandt f.*, indépendamment du monogramme *Rt.*, suivi de la date 1630.

« On prétend, dit Claussin, qu'il y a une épreuve où la main
du gueux est couverte du manteau ; comme je ne l'ai jamais vue,
je n'en puis rien dire de plus. »

Hauteur, 0,114 ; largeur, 0,069.

BARTSCH, 174. CLAUSSIN, 171. WILSON, 171.

« On a de cette estampe, dit Bartsch, une copie qui
est peut-être la plus trompeuse de toutes les copies
qui aient été faites. En la confrontant avec l'original,
le connaisseur le plus exercé ne la reconnaît qu'avec
peine et après un examen scrupuleux. Pour ne pas se
méprendre, il est bon d'avertir les curieux qu'ils

doivent faire attention à quelques petits traits qui sont
au bord du manteau, au-dessus de l'endroit où il est
boutonné. Ces petits traits, au nombre de quatre dans
la copie, ressemblent à un *i* joint à un *m*; au lieu que
dans l'original, il n'y a que deux traits qui forment
un *n*. »

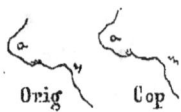

Bartsch a grandement raison de dire que cette copie
est trompeuse, et il a rendu service aux amateurs en
leur donnant une indication précise, au moyen de
laquelle ils pussent distinguer la copie de l'original;
toutefois, il est vrai de dire qu'un artiste, sans connaître ces remarques, n'hésiterait pas à reconnaître
la copie à cela seul que la tête n'y est pas, comme
l'on dit, *d'ensemble*.

137. *Paysan déguenillé, les mains derrière le dos.*

Un gros paysan vu de face, le corps tant soit peu dirigé vers la
gauche de l'estampe, et la tête inclinant légèrement vers la droite.
Il porte sur la tête un petit bonnet garni d'oreillettes, auxquelles
sont attachés deux cordons ou mentonnières qui lui pendent sur
la poitrine, de chaque côté. Sa camisole délabrée est fermée par
le haut au moyen d'une agrafe et d'un bouton, et ouverte par le
bas; tout son vêtement est en guenilles. Il a les mains derrière

le dos, et tient un bâton. Ce morceau est traité d'une pointe fine, rapide et spirituelle.

On en distingue trois états :

Premier état. La planche est plus large; elle mesure 76 millimètres, au lieu de 69. On voit, sur la droite, l'indication d'un tronc d'arbre. Le fond de la planche est égratigné et sale; les bords en sont irréguliers et raboteux. Cette première épreuve est légère de travail et ne se rencontre que fort rarement. Il y en a trois épreuves au Musée d'Amsterdam et il y en avait une dans la vente sir Thomas Baring.

Second état. La planche est réduite de toute la partie où se trouvait le tronc d'arbre. La figure est plus travaillée, le fond de la planche et les bords sont encore sales.

Nota. Il existe une copie très-jolie et assez trompeuse du second état de ce morceau. Elle a été faite par Sauveur Legros, l'artiste-amateur dont nous avons parlé plus haut assez longuement, à propos de l'estampe *Paysan et Paysanne marchant.* Cette copie se reconnaît à ce que l'on n'y trouve pas les tailles diagonales qui, dans l'original, se voient au bas de la droite.

Troisième état. La planche est réduite à 60 millimètres de large. La figure est plus chargée de travaux sur la culotte, au bas de la hanche gauche, où l'on remarque une taille diagonale fine et serrée. Il y a aussi de nouvelles tailles sur la camisole près du bras gauche.

Hauteur, 0,092 ; largeur, 0,069.

BARTSCH, 172. CLAUSSIN, 169. WILSON, 169.

138. Le Lépreux.

Pièce dite : *Lazarus Klap.*

Le mot *Lazarus Klap*, par lequel on désigne cette estampe, signifie en hollandais cliquette de lépreux. Cet instrument se com-

pose de plusieurs feuillets de bois mobiles, qui, étant agités et
frappant les uns sur les autres, produisent un certain bruit. Dans
le moyen âge, en Hollande comme en Allemagne, on donnait aux
lépreux le nom de *Lazarus*, et il leur était ordonné d'agiter leur
cliquette en marchant, afin que chacun se détournât de leur chemin ; aujourd'hui que la lèpre a disparu, cet instrument n'est plus
qu'entre les mains des sourds-muets, qui s'en servent pour appeler à eux. Mais du temps de Rembrandt, la lèpre existait encore,
et c'est sans doute un lépreux qui est représenté dans cette
estampe. Il est vu de profil, assis sur une motte de terre et le
corps dirigé vers la gauche. Il tient une cliquette de la main droite
et il a son bâton entre ses jambes. Son corps est couvert d'un
grand manteau qui est rayé par le bas, et sa tête coiffée d'un haut
bonnet de forme irrégulière. La figure entière est éclairée par la
droite. On lit à gauche, à la hauteur du bonnet : *Rt.* 1631.

Ce morceau est gravé d'un ton dur et à grosses tailles; il est
très-rare. On en connaît, non pas trois, mais quatre états différents :

Premier état. La planche est plus grande, car elle porte 92 millimètres de hauteur, au lieu de 86, et 63 millimètres de largeur,
au lieu de 61. La tête et le cou sont presque entièrement clairs.
De la plus grande rareté.

Second état. La tête est plus ombrée, l'œil et l'oreille étant
chargés de noir, ainsi que le haut du manteau.

Troisième état. Le visage est ombré d'une triple taille. Quelques
hachures, qui figuraient un trou dans le manteau, vers le coude du
bras gauche, sont effacées. Le derrière du cou est blanc.

Quatrième état. La planche est réduite aux dimensions de 86
sur 61. Le derrière du cou est encore blanc.

Cinquième état. Le derrière du cou est ombré, de façon que
le manteau a un pli de moins à partir du cou. Le retroussis du
manteau sur l'épaule gauche présente de nouvelles tailles. La
motte de terre, qui était claire vers le haut, dans les épreuves

précédentes, est entièrement ombrée dans celle-ci, et couverte de deux tailles.

Hauteur, 0,086 ; largeur, 0,061.

BARTSCH, 171. CLAUSSIN, 168. WILSON, 168.

« . . . Ah! mon nom est terrible! je m'appelle *le lépreux !* On ignore dans le monde celui que je tiens de ma famille et celui que la religion m'a donné le jour de ma naissance. Je suis *le lépreux :* voilà le seul titre que j'aie à la bienveillance des hommes. Puissent-ils ignorer éternellement qui je suis!

« Les maux et les chagrins font paraître les heures longues; mais les années s'envolent toujours avec la même rapidité. Il est d'ailleurs encore, au terme de l'infortune, une jouissance que le commun des hommes ne peut comprendre, c'est celle d'exister et de respirer. Je passe des journées entières de la belle saison, immobile sur ce rempart, à jouir de l'air et de la beauté de la nature : toutes mes idées alors sont vagues, indécises ; la tristesse repose dans mon cœur sans l'accabler, mes regards errent sur cette campagne et sur les rochers qui nous environnent; ces différents aspects sont tellement empreints dans ma mémoire, qu'ils font pour ainsi dire partie de moi-même, et chaque site est un ami que je vois avec plaisir tous les jours. Il en est que j'aime de préférence. De ce nombre est l'ermitage que vous voyez là-haut, sur le sommet de la montagne. Isolé au milieu des

bois, auprès d'un champ désert, il reçoit les derniers
rayons du soleil couchant. Quoique je n'y aie jamais
été, j'éprouve un plaisir singulier à le voir. Lorsque le
jour tombe, assis dans mon jardin, je fixe mes regards
sur cet ermitage solitaire, et mon imagination s'y repose. Il est devenu pour moi une espèce de propriété.
Il me semble qu'une réminiscence confuse m'apprend
que j'ai vécu là jadis, dans des temps plus heureux
et dont la mémoire s'est effacée en moi. J'aime surtout
à contempler les montagnes éloignées qui se confondent
avec le ciel dans l'horizon. Ainsi que l'avenir, l'éloignement fait naître en moi le sentiment de l'espé-
rance...

« Au commencement du printemps, lorsque le vent
souffle dans notre vallée, je me sens pénétré par sa
chaleur vivifiante, et je tressaille malgré moi. J'éprouve
un désir inexplicable et le sentiment confus d'une félicité immense dont je pourrais jouir et qui m'est refusée.
Alors je fuis ma cellule, j'erre dans la campagne pour
respirer plus librement. J'évite d'être vu par ces mêmes
hommes que mon cœur brûle de rencontrer, et du
haut de la colline, caché entre les broussailles comme
une bête fauve, mes regards se portent sur la ville.
Je vois de loin, avec des yeux d'envie, ses heureux
habitants qui me connaissent à peine ; je leur tends la
main en gémissant et je leur demande ma portion de
bonheur. Dans mon transport, vous l'avouerai-je ? j'ai

quelquefois serré dans mes bras les arbres de la forèt,
priant Dieu de les animer pour moi et de me donner
un ami ! Mais les arbres sont muets ; leur froide écorce
me repousse ; elle n'a rien de commun avec mon
cœur... »

139. *Vieux Mendiant assis et son chien.*

Un vieillard à grande barbe, qui a la tête nue et les cheveux
hérissés, est assis à la droite de l'estampe, le corps dirigé vers la
gauche. Il est vu de trois quarts. Le manteau dont il est couvert
est rapiécé sur le dos. On voit les doigts de son pied gauche à
travers sa chaussure, et ses jambes sont enveloppées de linges.
Il se chauffe les mains sur un pot de terre à anses placé entre ses
genoux. A côté de lui, vers la gauche, on voit un chien griffon.
Au coin du bas de la droite, on lit : *Rt.* 1631 (et non pas 1651,
comme le disent tous les catalogues, excepté celui de Wilson).

Il y a deux états de cette estampe, ainsi que nous l'expliquons
plus bas.

Hauteur, 0,108 ; largeur, 0,081.

BARTSCH, 175. CLAUSSIN, 172. WILSON, 172.

Ce morceau est d'une extrême rareté. Il est si grossièrement gravé et d'un ton si dur que nous ne pou-
vions l'attribuer à Rembrandt. Aussi l'aurions-nous
supprimé de son œuvre, si nous n'avions trouvé, au
verso de l'estampe rarissime qu'on appelle *Gueux
enveloppé dans son manteau* (c'est le n° 184 de Bartsch
et le n° 149 du présent catalogue), une image effacée
de ce qu'a dû être, dans son premier état, le *Vieux*

Mendiant assis et son chien. L'épreuve unique ou
presque unique du *Gueux enveloppé dans son manteau,*
qui est au Cabinet des Estampes, à Paris, est une
espèce de maculature au dos de laquelle Rembrandt
a imprimé une épreuve, très-mal venue d'ailleurs,
du *Vieux mendiant,* eau-forte qui, malgré ce mauvais
tirage, paraît librement et spirituellement ébauchée.
Sans la rencontre de ce premier état, jusqu'à présent
inaperçu, nous aurions cru que l'estampe n'était pas
de la main de Rembrandt, tant est considérable la différence qui existe entre la légère ébauche du maître et
la planche telle qu'on la connaît, grossièrement et durement reprise par un manœuvre qui semble l'avoir
regravée avec un clou.

140-141. *Deux Gueux en pendants.*

140. *Premier Gueux.*

Le premier est dirigé vers la gauche. Sa tête, vue de trois quarts,
est garnie de cheveux courts et coiffée d'un petit bonnet. Son attitude et son visage sont d'un homme qui grelotte de froid. Il a la
main gauche cachée dans le côté de son habit déguenillé, et la
droite dans sa poitrine. Un couteau pend à son côté gauche. A
quelque distance, du même côté, on aperçoit un homme qui porte
un bâton sur son épaule. On lit tout en haut de la planche, ces
mots hollandais : *Tis winnich hout* (il fait très-froid). Au-dessous
de ces mots, est écrit : *Rembrandt*, et plus bas : *f*. 1634.

Hauteur, 0,110; largeur, 0,042.

BARTSCH, 177. CLAUSSIN, 174. WILSON, 174.

141. *Second Gueux.*

Le second a plutôt l'air d'un paysan. Il est dirigé vers la droite; sa tête retournée est vue de trois quarts et couverte d'un bonnet de nuit; il porte une barbe courte et sa physionomie est riante. Il a les mains derrière son dos, et il semble répondre au premier ce qui est écrit au milieu du haut : *Dats niet* (ce n'est rien). On aperçoit une petite figure dans le lointain, à droite de l'estampe. Du même côté, on lit : *Rembrandt*, et plus bas : *f.* 163 ; ce dernier chiffre s'étant trouvé trop près du bord de la planche, il n'y a pas eu assez de place pour y mettre le 4.

Claussin a copié ces deux pièces.

Hauteur, 0,110; largeur, 0,038.

BARTSCH, 178. CLAUSSIN, 175. WILSON, 175.

142. *Gueux estropié.*

Un gueux vu de trois quarts et dirigé un peu vers la droite. Il a la tête couverte d'un bonnet fourré, serré sur le front par une espèce de bandelette. Il porte son bras gauche en écharpe, et son genou gauche est posé sur une jambe de bois; il est couvert d'un manteau déguenillé; il est penché en avant, et il tient de la main droite un bâton sur lequel il s'appuie. Le fond est blanc.

Il y a deux états de cette estampe :

Premier état. Les bords de la planche sont très-irréguliers, et la planche est un peu plus haute sur la droite que sur la gauche. Le nez du gueux est clair. Extrêmement rare.

Deuxième état. La planche est régularisée et elle est coupée par le bas. Elle n'a plus que 112 millimètres de hauteur, au lieu 114. Le bord inférieur de la planche touche à la béquille.

Hauteur, 0,112; largeur, 0,065.

BARTSCH, 179. CLAUSSIN, 176. WILSON, 176.

Ce gueux est aussi dans le goût de Callot.

143. *Paysan debout.*

Un paysan debout, coiffé d'un petit bonnet, vu de profil et
dirigé vers la gauche. Il a les bras derrière le dos. A ses pieds est
posé son panier. Le fond, sur la droite, indique des rochers
d'où pendent des lianes. Petit morceau très-légèrement gravé et
très-rare.

Hauteur, 0,058; largeur, 0,036.

BARTSCH, 180. CLAUSSIN, 177. WILSON, 177.

144. *Paysanne debout.*

C'est le pendant du précédent, et il est gravé absolument de
même. Il représente une femme debout, vue de profil et dirigée
vers la droite. Elle tient sa main droite devant elle; elle a les pieds
nus. Une bouteille est attachée à sa ceinture. La gauche et le haut
de l'estampe sont légèrement ombrés. Ce morceau est encore plus
rare que le précédent.

Il y en a deux états. Le *premier* est celui que nous venons de
décrire; dans le *second*, le haut et la gauche de l'estampe sont
entièrement repris et présentent une ombre très-prononcée, formant une espèce de grotte, couverte de plantes grimpantes.

Hauteur, 0,058; largeur, 0,036.

BARTSCH, 181. CLAUSSIN, 178. WILSON, 178.

Wilson a fait remarquer avec raison, au sujet de
ces deux petites pièces, qu'elles semblent être de la
main de Livens. On y retrouve, en effet, l'esprit particulier de ce maître, toujours léger et sobre quand
il n'emploie pas le burin. Au surplus, elles ont si peu

d'importance, qu'il n'y a pas grand inconvénient à les laisser dans l'œuvre de Rembrandt, ou à les rétablir dans celui d'un peintre qui fut son élève, son ami et quelquefois, dans la gravure, son égal.

145. *Mendiants, homme et femme.*

Deux mendiants, un homme et une femme, vus de profil, marchant à côté l'un de l'autre et se dirigeant vers la droite. L'homme a la tête nue, et il semble demander l'aumône en gémissant. La femme est coiffée d'un bonnet qui projette sur son visage une ombre noire. Elle a les mains sous son tablier. La planche est très-sale.

Hauteur, 0,101 ; largeur, 0,076.

BARTSCH, 183. CLAUSSIN, 180. WILSON, 180.

Cette estampe est de la plus grande rareté. Il n'en existe à notre connaissance que deux épreuves, l'une au Cabinet des estampes de Paris, l'autre au Musée d'Amsterdam. Derrière l'épreuve du cabinet de Paris, on voit imprimée une épreuve très-mal tirée, ou, pour mieux dire, une maculature du premier état de *Lazarus Klap*. Celle du Musée d'Amsterdam est plus grande que celle de Paris ; elle porte 121 millimètres de haut sur 94 millimètres de large. J'ai cru qu'il serait très-agréable aux amateurs de trouver ici une copie de cette rarissime estampe, que, malgré sa rudesse, il est impossible de ne pas attribuer à Rembrandt. Ce grand maître, mécontent de sa planche, sabrée

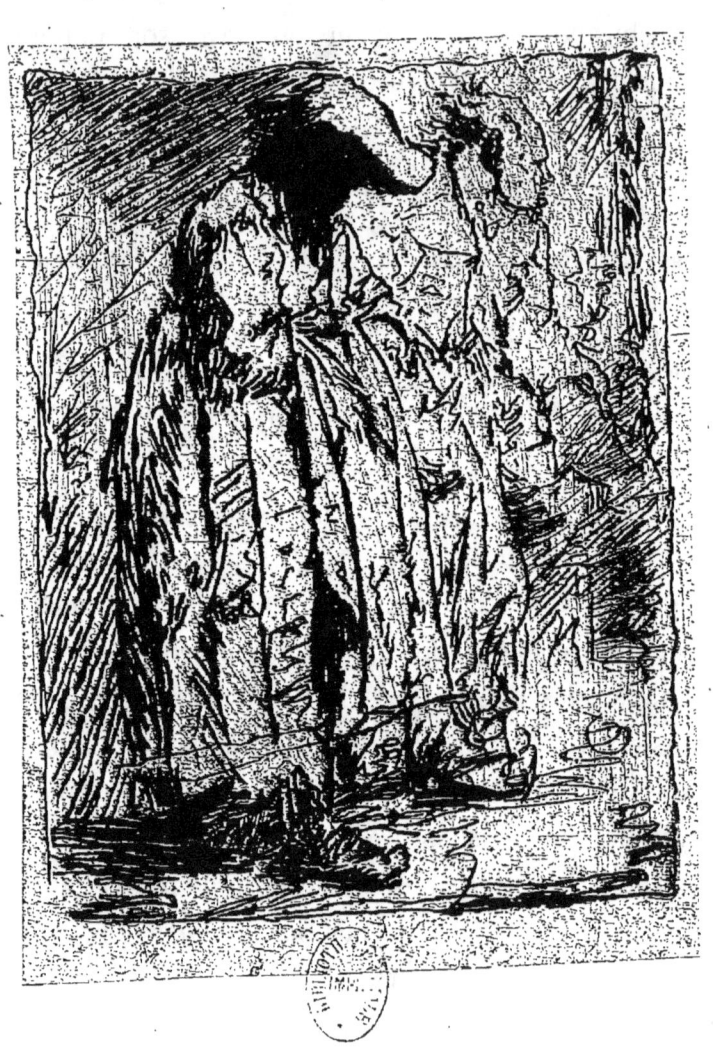

d'une grosse pointe en un jour d'humeur, l'aura dé-
truite, et c'est pour cela que les épreuves en sont d'une
telle rareté. La copie que M. Flameng a exécutée pour
nous, et que l'on voit ici, reproduit fort bien, non-seulement, le fond brutal de l'estampe, mais son aspect
rude, je veux parler de ces salissures qui s'y promènent comme des nuages fantastiques.

146. *Mendiants à la porte d'une maison.*

Un groupe de mendiants à la porte d'une maison placée à
gauche et sur laquelle paraît un vieillard portant barbe et coiffé d'un
bonnet, qui leur fait l'aumône. Ces mendiants sont : un vieillard
couvert d'un chapeau à larges bords, une femme vue de profil qui
porte un enfant sur son dos, tient de la main gauche un bâton et
tend la droite pour recevoir l'aumône; puis, sur le devant, un
petit garçon vu de dos qui a un chapeau et qui porte un pot attaché à une espèce de ceinture. Au bas, sur la droite, est écrit :
Rembrandt f. 1648.

Il y a trois états de cette planche :

Premier état. On le distingue à l'absence de certains travaux,
notamment des tailles horizontales qui, plus tard, ont été ajoutées
dans l'épaisseur de la porte, contre le nez du vieillard qui fait
l'aumône. Les travaux en sens diagonal qui expriment les ombres
portées sur le volet inférieur de la porte, sont faits d'une pointe
plus espacée et plus ferme. Les bords de la planche sont un peu
raboteux.

Deuxième état. Les travaux en sens diagonal dont nous venons
de parler, s'étant affaiblis par le tirage, ont été remplacés par un
travail à la pointe sèche dans le même sens, mais beaucoup plus
serré et disparate. On remarque aussi quelques fines entretailles
dans l'ombre du bas de la porte, ajoutées presque verticalement.

De plus, l'épaisseur du mur de la porte, contre le nez du vieillard
et au-dessus de son bonnet, présente un nouveau travail également
plus serré et plus uniforme qui a éteint les reflets. Le bout du nez
du vieillard, de rond qu'il était dans le premier état, est devenu
pointu dans celui-ci.

Troisième état. Le contour inférieur du nez du vieillard est redevenu rond par la disparition des travaux qui en avaient changé la
forme. Des tailles horizontales ont été reprises au burin dans l'épaisseur du mur de la porte, contre le nez du vieillard. Enfin, les contre-
tailles horizontales qui se voyaient sur l'épaisseur de la dalle,
près de la jambe droite du jeune garçon, ne sont plus exprimées,
et sont en partie effacées dans le prolongement de cette dalle,
au-dessus du petit pont.

Hauteur, 0,164; largeur, 0,128.

BARTSCH, 176. CLAUSSIN, 173. WILSON, 173.

Bartsch a fait sur cette estampe une remarque qui
ne me semble pas juste, et qui peut tromper quelques
amateurs. « Il se trouve, dit-il, mais bien rarement,
des épreuves avant le nom de Rembrandt et avant
l'année. »

J'ai examiné avec attention plusieurs de ces prétendues épreuves du premier état, notamment celle
qui est rangée sous cette désignation au Musée
d'Amsterdam, et j'ai tout lieu de croire que cet état
n'est pas sincère; car j'ai remarqué, en comparant
les épreuves, que celle où ne se trouve point le nom
de Rembrandt, est au contraire postérieure à l'autre;
ainsi la première n'a point de barbes et la seconde en a,
particulièrement dans les travaux du haut de la porte

et les hachures du fond, à droite. J'en ai conclu avec MM. Klinckamer et Engelberts, conservateurs du Musée d'Amsterdam, deux connaisseurs fort distingués, que cette épreuve *avant le nom* avait été tirée ainsi, ou par supercherie, ou par le fait de l'imprimeur, qui avait négligé d'encrer cette partie de la planche, ce qui est d'ailleurs d'autant plus vraisemblable que le nom et l'année se trouvent écrits à une place qui est entièrement blanche, ainsi que toute la partie droite de l'estampe.

Ce qui est incontestable, c'est la variété des travaux que nous avons plus haut décrits et qui ne l'ont pas été encore. Le cuivre de cette planche, qui avait appartenu à Basan, et qui faisait partie en dernier lieu du fonds de la veuve Jean, a été ensuite retravaillé et a fourni ces méchantes épreuves que l'on rencontre si souvent dans le commerce et qu'il ne convient pas même de mentionner.

Ce morceau, du reste, est un des plus beaux de l'œuvre, et l'on peut dire que tout y est parfait, aussi bien le travail de la pointe, qui est ici d'une rare délicatesse, que l'expression des personnages, leur attitude, et le jeu de la lumière qui les détache si bien l'un de l'autre. J'admire avec quel art le graveur a laissé complétement nu tout un côté de l'estampe, pour bien concentrer l'attention sur son sujet. Les belles choses ne vivent que de sacrifices, et mieux que per-

sonne Rembrandt a connu cette grande loi de l'art.
Tantôt il sacrifie une portion de sa gravure en la couvrant de tailles, tantôt c'est en y épargnant les travaux.
Ordinairement, il sabre de hachures toute une estampe
pour faire valoir quelques points lumineux ; mais ici,
au contraire, c'est la lumière qui fait l'office de l'ombre.
Je suppose, en effet, que le peintre ait dessiné une
muraille, un paysage ou tel autre objet, sur la partie
droite de la planche, derrière la mendiante qui porte
un enfant sur son dos, aussitôt l'économie de la composition est troublée, et le regard distrait ne va plus
s'attacher avec autant de force, ni à ce groupe de
pauvres, si intéressant dans la mère, si vrai dans le
petit enfant, si noble dans l'aïeul, ni aux détails de
leur accoutrement, de leur panier, ni à la physionomie
de ce môme, vu de dos, dont on ne pourra plus oublier le signalement grotesque, ni enfin à la figure de
ce vieillard charitable, à qui l'habitude de faire l'aumône n'en a pas ôté le plaisir.

147. *Gueux griffonnés.*

Ce morceau, qui est aussi de la plus grande rareté, représente
un vieillard chauve, voûté et couvert d'un manteau rapiécé, doublé
de fourrure. Il est vu de profil, à mi-corps, dirigé vers la droite.
Sur la même planche, dans le bas de la droite, est une autre tête
de profil, plus petite, couverte d'un bonnet élevé par le devant,
et offrant à peu près la forme d'une mitre, quoique terminé carré-

ment. Ces deux figures sont gravées d'une grosse pointe, avec esprit et rapidité.

Hauteur, 0,092; largeur, 0,074.

BARTSCH, 182. CLAUSSIN, 179. WILSON, 179.

148. *Gueux malade et Gueuse.*

Un petit morceau extrêmement rare, où se voit un gueux malade, couché par terre, sur la gauche de l'estampe, le dos appuyé contre une butte de terre. A côté de lui, un peu plus loin, est une femme debout, les mains jointes et posées sur un bâton, avec un petit chien à ses pieds. Les bords de la planche sont irréguliers et raboteux.

Hauteur, 0,076; largeur, 0,056.

BARTSCH, 185. CLAUSSIN, 182. WILSON, 182.

D'autres artistes ont peint des gueux, et dans le temps même où Rembrandt tenait la pointe, Étienne La Belle, Callot, Visscher, Jean Miel et autres représentaient la misère : mais aucun de ces peintres n'a su prêter à ces sortes de représentations le même intérêt que Rembrandt. Lui seul y a mis un sentiment profond de pitié, lui seul a pris les pauvres au sérieux.

Voyez les mendiants de La Belle : ils ont une désinvolture si aisée, des oripeaux si soyeux et tant d'élégance, qu'on a plutôt envie de les admirer que de les plaindre. Voyez les gueux de Callot : ils sont toujours présentés par le côté grotesque; ils nous font rire; ce sont des chevaliers d'industrie, des boulineux, des

malingreux, des tire-laine ; on croit sentir que leur
misère est sophistiquée, qu'ils ont des infirmités pos-
tiches, de faux emplâtres, de fausses guenilles. Ils
viennent de la Cour des Miracles, où ils ont appris à
passer la main dans le gousset d'un Flamand quand il
est occupé à regarder le cheval de bronze sur le Pont-
Neuf ; ou bien ce sont des ténébreux, auxquels on a
dit : « Tu te présenteras la nuit dans les carrefours
avec un flambeau ; tu offriras aux prudents bourgeois
de les accompagner, et quand tu seras dans un endroit
bien écarté, bien solitaire, bien *sûr*, tu tireras ton étei-
gnoir et tu feras ton compliment dans les ténèbres. »

Voyez enfin une aumônerie de Jean Miel, un pe-
nailleux de Visscher : ce sont là des gueux pleins de
joie et pleins de santé, et qui vivent de leur état. Le
peintre-graveur n'a vu que leur physionomie extérieure, et les haillons qui les couvrent lui ont paru
d'heureux motifs pour fouiller le cuivre et faire briller
son burin... Au contraire, les pauvres de Rembrandt
sont de vrais pauvres. La misère a pénétré jusque dans
la moelle de leurs os. Ceux-là n'ont pas besoin d'étaler
hypocritement des plaies hideuses, ou de se défigurer
par d'affreux bandages. Ils sont naturellement misérables, et, pour eux, parler, c'est gémir. S'ils portent
un accoutrement grotesque, c'est à leur insu. L'un est
affublé d'un manteau jadis opulent, auquel pendent
encore quelques vestiges de fourrure : l'autre a revêtu

l'uniforme usé d'un ancien soldat polonais, et semble décoré d'une mitre ; mais personne en les voyant n'est tenté de rire, parce que Rembrandt n'a pas eu la moindre intention comique, ni même une prétention au pittoresque. Il a seulement jeté le regard profond et sérieux d'un maître sur une des conditions de l'humanité.

149. *Gueux à gros ventre, dans son manteau.*

Un gueux vu de profil, dirigeant ses pas vers la droite de l'estampe. Il a la tête couverte d'un bonnet élevé, arrondi par le haut et garni d'une oreillette. Il est très-gros et le paraît plus encore sous un manteau qui lui cache les bras. Le fond est couvert de tailles en plusieurs endroits et coloré par des salissures restées dans le cuivre. Ce morceau est gravé à gros traits et sommairement. Il est de la dernière rareté. Nous n'en connaissons qu'une seule et unique épreuve, celle qui est dans l'Œuvre du Cabinet des estampes, à Paris.

Hauteur, 0,113 ; largeur, 0,074.

BARTSCH, 184. CLAUSSIN, 181. WILSON, 181.

En comparant la description qui précède à celle qu'a donnée Bartsch de la pièce cataloguée par lui sous le titre de *Gueux enveloppé dans son manteau,* on peut voir que les deux descriptions diffèrent en plusieurs points essentiels. D'abord, le gueux décrit par Bartsch, Claussin et Wilson, s'appuie sur un bâton que l'on voit entre ses jambes. Ici notre gueux n'a point de bâton. En second lieu, Bartsch et les autres décrivent ainsi

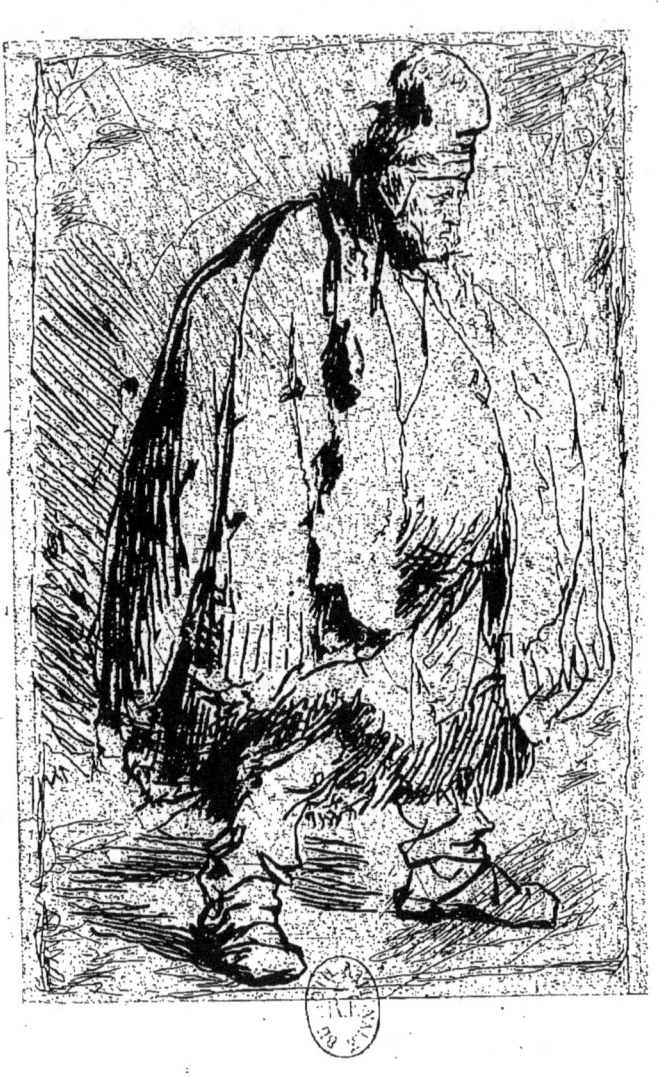

le fond de l'estampe : « On aperçoit à la gauche une espèce de baraque devant laquelle on voit par le dos une petite figure, et au haut quelques griffonnements qui ressemblent à des arbres. » Or, dans le fond de notre estampe, il n'y a aucun autre travail que quelques hachures, et les personnages remplissant toute la planche, il ne se trouve pas de place pour la baraque, la petite figure et les arbres dont parle Bartsch. Il semblerait donc que l'estampe décrite par nos prédécesseurs et celle que nous décrivons ne sont pas la même estampe, et cependant la partie principale de leur description se rapporte assez exactement à la nôtre. Voici l'explication de cette énigme. Bartsch a sans doute catalogué de souvenir le *Gueux enveloppé dans son manteau,* et, par une erreur singulière, il se trouve avoir appliqué à cette estampe le fond d'une autre pièce qui est restée *non décrite*, et qui existe pourtant dans l'œuvre du Musée d'Amsterdam. Deux morceaux ayant été confondus dans une seule description, il en est résulté qu'une des estampes de Rembrandt, d'ailleurs unique ou presque unique, est demeurée inconnue jusqu'à ce jour. C'est l'estampe que nous décrivons ci-après, et si nous avons fait graver les deux pièces, on comprendra que ce n'est pas seulement à cause de leur extrême rareté, mais aussi pour démontrer aux amateurs l'erreur de nos devanciers et la certitude de notre découverte.

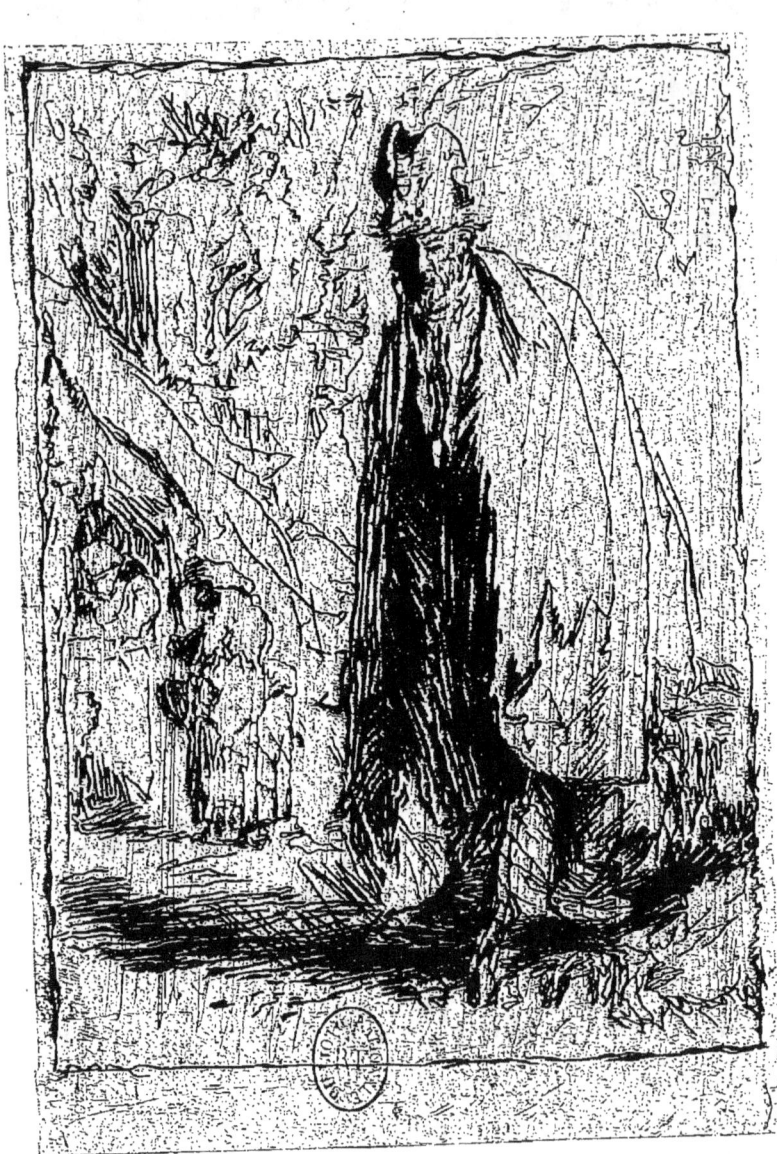

150. *Gueux couvert d'un manteau.*

PIÈCE NON DÉCRITE

Un gueux vu presque de face, dirigeant ses pas vers la gauche. Il semble s'éloigner d'un petit tertre. Il porte un bonnet élevé qui paraît bordé d'une fourrure très-usée, et qui est divisé dans le haut à peu près comme une mitre qui serait vue de profil. On voit un bâton entre ses jambes. Au fond de la gauche, on aperçoit une baraque au-dessus de laquelle s'élèvent quelques arbres indiqués par un simple griffonnement. A la porte de cette baraque est arrêtée une vieille femme vue presque de dos, et paraissant demander l'aumône à une personne qui est assise, dans l'intérieur de la baraque, derrière la porte. Tout ce fond est gravé légèrement; mais le gueux est gravé à gros traits et grossièrement.

Hauteur, 0,118; largeur, 0,086.

On le voit, le fond de cette estampe est le même que Bartsch a décrit dans la pièce précédente, et les amateurs pourront vérifier ainsi ce que nous disions plus haut, savoir qu'une seule description a servi à deux pièces différentes. Pour rendre cette vérification encore plus facile, nous avons fait graver à la page précédente, aussi bien que possible, le morceau que nous avons découvert et qui se trouvait *non décrit.*

FIN DU PREMIER VOLUME

présente quelques différences matérielles ; par exemple, le profil droit de la colonne qui s'élève derrière le Christ, est nettement dessiné dans l'original, et d'un contour indécis dans la copie ; l'homme au turban, vu par le dos, est placé dans l'original à une distance de cinq millimètres du bord de la planche, et de sept environ dans la copie. La marche sur laquelle pose ce personnage se termine par un angle qui est dans l'original presque aigu, et dans la copie fort arrondi. Enfin, la toupie qui touche presque à l'enfant dans l'original, en est distante, dans la copie, de deux millimètres... Je ne parle pas du caractère des têtes, qui n'a pas été imité parce qu'il était vraiment inimitable, dans cette belle composition, exécutée avec le génie d'un artiste et tout imprégnée du vrai sentiment de l'Évangile.

40. *La Décollation de saint Jean-Baptiste.*

L'exécuteur est placé sur la gauche de l'estampe ; il tient de ses deux mains élevées le sabre avec lequel il va trancher la tête du saint que l'on voit à genoux, les mains jointes, et tourné vers la droite. Par terre, à côté de lui, est la petite croix avec la banderole, par laquelle saint Jean-Baptiste est toujours caractérisé. Il y a dans le fond une multitude de spectateurs, à la tête desquels on distingue Hérode et Marianne ayant à côté d'eux un Maure qui tient le plat où doit être posée la tête du saint. Tout à fait sur la droite, s'élève un bâtiment orné de colonnes, au travers desquelles on distingue quelques figures qui s'avancent pour regarder la scène. On lit au bas de la partie gauche : *Rembrandt, f.* 1640.

Ce morceau se trouve toujours faible d'épreuve, l'eau-forte ayant peu mordu. Cependant, on le rencontre quelquefois avec des barbes dans les ombres sur le devant. La planche étant de celles qui existent encore, et qui ont fait partie du fonds de la veuve Jean (vendu en 1846), a été retouchée en quelques endroits, et ces retouches constituent un *second état* dont les épreuves sont toutes modernes, je veux dire tirées après la mort de Rembrandt.

Ces épreuves se distinguent des premières en ce que la voûte qu'on voit dans le fond de l'estampe présente trois cintres très-nettement exprimés. Les piques portées par des soldats rangés à gauche, qui étaient peu visibles dans le *premier état*, ont été reprises au burin et se détachent en vigueur sur le fond. Le contour des vêtements du saint et du bourreau est plus fortement marqué ; les ombres, notamment celle portée par le pied droit du bourreau, ont été reprises.

Hauteur, 0,126 ; largeur, 0,103.

BARTSCH, 92. CLAUSSIN, 96. WILSON, 97.

A la suite de cette pièce, Gersaint, Daulby et Bartsch avaient catalogué une autre *Décollation de saint Jean-Baptiste* où l'on voit l'exécuteur remettre le sabre dans le fourreau après avoir coupé la tête du saint. Mais il est maintenant bien reconnu que ce morceau n'est pas de la main de Rembrandt. Aussi Claussin et Wilson l'ont-ils rejeté parmi les pièces faussement attribuées au maître. On doit s'étonner, au surplus, que des connaisseurs tels que Gersaint et Bartsch aient pu croire de la même pointe l'image grossière dont nous parlons et l'estampe délicate que nous venons de décrire. Autant celle-là est triviale, brutale et mal dessinée, autant celle-ci est expressive par la pantomime, finement gravée, et curieuse dans le choix des types. Est-il rien de mieux senti que la figure du saint qui s'incline avec tant de douceur pour recevoir le coup mortel? J'ai possédé autrefois un croquis au bistre de cette figure que Rembrandt avait esquissée d'après nature avant de la dessiner sur le cuivre : ce croquis était admirable de sentiment, et les plus grands maîtres ne l'eussent point désavoué.

41. Le Bon Samaritain.

Estampe en hauteur. On voit sur le devant un cheval presque de profil, qu'un page tient par la bride, et auprès duquel est un chien. Derrière le cheval paraît un valet d'hôtellerie qui emporte entre ses bras le blessé qu'il vient d'enlever de dessus le cheval. A la gauche est un escalier tournant qui conduit à la porte d'une hôtellerie, devant laquelle est le Samaritain qui donne deux deniers à l'hôte, en recommandant à ses soins le pauvre blessé. Tout à fait à la gauche, on remarque à une fenêtre un homme qui est coiffé d'un bonnet orné d'une plume. Sur la droite, vers le fond, on aperçoit un puits, duquel une femme tire de l'eau. Au coin de la droite, près du chien, s'avance une sorte d'auge dans laquelle il y a du foin. On lit au milieu d'une marge qui est au bas de l'estampe : *Rembrandt inventor et fecit* 1633. Ce morceau est fort recherché. Les belles épreuves en sont fort rares.

J'ai compté, non pas quatre, mais cinq états de cette pièce.

Premier état. Il est presque unique. L'eau-forte a mal mordu les ombres de l'enfant qui tient le cheval et les plus hautes branches de l'arbre qui est à la droite de la maison.

La planche, plus grande, porte 218 millimètres de largeur au lieu de 212, et 260 millimètres de hauteur au lieu de 256, et présente conséquemment une petite marge dans laquelle Rembrandt, en essayant sa pointe, a tracé à droite un tronc d'arbre. La queue du cheval est blanche. Le mur d'appui du perron derrière le cheval est également clair.

Deuxième état. Il est extrêmement rare. Les défauts de la morsure sont réparés. Il n'y a pas d'autre différence entre cet état et le premier.

Nota. Une épreuve de ce second état, qui est le premier de Claussin, fut poussée à la vente de M. Th. (Thorel) en 1853, à Paris, jusqu'à 2,100 francs, par M. Colnaghi, de Londres. Cette même épreuve provenait du cabinet de M. Debois, et avait été payée 1,800 francs à la vente de cet amateur, en 1843.

J'ai vu au musée d'Amsterdam une épreuve de ce second état, sur laquelle Rembrandt a écrit au bistre : *Rembrandt f. cum privil.*, 1632 (au lieu de 1633).

Troisième état. Il est encore plus rare que le second. La marge est coupée, et il n'en reste que deux millimètres, de façon que les essais de pointe ont disparu. La queue du cheval est ombrée. Le cou de la bête est aussi plus travaillé : l'ombre, qui ne s'élevait que jusqu'au milieu du cou, ne laisse plus maintenant qu'un tiers dans la lumière. Le foin qui est dans l'auge, à droite, est noirci et fortement prononcé. Mais le mur d'appui du perron est encore clair. La partie gravée est augmentée de 5 millimètres par des travaux ajoutés dans le bas ; elle a donc 245 millimètres de hauteur au lieu de 240.

Quatrième état. Le mur d'appui du perron est ombré; mais cette épreuve est encore sans nom et sans date.

Cinquième état. Avec le nom et la date.

Il existe une copie assez trompeuse de cette estampe. Elle est gravée par Salomon Savri, dans le même sens que l'original. La queue du cheval y est ombrée.

Hauteur, 0,245; largeur, 0,200.

BARTSCH, 90. CLAUSSIN, 94. WILSON, 95.

en font grand cas, et que beaucoup d'entre eux l'estiment presque autant qu'une pièce rare. On peut chercher, en effet, dans les œuvres des plus grands maîtres : on n'y trouvera pas un sujet mieux conçu, une composition mieux distribuée, plus de sentiment, plus d'émotion, plus de cœur. Comme elle est saisie la figure humiliée de l'enfant prodigue, de cet enfant que l'amour a fait si misérable, et qui semble dire : « Mon père, je ne suis plus digne d'être appelé ton fils ! » Quelle tendresse dans le mouvement du patriarche ! C'est à peine si les paroles de l'Écriture sont plus touchantes. « Et comme il était encore loin, son père le vit et fut touché de compassion, et courant à lui, il se jeta à son cou et l'embrassa. » Avec quelle vivacité la mère, avertie du retour de son fils, se précipite à la fenêtre pour le regarder ! Mais tandis que le serviteur apporte des souliers et *la plus belle robe* pour le fils repenti et pardonné, le frère aîné, le frère sage, qui n'a jamais transgressé les commandements paternels. montre un visage sombre, mécontent et jaloux... Mais quoi ! ce n'est ici qu'un simple griffonnement, un grimoire de lignes incertaines, hésitantes, corrigées, croisées, enchevêtrées, courant l'une sur l'autre. et pourtant de ce grimoire est sortie l'expression des plus intimes sentiments de l'âme.

Un tableau dont la composition était analogue à l'estampe figura dans la vente de l'Électeur de Cologne.

en 1764. Nous le décrirons dans le catalogue des peintures.

44. *Jésus chassant les Vendeurs du temple.*

La scène se passe dans un temple dont l'ordonnance est riche, et l'on voit sur la gauche un lustre suspendu à la voûte d'une arcade. Jésus-Christ est au milieu du sujet ; sa tête est environnée d'une gloire. Il poursuit avec des verges des marchands et des bêtes qui, en précipitant leur fuite, ont renversé un bureau de changeurs. Parmi les fuyards, on remarque une femme qui porte sur sa tête un panier de pigeons, et un homme qui est culbuté par un bœuf et traîné par terre. Au fond, sur la droite, s'élève une espèce de tribune, où est assis le grand prêtre, entouré de ses acolytes dont un porte la crosse ; il semble prononcer une sentence contre un pénitent qui est à genoux devant lui. Au bas de la droite, on lit : *Rembrandt f*. 1635.

Les remarques de ce morceau ont été décrites à contre-sens.

Dans le *premier état*, la bouche de l'homme renversé et traîné par un bœuf est plus grande par suite d'une salissure provenant des barbes, qui a dépassé le contour ; la semelle du soulier de ce même homme présente des taches d'oxyde, et l'on distingue des taches semblables au-dessus de la tête d'une vache plus éloignée.

Dans le *second état*, les barbes ayant disparu, la bouche de l'homme renversé est devenue plus petite, c'est-à-dire telle que Rembrandt l'avait dessinée ; les taches d'oxyde ayant été effacées soit par le brunissoir, soit par le tirage, la semelle du soulier est devenue claire.

Les amateurs disent souvent, pour désigner le premier état, une épreuve à *la petite bouche*, et pour désigner le second, une épreuve à *la grande bouche*. C'est le contraire qu'il faut dire.

Nota. Cette planche se trouvait, en 1824, dans la collection de

M. Malaspina di Sannazaro, à Milan; car on lit à la page 198 du tome III de son catalogue : *la piastra originale di questa stampa fa parte degli accessorj della raccolta;* elle a fait ensuite partie du fonds de la veuve Jean. Il s'en rencontre quelquefois des épreuves sophistiquées : dans les unes, on a supprimé le lustre suspendu sous l'arcade, en le couvrant d'un morceau de papier blanc au moment de l'impression; dans les autres, on a substitué à l'arcade le fragment de paysage qui termine la petite *Résurrection de Lazare* (n° 47 du présent Catalogue).

Hauteur, 0,135; largeur, 0,169.

BARTSCH, 69. CLAUSSIN, 73. WILSON, 73.

Comme on le voit, Bartsch Claussin et Wilson lui-même ont commis une singulière méprise au sujet de l'estampe que nous venons de décrire. Ils ont pris le second état pour le premier et le premier pour le second. Une chose aurait pu faire présumer cette erreur : c'est que les épreuves à la *grande bouche* sont toujours plus brillantes, plus vives et plus fraîches que les autres, mais la confrontation scrupuleuse des états nous a conduit à affirmer positivement l'erreur de nos devanciers. En regardant les épreuves à la loupe, on reconnaît que l'agrandissement de la bouche est causé, non par un nouveau contour, mais par un peu de manière noire, si bien que sous la salissure on retrouve encore le contour des lèvres, le trait du maître. On peut s'assurer également, même à l'œil nu, que la semelle des souliers n'est pas ombrée par des travaux additionnels, comme le dit Wilson, *more shaded*, mais qu'elle est tout simplement tachée de rouille. Cet auteur ajoute que le ventre de la vache est aussi plus travaillé : *The belly also of the cow is more worked on;* cela n'est pas exact. Toutes les épreuves présentent absolument le même nombre de hachures ou de points; seulement certains travaux, qui sont très-visibles dans les premières épreuves, se sont effacés peu à peu dans les secondes, bien que l'on en puisse distinguer la trace avec une loupe. Il en est de même des prétendues additions faites au visage de l'homme renversé (additions dont parle Claussin). Nous ajouterons maintenant qu'il est invraisemblable que Rembrandt ou tout autre ait songé à agrandir une bouche déjà si grande.

Maintenant, pour en revenir à l'invention du peintre, il est très-rare qu'il ait imité d'autres maîtres ou même qu'il leur ait fait quelques emprunts. Ici, pourtant, la figure principale, celle de Jésus-Christ, est prise tout entière dans une des gravures en bois de l'œuvre d'Albert Durer (n° 23 du catalogue de Bartsch). Le mouvement de la tête, le geste énergique de la main qui tient les verges, et jusqu'aux plis du manteau du Christ, dont un pan retombe sur son dos, tout est semblable; et si la figure se dirige vers la gauche dans l'estampe de Rembrandt, c'est justement parce qu'il l'a dessinée sur le cuivre se dirigeant vers la droite, comme dans la gravure de

www.ingramcontent.com/pod-product-compliance
Lightning Source LLC
Chambersburg PA
CBHW051354220526
45469CB00001B/249

* 9 7 8 2 0 1 2 7 3 9 1 1 6 *